# EL
# PODER DE
# LA INTENCIÓN

# Otros Títulos en Español de Hay House

**\*\*\***

Hay House USA: **www.hayhouse.com**
Hay House U.K.: **hayhouse.co.uk**
Hay House Australia: **www.hayhouse.com.au**
Hay House Sudáfrica: **orders@psdprom.co.za**

# EL
# PODER DE
# LA INTENCIÓN

*Aprenda a co-crear
su mundo a su manera*

## Doctor Wayne W. Dyer

**HAY HOUSE, INC.**
Carlsbad, California
Londres • Sydney • Johannesburgo
Vancouver • Hong Kong

AUG    '07

Derechos reservados de autor © 2004 por Wayne W. Dyer

**Publicado y distribuido en los Estados Unidos por:** Hay House, Inc., P.O. Box 5100, Carlsbad, CA 92018-5100 • *Teléfono:* (760) 431-7695 • (800) 654-5126 • *Fax:* (760) 431-6948 • (800) 650-5115 • www.hayhouse.com •

*Editor de Wayne Dyer:* Joanna Pyle: **www.editorjoanna.com**
*Supervisión de la editorial:* Jill Kramer • *Diseño:* Amy Gingery

*Traducción del inglés:* Adriana Miniño: **adriana@mincor.net**
*Título original en inglés:* THE POWER OF INTENTION

ISBN 13: 978-1-4019-0689-4
ISBN 1-4019-0689-3

**Impresión 1:** Julio 2005
**Impresión 2:** Septiembre 2005

Impreso en los Estados Unidos de Norteamérica

"Toda la belleza aquí vista por personas perceptivas se asemeja más que a cualquier otra cosa, a la fuente celestial de la cual todos provenimos..."

— Miguel Ángel

"La realización personal significa que nos hemos conectado de manera consciente con nuestra fuente creadora. Una vez lograda esta conexión, nada puede salir mal..."

— Swami Paramananda

*\* \* \**

*Para mi hija Skye Dyer.*
*Tu voz musical vibra en perfecta armonía*
*con tu alma angelical.*
*¡Te amo!*

*\* \* \**

# CONTENIDO

# PREFACIO

El libro que tiene ahora en sus manos, y toda la información en él contenida, fue una vez una idea sin forma que descansaba en el dominio invisible del campo de la intención. Este libro, *El poder de la intención,* se fue materializando en el mundo real y aplicando todos los principios aquí descritos. Me las ingenié para hacer que mi propia energía vibratoria concordara con la Fuente creadora, y permití a estas palabras e ideas que fluyeran directamente a través de mí para usted. Tiene en sus manos la evidencia de que cualquier cosa que conciban nuestras mentes —mientras estemos en armonía con la Fuente universal que todo lo crea— puede y debe realizarse.

Si desea saber en qué forma le puede impactar este libro y cómo se debería sentir, pensar y co-crear después de leer y aplicar sus mensajes, le animo a que, antes de comenzar esta jornada, lea el capítulo final, *Retrato de una persona conectada al campo de la intención.* Usted y todos los seres, así como todo lo que posee vida, emanan del campo universal creador de la intención. Viva su vida desde esa perspectiva, y llegará a saber y a aplicar el poder de la intención. ¡Tiene ante sí una ola infinita de semáforos en verde!

— Doctor Wayne W. Dyer
Maui, Hawai

∽ ✳ ∽ ✳ ∽

# PRIMERA PARTE

# La Esencia de la Intención

*"Al lado del río, erguido está el árbol sagrado de la vida.*
*Ahí es donde mora mi padre y mi hogar está en él.*
*Mi padre celestial y yo somos uno."*

— El Evangelio Esenio de la Paz

# CAPÍTULO UNO

# VER
# LA INTENCIÓN
# DESDE UNA NUEVA
# PERSPECTIVA

*"En el universo hay una fuerza inconmensurable e indescriptible a la cual los chamanes llaman intención; y todo lo imaginable que existe en el cosmos entero está unido a esa intención por un eslabón que todo lo conecta."*

— Carlos Castaneda

D urante los últimos años, he experimentado una fuerte atracción hacia el estudio de la *intención,* y he leído cientos de libros de autores en psicología, sociología y espirituali-dad; letrados antiguos y modernos e investigadores académicos. Mis investigaciones revelan una definición bastante común de la *intención,* como un propósito o una meta intensos, acompañados de la determinación para producir el resultado deseado. Las perso-nas impulsadas por su intención se describen como poseedoras de una fuerte voluntad que no les permite que nada interfiera con el logro de su deseo interior. Imagino una resolución o determinación similar a la de un perro de presa. Si usted es de ese tipo de persona que tiene una actitud que no renuncia jamás, combinada con una imagen interna que le impulsa a la realización de sus sueños, se ajusta a la descripción de alguien con intención. Lo más probable es que usted sea una persona muy exitosa, y es muy posible que se sienta orgulloso de su habilidad para reconocer y sacar provecho de las oportunidades que se le presentan.

Por muchos años tuve una creencia similar sobre la intención. De hecho, he escrito y he dado charlas acerca del poder de la intención tal como lo describo más arriba. En el último cuarto de siglo, sin embargo, he percibido un giro en mi manera de pensar, de un énfasis puramente psicológico o de crecimiento personal hacia una orientación espiritual, donde la sanación, la creación de milagros, la manifestación y la conexión con una inteligencia divina, son posibilidades genuinas.

Esto no ha sido un intento deliberado de desconectarme de mis antecedentes académicos y profesionales, sino más bien una evolución natural que se ha ido desarrollando en mi interior a medida que estoy más consciente de mi contacto con el Espíritu. Mis escritos actuales enfatizan mi creencia de que podemos encontrar soluciones espirituales a los problemas, viviendo en niveles más altos e invocando energías más rápidas. En mi mente, la intención es ahora algo mucho más grande que la voluntad de un ego o de un individuo determinado. Es algo opuesto por completo. Tal vez esto proviene del hecho de haberme despojado de varios niveles de mi ego a través de mi propia vida, pero también siento la enorme influencia de dos frases que leí en un libro de Carlos Castaneda. En mi vida como escritor, a menudo me he encontrado con un libro que comienza a germinar en mí ese impulso final para escribir un nuevo libro. En todo caso, leí estas líneas en el último libro de Castaneda, *El lado activo del infinito*, mientras esperaba que me realizaran un procedimiento para abrirme una arteria mayor obstruida en mi corazón, la cual me había causado un ligero ataque cardíaco.

Las palabras de Castaneda fueron: "La intención es una fuerza que existe en el universo. Cuando los hechiceros (aquellos que viven de la Fuente) invocan la intención, ésta llega a ellos y labra el camino de su realización, lo cual significa que los hechiceros siempre logran lo que se han propuesto."

Cuando leí estas palabras, me quedé impactado por la sabiduría y la claridad que obtuve acerca del poder de la intención. Imagínese que la intención no es algo que *uno hace,* sino más bien ¡una fuerza que existe en el universo como un campo invisible de energía! Nunca había considerado la intención de esta manera antes de leer las palabras de Castaneda.

Escribí esas dos frases, luego las imprimí en una tarjeta y la laminé. Llevaba esta tarjeta laminada conmigo dentro del laboratorio de catéteres para mi leve procedimiento quirúrgico, y tan pronto como me fue posible, comencé a hablarle acerca del poder de la intención a todo aquel que quisiera escucharme. Me sumergí en esta idea para usarla, no solamente para mi propia curación, sino también para ayudar a los demás a usar el poder de la intención de manera que ésta los sostuviera, mientras ellos se equipaban, para conducirlos por este camino. Había experimentado *satori,* o esclarecimiento instantáneo, y tuve la intención de ofrecer esta sabiduría a los demás. Estaba claro para mí, que al acceder al poder de la intención me sentía mucho más aliviado del trabajo, en apariencia imposible, y del afán por realizar mis deseos a través de la pura fuerza de mi voluntad.

Desde ese preciso momento, pensaba en el poder de la intención durante prácticamente todas mis horas de vigilia — y los libros, artículos, conversaciones, llamadas telefónicas, objetos que llegaban a mi buzón de correo, y las obras que podía estar observando al azar en una librería, todos ellos parecían conspirar para mantenerme en ese sendero. Así que aquí lo tienen: *El poder de la intención.* Espero que este libro le ayude a ver la intención en una forma nueva, y que haga uso de él de manera que lo lleve a definirse tal como Patanjali lo sugirió hace mas de veinte siglos: "Las fuerzas latentes, las facultades y los talentos reviven, y te descubres a ti mismo como una gran persona, mucho más grande que lo que jamás soñaste ser."

Las dos palabras de Patanjali, "fuerzas latentes," me dieron el impulso inicial hacia la dirección de escribir sobre la intención. Patanjali se refería a las fuerzas que *parecen ya* inexistentes o muertas, *y* él se refería a la poderosa energía de una persona cuando se inspira. Si alguna vez se ha sentido inspirado por un propósito o por un llamamiento, sabe lo que se siente cuando el Espíritu trabaja a través suyo. *Inspirado* es nuestra palabra para decir *en-espíritu*. He pensado largo y tendido sobre la idea de ser capaces de acceder a las fuerzas, en apariencia latentes, para asistirme en momentos claves de mi vida hacia la realización de un ardiente deseo interno. ¿Qué son esas fuerzas? ¿En dónde están localizadas? ¿Quién logra usarlas? ¿A quiénes se les ha negado su acceso? ¿Y por qué? Preguntas como éstas me han impulsado hacia la investigación y a la escritura de este libro, y más tarde, a adquirir una perspectiva totalmente nueva sobre la intención.

En este punto, estoy escribiendo sobre la emoción que siento al comprender una verdad que ha estado oscura por tanto tiempo: *sé* que la intención es una fuerza que todos tenemos dentro. La intención es un campo energético que fluye de manera invisible más allá del alcance de nuestros patrones diarios habituales. Está ahí aun desde el momento real de nuestra concepción. Tenemos los medios para atraer esta energía hacia nosotros y experimentarla en nuestras vidas en una forma nueva y vibrante.

### *¿Dónde está este campo llamado intención?*

Algunos investigadores prominentes creen que nuestra inteligencia, creatividad e imaginación interactúan con el campo energético de la intención en lugar de ser pensamientos o elementos de nuestro cerebro. El brillante científico David Bohm, al escribir *Totalidad y el orden implicado*, sugirió que todas las influencias e informaciones sobre el orden están presentes en un dominio invisible o en una realidad superior, y que pueden ser invocadas en tiempos de necesidad. Encontré miles de ejemplos de este tipo de conclusiones en las investigaciones y lecturas que realicé. Si le atrae la evidencia científica, le sugiero que lea *El Campo: La Búsqueda de la Fuerza Secreta del Universo* por Lynne McTaggart. Su libro está lleno de estudios que apoyan la existencia de una dimensión más alta y más rápida en el campo de la intención, que puede ser accedida y usada por cualquier persona.

La respuesta a *¿Dónde está este campo?* es: *No hay ningún lugar donde no esté*, porque todo en el universo tiene integrada la intención. Esto es verdadero en todas las formas de vida, ya sea un ñandú africano, un rosal o una montaña. Un mosquito tiene integrada la intención en su creación y en su experiencia de vida. Una pequeña bellota sin ningún poder aparente para pensar o hacer planes sobre su futuro contiene intención desde el campo invisible. Si usted abre la bellota por la mitad no ve un roble gigantesco, pero sabe que está ahí. Una flor de manzano en la primavera parece ser muy pequeña, sin embargo, tiene integrada la intención y se manifestará en el verano en forma de una manzana. La intención no se equivoca. La bellota nunca se convierte en calabaza, o el capullo de manzana en naranja. Cada aspecto de la naturaleza, sin excepción, tiene la intención integrada dentro de sí y, hasta donde sabemos, nada en la naturaleza se cuestiona su camino a la intención. La naturaleza simplemente progresa en armonía con el campo de la intención. Nosotros también *somos producto de la intención* por la energía de este campo.

Existe lo que algunos llaman una *succión futura* en el ADN, la cual está presente en la concepción en cada uno de nosotros. En el momento de nuestra concepción, cuando una gota infinitamente minúscula de protoplasma humano se combina con un óvulo, la vida en forma física comienza y la intención se dirige hacia el proceso de crecimiento. Nuestra estructura corporal, la forma de nuestras características físicas, nuestro desarrollo, incluyendo nuestro proceso de envejecimiento, están determinados en ese momento de la concepción. La piel ajada, las arrugas y hasta nuestra muerte están ahí. Pero, un momento. ¿Qué pasa exactamente en el momento de la concepción? ¿En qué momento comienza esta vida, nacida de la intención?

Al examinar la danza de la semilla o del óvulo tratando de descubrir su origen, nos movemos mucho más atrás en la creación y encontramos primero moléculas, luego átomos, luego electrones, luego partículas sub-atómicas y luego partículas sub-sub-atómicas. A fin de cuentas, colocamos estas minúsculas partículas sub-atómicas cuánticas en un acelerador de partículas y las colisionamos entre sí, tratando de poner nuestro dedo en la fuente de la vida, para descubrir lo que Einstein y sus coterráneos científicos descubrieron: No hay partículas en la fuente, pues las partículas no crean más partículas. La Fuente, la cual es intención, es pura energía ilimitada vibrando tan rápido que desafía cualquier dimensión u observación. Es invisible, amorfa y sin límites. De manera que, en nuestra Fuente, somos energía amorfa, y en ese campo espiritual de energía sin forma y vibratorio, reside la intención. En palabras más claras, *yo sé* que está ahí, ya que de alguna manera se las arregló para convertirse en una gota de semen y en un óvulo, y determinar que mi cabello dejara de crecer a los 25 años. . . y que a los 50 años me saliera pelo en mis narices y en mis orejas, y todo lo que yo (el observador) puedo hacer es ¡observarlo y cortarlo!

Este campo de la intención no puede ser descrito con palabras, porque las palabras emanan del campo, tal como lo hacen las preguntas. Ese lugar sin espacio es la intención, y se encarga de todo lo nuestro. Hace crecer las uñas de mis dedos, latir mi corazón, digerir mi comida, escribir mis libros y hace todo esto por todos y cada uno en el universo. Esto me recuerda un cuento antiguo chino que me encanta, lo contaba Chuang Tzu:

> *Había una vez un dragón que tenía una sola pata llamado Hui. "¿Cómo es que te las arreglas para manejar esas patas?" le preguntó a un ciempiés. "¡Yo escasamente puedo manejar la mía!"*
>
> *"De hecho," dijo el ciempiés, "Yo no manejo mis patas."*

Hay un campo amorfo e invisible que lo maneja todo. La intención de este universo se manifiesta en una infinidad de maneras en el mundo físico, y cada una de sus partes, incluyendo su alma, sus pensamientos, sus emociones y por supuesto, su cuerpo físico, son parte de esta intención. Así es que, si la intención determina todo en el universo y es omnipresente, o sea que no existe un lugar donde no esté presente, entonces ¿por qué tantos de entre nosotros nos sentimos desconectados de ella con tanta frecuencia? Y aun más importante, si la intención determina todo, entonces ¿por qué hay tantos de entre nosotros que carecemos de tantas cosas que desearíamos tener?

## *El significado de la intención omnipresente*

Trate de imaginar una fuerza que está en todas partes. No hay un lugar al que usted vaya en donde no se encuentre. No puede ser dividida y está presente en todo lo que usted ve o toca. Ahora, extienda su conciencia de ese campo infinito de energía más allá del mundo de la forma y los límites. Esta fuerza infinita e invisible está en todas partes, igual en lo físico y en lo no-físico. Su cuerpo físico es una parte de su totalidad que emana de esta energía. En el instante de la concepción, la *intención* pone en movimiento la manera en que su forma física va a aparecer y cómo serán sus procesos de crecimiento y envejecimiento. También pone en movimiento los aspectos no-físicos, incluyendo las emociones, pensamientos y las predisposiciones. En este caso, la *intención es una potencia infinita activando su apariencia física y no-física en la Tierra.* Usted está formado del omnipresente para convertir en presente el tiempo y el espacio. Como es omnipresente, este campo energético de la intención es accesible para usted ¡después de su llegada física a la Tierra! La única manera de desactivar esta *fuerza latente* es creyendo que estamos separados de ella.

Activar la intención significa reencontrar la Fuente y convertirse en un hechicero moderno. Ser un hechicero quiere decir lograr el nivel de conciencia donde están disponibles cosas que antes eran inconcebibles. Tal como lo explica Carlos Castaneda, "La labor de los hechiceros era la de encarar el infinito" *(intención)*, "y ellos se lanzaban a esa labor a diario, al igual que un pescador se lanza al mar." La intención es un poder que está presente en todas partes como un campo de energía; no está limitado al desarrollo físico. Es la fuente del desarrollo no-físico por igual. Este campo de la intención está aquí, ahora, disponible para usted. Cuando usted lo activa, empieza a sentir el propósito de su vida, y usted es guiado por su propio ser interno infinito. Esta es la forma en qué un poeta y maestro espiritual describe lo que estoy llamando intención:

*Oh Señor, Tú estás en los bancos de arena*
*Así como en medio de la corriente;*
*Me inclino ante Ti.*
*Tú estas en las piedrecillas*
*Así como en la extensa calma del mar;*
*Me inclino ante Ti.*
*Oh Señor que todo lo impregna,*
*Tú estas en el suelo árido*
*Y en los lugares concurridos;*
*Me inclino ante ti.*

— del poema *Veda XVI* por Sukla Yajur

Mientras *usted* hace una reverencia metafórica ante este poder, reconozca que está inclinándose ante usted mismo. Toda la energía está, de hecho, impregnada de la intención, por lo tanto ésta, late a través suyo hacia su propósito potencial de vida.

## Cómo llegó usted a experimentarse desconectado de la intención

Si hay un poder omnipresente de la intención que está no solo dentro de mí, sino en cada cosa y en cada persona, entonces estamos conectados con esta Fuente que todo lo impregna a todos y a todo: y a lo que deseamos ser, tener, y deseamos lograr; y a todo aquello en el universo que nos asistirá. Lo único necesario es: realinearnos y activar la intención. Pero, ¿cómo fue que nos desconectamos en primer lugar? ¿Cómo perdimos nuestra habilidad natural para conectarnos? Los leones, los peces y los pájaros no se desconectan. Los mundos animal, vegetal y mineral están siempre conectados a su Fuente. Ellos no se cuestionan su intención. Nosotros los humanos, con nuestra capacidad de funciones cerebrales supuestamente mayores, tenemos algo a lo que nos referimos como ego, lo cual es una idea que construimos de quiénes somos y qué somos.

El ego está formado por seis ingredientes principales que explican las razones de cómo nos experimentamos al desconectarnos.

Al permitirle al ego que determine nuestro sendero de vida, desactivamos el poder de la intención. En breve, hay seis creencias del ego. He escrito más extensamente acerca de ellas en mis libros anteriores, sobre todo en *Su ser interior sagrado*.

1. *Soy lo que tengo.* Mis posesiones me definen.

2. *Soy lo que hago.* Mis logros me definen.

3. *Soy lo que otros piensan de mí.* Mi reputación me define.

4. *Estoy separado de los demás.* Mi cuerpo me define como un ser aislado.

5. *Estoy separado de todo lo que me hace falta en mi vida.* Mi espacio de vida está desconectado de mis deseos.

6. *Estoy separado de Dios.* Mi vida depende de la valoración que Dios le da a mis méritos.

No importa el esfuerzo que haga, la intención no puede ser alcanzada a través del ego, así es que mejor tómese el tiempo para reconocerlos y reajustar estas seis creencias. Cuando la supremacía del ego se debilita en su vida, usted puede buscar la intención y maximizar su potencial.

### Agarrados al pasamanos del tranvía

Este es un método que encuentro en extremo útil cuando deseo activar la intención. Podría funcionar para usted también. (En el Capítulo 3 encontrará la descripción de los métodos para acceder a la intención.)

Una de mis memorias más tempranas es la de mi madre llevando a sus tres chicos en el tranvía al este de Detroit, al parque de atracciones acuáticas. Yo tenía unos dos o tres años, y recuerdo cómo miraba hacia arriba desde mi asiento y veía colgando las correas del pasamanos. Los adultos podían agarrarse de las correas, pero lo único que yo podía hacer era imaginar lo que se sentiría ser tan alto como para poder agarrar esas correas por encima de mi cabeza. En realidad, me imaginaba que era tan ligero que podía flotar hasta las agarraderas. Entonces, pensaba que así, agarrado, me sentiría seguro y que me llevaría a mi destino, a la velocidad que decidiera, recogiendo a otros pasajeros a su paso en esta gloriosa aventura del paseo en tranvía.

En mi vida adulta, uso la imagen de la correa del tranvía para recordar cómo regresar a la intención. Me imagino una correa colgando a un metro por encima de mi cabeza, más arriba de lo que soy capaz de alcanzar o saltar para agarrarla. La correa está unida al tranvía, solo que ahora el tranvía simboliza un poder que fluye de la intención. La he soltado o tan solo está lejos de mi alcance por un tiempo. En momentos de estrés, ansiedad, preocupación o hasta molestias físicas, cierro mis ojos y me imagino estirando mi mano hacia arriba y me veo a mi mismo flotando en el aire hasta alcanzar la correa del tranvía. Al lograr asirme a la correa, siento un alivio y un consuelo enormes. Lo que he hecho es eliminar los pensamientos del ego y permitirme alcanzar la intención. Confío en este poder para llevarme a mi destino, parando cuando sea necesario, y recogiendo algunas personas en el camino.

En algunos de mis libros anteriores, he llamado a este proceso el *sendero a la maestría*. En este momento, los cuatro senderos pueden serle útiles como pasos hacia la activación de la intención.

### *Cuatro pasos hacia la intención*

Activar el poder de la intención es un proceso por medio del cual se conecta con su yo interior natural y deja ir su identificación total con el ego. El proceso toma lugar en cuatro etapas:

**1. Disciplina** es la primera etapa. Aprender una nueva tarea requiere entrenar su cuerpo para que se desempeñe según lo desean sus pensamientos. Así es que eliminar la identificación con el ego no significa desconectarse de su relación con su cuerpo, sino, má bien, entrenar su cuerpo para activar esos deseos. Usted los activa con la práctica, ejercicios, hábitos no tóxicos, comida sana y así sucesivamente.

**2. Sabiduría** es la segunda etapa. La sabiduría combinada con la disciplina propicia su habilidad para enfocarse y tener paciencia mientras armoniza sus pensamientos, su intelecto y sus sentimientos con el trabajo de su cuerpo. Enviamos nuestros hijos a la escuela diciéndoles: *Sé disciplinado* y *Usa tu cabeza*, y a esto lo llamamos educación: pero esto todavía deja mucho que desear para llegar a la maestría.

**3. Amor** es la tercera etapa. Después de disciplinar el cuerpo con sabiduría y estudiar de manera intelectual una meta, el proceso hacia la maestría envuelve amar lo que se hace y hacer lo que se ama. En el mundo de las ventas, lo llamo enamorarse de lo que ofrece y luego vender su amor o su entusiasmo a sus clientes potenciales. Cuando uno aprende a jugar tenis, hay que practicar todos los movimientos cuando se estudian las estrategias del juego. También hay que disfrutar la sensación de golpear la bola, de estar en una cancha de tenis y todo lo demás relacionado con el juego.

**4. Entrega** es la cuarta etapa. Es el lugar de la intención. Aquí es donde su cuerpo y su mente no están dirigiendo el espectáculo y donde usted se mueve hacia la intención. "En el universo hay una fuerza inconmensurable e indescriptible a la cual los chamanes llaman intención, y todo lo imaginable que existe en el cosmos entero está unido a esa intención por un eslabón que todo lo conecta," es la forma en que Carlos Castaneda lo describe. Usted se relaja, agarra la correa del tranvía y se dejar llevar por el mismo poder que convierte a las bellotas en árboles, retoños en manzanas y puntos microscópicos en seres humanos. Así es que, agarre la correa del tranvía y cree su propio y original eslabón que todo lo conecta. *Absolutamente todo en el cosmos entero* lo incluye a usted y a su yo interior disciplinado, sabio, amoroso, y a todos sus pensamientos y sentimientos. Cuando usted se entrega, se ilumina y puede consultar a su alma infinita. Entonces, el poder de la intención se hace disponible para que usted tome lo que sienta que es su destino.

Todo este tema de la intención y la entrega pueden provocar el que usted se cuestione dónde entra en juego aquí el libre albedrío... Puede sentirse inclinado a pensar que no existe el libre albedrío o que usted puede convertirse en cualquier cosa que este programa dicte. Así es que demos una mirada a su voluntad y veamos cómo se ajusta en esta nueva visión de la intención. Mientras lea las dos secciones siguientes, por favor, mantenga su mente abierta, ¡aun si lo que usted lee entra en conflicto con lo que usted ha creído toda su vida!

### *La intención y su libre albedrío son paradójicos*

Una paradoja es una declaración absurda o contradictoria en apariencia, aunque esté bien fundamentada. *La intención* y *el libre albedrío* en verdad califican como paradójicos. Entran en conflicto con muchas de las nociones preconcebidas de lo que es razonable o posible. ¿Cómo puede uno poseer la capacidad de ejercer el libre albedrío y también hacer que la intención moldee su cuerpo y potencial? Usted puede fusionar esta dicotomía al escoger entre creer en lo infinito de la intención *y* su capacidad de ejercer el libre albedrío. Usted sabe cómo usar la razón para pensar sobre las reglas de causa y efecto, así es que trate de usar su intelecto en este asunto.

Obviamente, es imposible tener dos infinitos, ya que ninguno de los dos sería infinito, pues cada uno estaría limitado por el otro. No se puede dividir el *infinito* en partes. En esencia, el infinito es unidad, continuidad o integridad, como el aire de su casa. ¿Dónde termina el aire en su cocina y comienza el aire en su sala? ¿Dónde termina el aire en su casa y empieza el aire de afuera? ¿Y qué pasa con el aire que usted inhala y exhala? El aire puede ser lo más parecido que se nos ocurra para explicar el infinito y el universo, el Espíritu omnipresente. De alguna manera, usted debe viajar en el pensamiento más allá de la idea de su existencia individual hasta la idea de una unidad de ser universal, y luego, más allá de esta idea hasta la idea de una energía universal. Cuando usted piensa en una parte del total estando en un sitio y otra parte en otro, se aleja de la idea de unidad. Y, (mantenga la mente abierta como se lo supliqué antes) ¡entienda esto! En cualquier momento, todo lo que es Espíritu está concentrado en el punto en el cual usted fija su atención. Por lo tanto, *usted* puede consolidar toda la energía creativa en un momento dado. *Este es su libre albedrío en acción.*

Su mente y sus pensamientos también son pensamientos de la mente divina. El Espíritu Universal está en sus pensamientos *y* en su libre albedrío. Cuando usted cambia sus pensamientos del Espíritu al ego, usted siente que ha perdido el contacto con el poder de la intención. Su libre albedrío puede moverse *con* el Espíritu Universal y su desarrollo, o *alejarse* de él hacia el dominio del ego. Al alejarse del Espíritu, su vida aparenta ser una lucha. Energías más bajas fluyen a través suyo y usted se puede sentir desesperanzado, indefenso y perdido. También puede usar su libre albedrío para alcanzar energías más rápidas y elevadas. La verdad es que *nosotros* no creamos nada solos; somos todos criaturas con Dios. Nuestro libre albedrío se combina y se redistribuye con lo que ya ha sido creado. *¡Usted escoge!* El libre albedrío quiere decir que usted tiene la opción de ¡conectarse o no con el Espíritu!

De manera que, la respuesta a las preguntas, *¿Tengo libre albedrío?* y *¿Funciona la intención conmigo como una fuerza universal que todo lo impregna?* es *Sí.* ¿Puede vivir con esta paradoja? Si usted piensa en ello, se dará cuenta de que vive en una paradoja cada momento de su existencia. Al mismo tiempo que usted es un cuerpo con principio y fin, con límites, y con una definición en el tiempo y en el espacio, también es un ser invisible, amorfo, ilimitado, que piensa y que siente. El duende de la máquina, si le parece bien la alegoría. ¿Cuál es usted? ¿Materia o esencia? ¿Física o metafísica? ¿Forma o espíritu? La respuesta es *ambos,* aunque parezcan opuestos. ¿Tiene usted libre albedrío y es parte del destino de la intención? *Sí.* Fusione la dicotomía. Combine los opuestos y viva con las dos creencias. Comience el proceso de permitirle al Espíritu que trabaje con usted y conéctese al campo de la intención.

### En la intención, ¡el espíritu trabaja para usted!

Con su libre albedrío decidiendo en su conciencia si debe reconectarse al poder de la intención, usted está alterando su dirección. Comenzará a sentir el reconocimiento y las reverencias apacibles por su unidad con el Espíritu, experimentándose a sí mismo como una concentración individual de él. Me repito en silencio la palabra *intención* para ayudarme a sacar del panorama a mi ego y al enfrascamiento en mí mismo. Pienso a menudo en la cita de Castaneda en *El poder del silencio:* "Al perder la esperanza de poder regresar jamás a la fuente de todo, el hombre promedio busca consuelo en su egoísmo." En lo que a mí respecta, trato de regresar a la fuente de todo a diario, y me rehúso a ser el "hombre promedio" que describe Castaneda.

Hace muchos años que dejé el alcohol. Quería experimentar la sobriedad con el fin de mejorar mi habilidad para hacer el trabajo que sentía que ardía en mi interior. Me sentí llamado a enseñar acerca de la confianza en sí mismo a través de mis libros y mis palabras. Varios maestros me dijeron que la sobriedad total era un prerrequisito para el trabajo que estaba llamado a realizar. En las primeras etapas de este cambio dramático de vida, un poder parecía ayudarme cuando sentía la tentación de regresar a mis antiguos hábitos y tomarme unas cuantas cervezas cada día. En una ocasión, en medio de mi vacilación, de hecho salí a comprar media docena de cervezas y me olvidé de llevar dinero. ¡A mí *nunca* se me olvida el dinero!

En los pocos minutos que me tomó el regreso a casa en busca de dinero en efectivo, reevalué el libre albedrío que me permitiría comprar cerveza y decidir quedarme en casa con mi intención. Descubrí, que a medida que las semanas transcurrían, esta clase de eventos empezaban a ocurrir con regularidad. Estaba siendo guiado por circunstancias que me alejaban de situaciones en donde podría sentir la tentación de tomar. Una llamada telefónica me distraía de una situación tentadora, una pequeña crisis familiar surgía y me disuadía de un potencial desliz. Hoy, un par de décadas más tarde, está claro para mí que haberme agarrado con firmeza a la correa del tranvía que describí con anterioridad, me ha permitido encaminarme suavemente de nuevo a mi sendero invocado desde una eternidad por la intención. Y también veo que mi libre albedrío es un compañero paradójico del poder de la intención.

Mi percepción de la intención como un poder para reconectarme, en vez de algo que mi ego tiene que lograr, ha significado una diferencia enorme en el trabajo durante mi vida. La simple conciencia de que mis escritos y mis palabras se manifiestan desde el campo de la intención me ha proporcionado enormes beneficios. Me sorprende la energía creativa cuando alejo de mi camino mi propia importancia y la identificación con mi ego. Antes de tomar el micrófono, envío el ego al lobby o le digo que tome asiento en la audiencia. Me repito la palabra *intención* a mí mismo y siento que floto hacia arriba, hacia el campo energético de la intención. Me entrego y me siento completamente tranquilo. Me permito recordar los detalles más pequeños en medio de mi discurso, nunca pierdo el hilo de mis frases y experimento la conexión especial que ocurre con la audiencia. La fatiga se disuelve, el hambre desaparece — ¡hasta la necesidad de ir al baño se desvanece! Cada elemento necesario para transmitir el mensaje al público está disponible y se logra casi sin esfuerzo.

### Combinar el libre albedrío con la intención

En matemáticas, dos ángulos que se dicen *coincidentes* se ajustan perfectamente. La palabra *coincidencia* no describe la suerte o los errores, sino que describe aquello que *se ajusta perfectamente*. Al combinar el libre albedrío con la intención, usted se armoniza con la mente universal. En vez de funcionar en su propia mente fuera de esta fuerza llamada intención, su meta puede muy bien ser, al leer este libro, trabajar para estar en armonía en todo momento con la intención. Cuando la vida parezca en contra suya, cuando la suerte sea mala, cuando aparezca gente en apariencia negativa, o cuando usted cometa un desliz y regrese a esos hábitos viejos de derrota, reconozca las señas de que usted no está en armonía con la intención. Usted puede y se va a reconectar de manera que se alinee con su propio propósito.

Por ejemplo, cuando escribo, me abro a las posibilidades del Espíritu universal y de mis propios pensamientos individuales colaborando con el destino para producir un libro útil e intuitivo. Pero al reconsiderar mi historia de dejar el alcohol, quería poner *otro* ejemplo en este capítulo de cómo colabora la intención con las circunstancias de la vida que producen los que necesitamos.

Recientemente mi hija de 19 años, Sommer, me dijo que había renunciado a su trabajo temporal como anfitriona de un restaurante y no estaba segura de lo que quería hacer antes de reanudar sus estudios universitarios. Le pregunté qué era lo que la hacía sentir útil y feliz, me dijo que enseñar equitación a niños, pero no quería volver al antiguo establo en donde había trabajado un año antes porque se sentía poco apreciada, explotada y mal retribuida.

Estaba en Maui escribiendo el primer capítulo en una nueva perspectiva sobre la intención cuando tuve esa conversación telefónica. Lancé mi intención como una fuerza en la perorata del universo y le dije a mi hija que ella debía realinearse con sus pensamientos y así sucesivamente. "Ábrete para recibir la asistencia que deseas," le dije. "Confía en la intención. Existe para ti. Mantente alerta y dispuesta a aceptar cualquier guía que llegue en tu camino. Quédate en armonía vibratoria con la Fuente que todo lo provee."

Al día siguiente, en el momento exacto en que estaba buscando un ejemplo de intención para este capítulo, el teléfono sonó, era Sommer, llena de entusiasmo. "No vas a creer lo que sucedió papá, bueno, pensándolo bien, estoy segura de que sí vas a creerlo. ¿Recuerdas ayer cuando me dijiste que me abriera a la intención? Estaba escéptica, hasta pensé, *mi papá y sus cosas raras*, pero decidí intentarlo. Luego vi un aviso en un poste telefónico que decía *lecciones de equitación* y había un número de teléfono. Escribí el número y acabo de llamar. La mujer que me respondió me dijo que necesitaban contratar a alguien en quién pudieran confiar para llevar niños a pasear a caballo. Paga exactamente el doble de lo que ganaba en el restaurante. Tengo cita con ella mañana. ¡¿No te parece sensacional?!"

¿Sensacional? Claro que sí, ¡es sensacional! Estoy escribiendo un libro, buscando un buen ejemplo, y me llega en la forma en que estaba tratando de ofrecer el día anterior a mi hija. ¡Lleve dos y pague uno!

## *Fusione sus pensamientos individuales con la mente universal*

Nuestros pensamientos individuales crean un prototipo en la mente universal de la intención. Usted y su poder de intención no están separados. Así, cuando usted crea un pensamiento en su ser interior proporcional con el Espíritu, forma un prototipo que lo conecta a la intención y pone en marcha la manifestación de sus deseos. Lo que sea que desee lograr es un hecho existente, presente ya en el Espíritu. Elimine de su mente los pensamientos de condiciones, limitaciones o la posibilidad de que no se manifieste. Si deja su mente serena y al mismo tiempo en la mente de la intención, germinará en realidad en el mundo físico.

En palabras más sencillas, "Todo cuanto orando pidiereis, creed que lo recibiréis y se os dará" [Marcos 11:24]. En esta cita bíblica, se les dice que crean que sus deseos ya han sido cumplidos, y entonces serán cumplidos. Sepan que su pensamiento u oración ya está ahí. Retire todas las dudas para que cree un pensamiento armonioso con la mente o la intención universal. Cuando sepa esto sin lugar a dudas, se realizará en el futuro. Este es el poder de la intención en acción.

Cerraré esta sección con las palabras de Aldous Huxley, uno de mis autores favoritos: "La jornada espiritual no consiste en llegar a un nuevo destino en donde la persona obtiene lo que no tenía o se convierte en lo que no era. Consiste en disolver la ignorancia propia en relación con el ser interior y la vida, y el crecimiento gradual de ese entendimiento comienza con el despertar espiritual. Encontrar a Dios es llegar al ser interior de cada uno."

\* \* \*

En este primer capítulo, les he pedido que dejen de dudar de la existencia de una fuerza universal y omnipresente que he llamado intención, y les dije que pueden conectarse a ella y dejarse llevar a su destino en la energía de la intención. Aquí tienen algunas sugerencias para poner en marcha este trabajo en sus vidas.

## Cinco sugerencias para implementar las ideas en este capítulo

1. *Cada vez que se sienta desanimado, perdido o de mal humor, visualice la correa del tranvía colgando desde el campo de la intención, aproximadamente un metro por encima de su cabeza.* Imagínese flotando hacia arriba y permitiendo que el tranvía lo lleve a su intención integrada en ella. Esta es una herramienta para implementar la entrega en su vida.

2. *Diga la palabra <u>intención</u> varias veces cuando se halle en un estado de ansiedad o cuando todo a su alrededor parezca conspirar para mantenerlo alejado de su misión.* Este es un recordatorio para estar en paz y en calma. La intención es espíritu, y el espíritu es calladamente bienaventurado.

3. *Dígase a sí mismo que usted tiene una misión en su vida y un compañero silencioso que está accesible en cualquier momento que usted lo decida.* Cuando el ego lo defina por lo que usted tiene o hace, o lo compare con otros, use su libre albedrío para terminar con esos pensamientos. Dígase a sí mismo, "Estoy aquí a propósito, puedo lograr cualquier cosa que desee y hacerlo estando en armonía con la fuerza creativa que lo impregna todo en el universo." Esto se convertirá en una manera automática de responderle a la vida. Los resultados sincrónicos comenzarán a suceder.

4. *Actúe como si todo lo que deseara ya hubiera sucedido.* Crea que todo lo que usted busca ya lo ha recibido, que existe en espíritu, y sepa que todos sus deseos serán satisfechos. Uno de mis diez secretos para el éxito y la paz interior es: *trátese a sí mismo como si usted ya fuera lo que quiere llegar a ser.*

5. *Copie este antiguo dicho jasídico y llévelo con usted durante un año.* Es un recordatorio del poder de la intención y de cómo puede trabajar para usted cada día en cualquier situación.

> *Cuando caminas a través de los campos con*
> *tu mente pura y santa, entonces de todas las piedras*
> *y todas las cosas vivas,*
> *y de todos los animales,*
> *salen las chispas de sus almas y se te adhieren,*
> *y luego se purifican*
> *y se convierten en fuego santo en ti.*

**✳ ✳ ✳**

En el siguiente capítulo, expongo cómo este campo de intención luciría si usted fuera capaz de verlo. Y a qué se parecen los *rostros de la intención.* Cerraré este capítulo con otra cita del maestro de Carlos Castaneda, Don Juan Matus: "... el espíritu se revela a todos con la misma intensidad y consistencia, pero solo los guerreros están sintonizados consistentemente a dichas revelaciones."

Lectores y guerreros por igual, procedan en el espíritu del libre albedrío para tener acceso al poder de la intención.

～ ✳ ～ ✳ ～

# CAPÍTULO DOS

# LOS
# SIETE ROSTROS
# DE LA INTENCIÓN

*"Cuatro mil volúmenes de metafísica
no nos enseñan lo que el alma es."*

— Voltaire

### *De pensar sobre la intención a conocer la intención*

Ayer, mientras escribía este libro aquí en Maui, experimenté un *conocimiento* que trataré de explicar a continuación. Una mujer de Japón fue rescatada del mar, su cuerpo estaba hinchado debido a la cantidad excesiva de agua de mar ingerida. Me arrodillé sobre ella con otras personas, tratando de hacer que su corazón volviera a latir dándole respiración boca a boca, mientras muchos de sus amigos japoneses gritaban angustiados al ver que los intentos por resucitarla eran en vano. Mientras veía la escena de rescate en la playa, sentí la presencia de una energía sublime y plácida, y, de forma inexplicable, supe que la mujer no iba a sobrevivir, y que ya no estaba conectada a ese cuerpo que tantas personas bien intencionadas, incluso yo, estábamos tratando de regresar a la vida.

Este conocimiento sereno me condujo a ponerme de pie, juntar mis manos y hacer una plegaria silenciosa por su alma. Éramos de diferentes partes de este mundo y ni siquiera compartíamos el mismo lenguaje, sin embargo me sentí conectado a ella. Me sentí en paz, sabiendo que su Espíritu y el mío estaban de alguna manera conectados en el misterio de la naturaleza pasajera y efímera de nuestras vidas físicas.

Mientras me alejaba, el dolor de la muerte no dominaba mis pensamientos, pues sabía y sentía que la partida del Espíritu del cuerpo de esa mujer, ahora sin vida e hinchado, formaba parte inexplicablemente de un orden divino. No podía comprobarlo. No tenia evidencia científica. No lo pensaba — lo sabía. Esto es un ejemplo de lo que llamo *conocimiento sereno*. Todavía siento su presencia mientras escribo estas palabras 24 horas más tarde. En *El poder del silencio,* Carlos Castaneda describe el conocimiento sereno como "algo que todos tenemos. Algo que posee la maestría total, el conocimiento total de todo. Pero no piensa, por lo tanto, no puede hablar de lo que sabe. El hombre ha abandonado el conocimiento sereno por el mundo de la razón. Mientras más se aferra al mundo de la razón, más efímera se vuelve la intención."

Ya que la **intención** se presenta en este libro como un campo energético que es inherente en todas las formas físicas, entonces es una parte del mundo inexplicable, no material, del Espíritu. El Espíritu elude nuestros intentos de explicarlo y definirlo porque está en una dimensión más allá de principios y fines, más allá de símbolos y más allá de la forma misma. En consecuencia, las palabras escritas y habladas, nuestros símbolos para comunicar nuestras experiencias en este mundo, no pueden explicar el Espíritu de la manera que lo hacen con el mundo físico.

Estoy de acuerdo con la declaración de Voltaire al comienzo de este capítulo, y admito con facilidad que en definitiva no puedo enseñarle a nadie lo que es el Espíritu o usar palabras que ofrezcan la explicación exacta de cómo es. Lo que sí *puedo* hacer es exponer mi método particular para conceptualizar la intención — si es que existe una forma posible de retirar el velo que mantiene cubierto el campo de la misma de nuestra percepción sensorial y de nuestra razón. Les brindo mi concepto de lo que yo llamo los *siete rostros de la intención*. Estos puntos representan mi cuadro imaginario de cómo concibo el poder de la intención.

Creo que la intención es algo que podemos sentir, conectarnos con ella, conocer y confiar. Es una conciencia interior que sentimos de manera explícita y que al mismo tiempo no podemos realmente describir con palabras. Uso este concepto como una guía en mi ayuda hacia el poder de la intención, que es la fuente de la creación, y la activo en mi vida diaria. Espero, que usted también comience a reconocer lo que tiene que hacer personalmente para comenzar a activar la intención en su vida.

Las explicaciones que siguen a continuación surgen de mi experiencia con maestros, de mi trabajo profesional con personas por más de treinta años, de la verdadera biblioteca de libros metafísicos que he leído y estudiado, y de mi evolución personal. Estoy tratando de transmitir mis conocimientos personales sobre los extraordinarios beneficios que se obtienen al conectarse a la intención. Tengo la esperanza de que *se* sienta inspirado por el conocimiento sereno del poder de la intención, y logre crear una experiencia cada vez más fascinante para usted y para todas las personas en su vida.

El conocimiento sereno comienza cuando usted invita al poder de la intención para que juegue un papel activo en su vida. Esta es una decisión privada y muy personal que no necesita ser explicada o defendida. Cuando usted toma esa decisión interior, el conocimiento sereno se convierte poco a poco en una parte de su conciencia normal diaria. Al abrirse al poder de la intención, usted comienza a aprender que la concepción, el nacimiento y la muerte son todos aspectos naturales del campo energético de la creación. Empeñarse en intentar pensar o razonar su camino a la intención es fútil. Al desvanecerse las dudas y confiar en su intuición, usted libera un espacio para que el poder de la intención fluya a través de él. Esto puede sonar como un truco mágico pero prefiero verlo como si vaciara mi mente y entrara en el corazón del misterio. En este momento, dejo a un lado los pensamientos racionales y me abro a la magia y a la emoción de una nueva conciencia iluminada.

Un gran maestro de mi vida llamado J. Krishnamurti dijo una vez: "Vaciarse, vaciarse por completo, no es algo temible: es esencial en absoluto que la mente esté desocupada; estar vacía, sin obligaciones, para que entonces así pueda moverse hacia profundidades inexploradas."

Tómese un momento ahora mismo para dejar la lectura de este libro y permitirse confiar y experimentar atentamente la conciencia de su ser interno no físico. Primero, cierre sus ojos y vacíe su mente de pensamientos racionales y del parloteo incesante y siempre cambiante de su mente. En seguida, haga clic en la tecla de borrar cada vez que aparezca una duda. Por último, ábrase al vacío. Entonces, podrá comenzar a descubrir cómo aprender con serenidad el poder de la intención. (En el siguiente capítulo, le explicaré con más detalle otros medios de acceder y reconectarse con la intención.)

Pero ahora, explicaré lo que pienso que sería nuestra visión si pudiéramos salirnos de nosotros, flotar por encima de nuestro cuerpo como el Espíritu de la dama japonesa en la playa el día de ayer. Desde esta perspectiva, me imagino a mí mismo observando los rostros de la intención a través de unos ojos que son capaces de ver vibraciones más elevadas.

### Los siete rostros de la intención

**1. El rostro de la creatividad.** El primero de los siete rostros de la intención es la expresión creativa del poder de la intención que nos ha designado, traído aquí y creado un ambiente compatible con nuestras necesidades. El poder de la intención tiene que ser creativo o nada existiría. Me parece que esta es una verdad irrefutable sobre la intención/Espíritu, ya que su propósito es que la vida exista en un ambiente deseable. ¿Por qué concluyo que el poder dador de vida de la intención *determina* que tengamos vida y en creciente abundancia? Porque si lo opuesto fuera verdadero, la vida, tal como la conocemos, no podría llegar a originarse.

El mismo hecho de que podemos respirar y experimentar la vida me comprueba que la naturaleza del Espíritu dador de vida es creativa desde lo más profundo de su núcleo. Esto puede parecerle obvio, o de hecho puede parecer confuso o hasta irrelevante. Pero lo que sí *está* claro es que: Usted está aquí en su cuerpo físico; hubo un tiempo en que usted era un embrión, antes era una semilla y antes de eso una energía amorfa. Esa energía amorfa contenía la intención, la cual lo trajo de *ningún lugar* a *aquí y ahora*. En los niveles más altos de conciencia, la intención lo condujo por un sendero hacia su destino. El rostro de la creatividad lo proyecta hacia una creatividad persistente para crear y co-crear cualquier cosa a la cual usted dirija su poder de intención. La energía creativa es una parte suya; se origina en el Espíritu dador de vida que lo *determina* a usted.

**2. El rostro de la bondad.** Cualquier poder que tenga, como naturaleza inherente, la necesidad de crear y convertir energía en forma física debe ser también un poder bondadoso. De nuevo estoy deduciendo esto del opuesto. Si el poder dador de todo de la intención tiene en su núcleo el deseo de ser cruel, malévolo o dañino, entonces la creación por sí misma sería imposible. En el momento en que la energía cruel se convirtiera en forma, el Espíritu dador de vida se destruiría. En cambio, el poder de la intención tiene un rostro de bondad. Es su energía bondadosa lo que está creando que prospere, crezca, sea feliz y se sienta realizado. Nuestra existencia me comprueba la bondad de la intención. Tomar la decisión de ser bondadoso es una opción para activar el poder de la intención en su vida.

Los efectos positivos de la bondad en el sistema inmunológico y en el incremento de la producción de serotonina en el cerebro, han sido comprobados en estudios científicos. La serotonina es una sustancia que ocurre naturalmente en el cuerpo y que lo hace sentir más confortable, en paz y hasta dichoso. De hecho, el papel de la mayoría de los antidepresivos es el de estimular la producción de serotonina químicamente, ayudando a calmar la depresión. Las investigaciones han demostrado que un simple acto de bondad dirigido hacia otra persona, mejora el funcionamiento del sistema inmunológico y estimula la producción de serotonina, tanto en el que recibe el acto de bondad como en la persona que lo ofrece. Aun más sorprendente es el hecho de que las personas que observan el acto de bondad tienen resultados benéficos similares. ¡Imagínese eso! La bondad otorgada, recibida u observada, impacta de manera benéfica la salud física ¡de todas las personas involucradas! Tanto el rostro de la bondad como el rostro de la creatividad están ahora mismo sonriendo.

Cuando usted actúa de manera cruel o descortés, está bloqueando el rostro de la bondad. Usted se aleja del poder de la intención. No importa si usted lo llama Dios, Espíritu, Fuente o intención, sepa que los pensamientos de maldad debilitan y los pensamientos de bondad refuerzan su conexión. La creatividad y la bondad son dos de los rostros de la intención.

**3. El rostro del amor.** El tercero de los siete rostros de la intención es el rostro del amor. Que hay una naturaleza inherente dadora de vida en el poder de la intención es una conclusión irrefutable. ¿Cómo podríamos llamar esa cualidad que estimula, mejora y apoya todo en la vida, si no es amor? Es la materia prima que mueve el poder del Espíritu Universal de la intención. Como lo dijo Ralph Waldo Emerson: "El amor es nuestra palabra superior y el sinónimo de Dios."

El campo energético de la intención es puro amor, dando como resultado un ambiente de cariño y total cooperación. El juicio, la ira, el odio, el miedo o el prejuicio ahí no prosperan. De manera que si fuéramos capaces de ver este campo, solo veríamos creatividad y bondad en un campo infinito de amor. Entramos en el mundo físico de las fronteras y de los comienzos a través del campo de la fuerza universal del amor puro. Este rostro de la intención, que es una expresión del amor, desea solamente que prosperemos y crezcamos, y que nos convirtamos en todo lo que somos capaces de ser. Cuando no estamos en armonía con la energía del amor, nos alejamos de la intención y debilitamos nuestra habilidad de activar la intención a través de la expresión del amor. Por ejemplo, si usted no hace lo que ama y no ama lo que hace, su poder de la intención se debilita. Usted atrae a su vida la mayoría de los disgustos que no son parte del rostro del amor. En consecuencia, más de lo que usted no ama aparecerá en su vida.

Los pensamientos y las emociones son energía pura; algunos son más elevados y rápidos que otros. Cuando las energías más elevadas ocupan el mismo espacio que las energías más bajas, se convierten en energías elevadas. Un simple ejemplo de esto es el de un cuarto oscuro, el cual tiene energía más baja que un cuarto lleno de luz. Ya que la luz se mueve más rápido que la ausencia de luz, cuando una vela se lleva a una habitación oscura, la oscuridad no solo se disuelve y desaparece, sino que además parece convertirse en luz como por arte de magia. Lo mismo aplica para el amor, el cual es una energía más elevada y más rápida que la energía del odio.

San Francisco, en su famosa oración, le implora a Dios: "Donde haya odio, sea yo amor." Lo que él está buscando es el poder de disolver y llegar a convertir todo el odio en la energía del amor. El odio se convierte en amor cuando la energía del amor está en su presencia. Esto es cierto también para usted. El odio, dirigido hacia usted o hacia los demás, puede convertirse en la fuerza vital de intención, otorgadora de amor verdadero a la cual se refiere Pierre Teilhard de Chardin cuando dice: "La conclusión es siempre la misma: El amor es la energía más poderosa y aun la más desconocida del mundo."

**4. El rostro de la belleza.** El cuarto de mis siete rostros de la intención es el rostro de la belleza. ¿Qué otra cosa podría ser una expresión creativa, bondadosa y amorosa, que no sea además hermosa? ¿Por qué elegiría la inteligencia organizada de la intención manifestarse en alguna forma que fuera repugnante a sí misma? Es obvio que no lo haría. Entonces, podemos concluir, que la naturaleza de la intención tiene una interacción eterna con el amor y la belleza; y a la expresión de la belleza se le añade el rostro del poder de la intención creativa, bondadosa y amorosa.

John Keats, el joven y brillante poeta romántico, concluye su *Oda a una urna griega* así: "'La belleza es la verdad, esto es todo lo que sabes en la tierra y es todo lo que necesitas saber." Es obvio que en toda la creación existe la verdad y que ésta se ha mostrado y que está aquí, ahora, representada en una forma que es una expresión del poder creador invisible. Por esa razón, estoy de acuerdo con Keats en que tenemos que *conocer serenamente* que verdad y belleza son una y la misma. Aparte de tener la certeza de que todo se origina en el Espíritu en una expresión del poder de la intención, surge el reconocer a la verdad como belleza. Esta sabiduría nos conduce a un valioso conocimiento en relación a la práctica de su voluntad, su imaginación y su intuición individuales.

Con el fin de llegar a comprender el significado de la belleza como uno de los rostros de la intención, recuerde esto: *Los pensamientos hermosos construyen un alma hermosa.* Cuando se vuelve receptivo a ver la belleza a su alrededor, se va sintonizando con el poder creativo de la intención dentro de todas las cosas del mundo natural, incluyéndose usted mismo. Al optar por ver la belleza en cada cosa, aun si ha nacido en la pobreza y la ignorancia, será capaz de experimentar el poder de la intención. Ver la belleza en la peor de las circunstancias con determinación individual, lo conecta a uno con el poder de la intención. Funciona. Tiene que funcionar. El rostro de la belleza está siempre presente, aun cuando otros no la vean.

Tuve el inmenso privilegio de compartir un panel con Viktor Frankl en 1978 en Viena, Austria. Recuerdo perfectamente que él compartió conmigo y con la audiencia su afirmación de que es la habilidad de ver la belleza en todas las circunstancias lo que le da significado a nuestras vidas. En su libro *El hombre en busca de sentido,* describe una vasija llena de agua sucia con una cabeza de pescado flotando en ella que le fue entregada por sus captores nazis en un campo de concentración, durante la Segunda Guerra Mundial. Se había entrenado para ver la belleza en esa comida, en lugar de enfocarse en sus horrores. Él atribuía su habilidad de ver la belleza en todas partes como un factor vital de supervivencia ante aquellos horribles campos de concentración. Nos recordó que si nos enfocamos en lo feo, atraemos más fealdad a nuestros pensamientos y luego a nuestras emociones y, por último, a nuestras vidas. Al optar por asirnos a nuestro rincón de libertad, aun en las peores situaciones, podemos procesar nuestro mundo con energía de gratitud y belleza, y crear una oportunidad de trascender a nuestras circunstancias.

Me encanta la manera en que la Madre Teresa describe esta cualidad cuando se le pregunta, "¿Cuál es su misión en las calles de Calcuta a diario?" Ella respondió, "Veo a Jesucristo a diario con todas sus máscaras de aflicción."

**5. El rostro de la expansión.** La naturaleza elemental de la vida es la de incrementarse y buscar cada vez una mayor expresión. Si pudiéramos enfocarnos claramente en los rostros de la intención, nos quedaríamos sorprendidos. Me imagino que uno de los rostros que veríamos sería el de una expresión de expansión continua del poder de la intención. La naturaleza de este Espíritu creativo es siempre tratar de expandirse. El Espíritu es un poder que crea la forma. Tiene el principio del crecimiento, lo cual quiere decir que la vida continúa expandiéndose hacia más vida. La vida tal como la conocemos se origina de una intención amorfa. Por lo tanto, uno de los rostros de la intención luce como algo que está en una evolución eterna. Puede verse como una partícula minúscula que se duplica constantemente, luego agrandándose a sí misma, y después moviéndose hacia delante. Y todo eso se manifiesta mientras continúa su expansión y su expresión.

Esto es, de hecho, lo que está sucediendo en nuestro mundo físico. El quinto rostro de la intención toma la forma de lo que expresa. No puede ser de otra manera, porque si esta fuerza siempre en expansión no se gustara o se sintiera desconectada, solo podría destruirse a sí misma. Pero no sucede así. El poder de la intención se manifiesta como una expresión de creatividad, bondad, amor y belleza en expansión. Al establecer su relación personal con este rostro de la intención, usted expande su vida a través del poder de la intención, lo cual fue, es y será siempre un componente de esa intención original. El poder de la intención es el poder de expandir e incrementar todos los aspectos de su vida. ¡No hay excepciones! Es parte de la naturaleza de la intención estar en un estado de expresión creciente, o sea, que es cierto también para usted.

La única condición para que este movimiento de la intención se dé y se mueva hacia delante es la de cooperar con él siempre y permitirle al Espíritu incrementar la expresión de sí mismo a través suyo, para usted y para cada persona que encuentre en su vida. Entonces, no tendrá preocupaciones ni ansiedad. Confíe en el rostro de la expansión, ame todo lo que haga y haga todo lo que ame. Sepa que las únicas posibilidades son resultados beneficiosos y extensivos.

**6. El rostro de la abundancia ilimitada.** El sexto rostro de la intención es una expresión de algo que no tiene fronteras, está en todas partes al mismo tiempo y es continuo y abundante. No solamente es enorme, sino que nunca cesa. Este maravilloso don de la abundancia es de lo que usted fue creado. Por consiguiente, usted también comparte esto en la expresión de su vida. En realidad, usted está cumpliendo a cabalidad con la ley de la abundancia. Estos dones se le ofrecen de manera gratuita y por entero, tal como el aire, el sol, el agua y la atmósfera le son ofrecidos en abundancia ilimitada.

Desde el momento de su memoria más temprana, es probable que a usted le hayan enseñado en términos de limitaciones. *Mi propiedad comienza aquí. La suya allá.* Así es que construimos rejas para marcar nuestros límites. Pero los exploradores antiguos nos abrieron a la conciencia del mundo como uno ilimitado y en potencia. Astrónomos aun más antiguos nos hicieron retroceder en nuestras creencias al decirnos que había un techo enorme en forma de cúpula cubriendo la tierra. Supimos que había galaxias cuyas distancias se miden en el tiempo que toma la luz en viajar durante un año. Los libros científicos que tienen dos años ya están obsoletos. Los récords atléticos, que en apariencia demuestran los límites de nuestras proezas físicas, se rompen con una regularidad sorprendente.

Lo que todo esto significa es que no hay límites en nuestro potencial como personas, como entidades colectivas o como individuos. Esto es verdad en gran parte, porque surgimos de la abundancia ilimitada de la intención. Si el rostro del poder de la intención es abundancia ilimitada, entonces sabremos que nuestro potencial para manifestar y atraer cualquier cosa en nuestras vidas es el mismo. El rostro de la abundancia no tiene límites en lo absoluto. Imagínese la vastedad de recursos de los cuales todos los objetos han sido creados. Luego considere el único recurso que sobresale por encima de todos los demás. Esto sería su mente y la mente colectiva de la humanidad. ¿En dónde comienza y termina su mente? ¿Cuáles son sus fronteras? ¿En donde está localizada? Y aun más importante, ¿Dónde no está localizada? ¿Nació con usted o existía antes de su concepción? ¿Muere con usted? ¿De qué color es? ¿Qué forma tiene? Las respuestas están en la frase *abundancia ilimitada*. Usted fue creado de esta misma abundancia ilimitada. El poder de la intención está en todas partes. Es lo que permite que todo se manifieste, se incremente y se ofrezca de manera infinita.

Sepa que usted está conectado a esta fuerza de vida y que la comparte con todos y con todo lo que percibe como faltante. Ábrase a la expresión del rostro de la abundancia ilimitada y estará co-creando su vida como la desea. Y, como es tan a menudo cierto, los poetas pueden expresar en pocas palabras lo que nos parece tan difícil de llegar a comprender. Aquí nos habla Walt Whitman en su *Canto a mí mismo*. Mientras lea estas líneas, sustituya *el rostro de la abundancia ilimitada* por *Dios* para captar un poco el sentido de lo que es el poder de la intención.

> *Escucho y veo a Dios en cada cosa,*
> *pero no le comprendo...*
> *Veo algo de Dios cada una de las horas del día,*
> *y cada minuto que contiene esas horas,*
> *En el rostro de los hombres y mujeres,*
> *en mi rostro que refleja el espejo, veo a Dios;*
> *Encuentro cartas de Dios por las calles,*
> *todas ellas firmadas con su nombre,*
> *Y las dejo en su sitio, pues sé que a donde vaya*
> *llegarán otras cartas con igual prontitud.*

Usted no tiene que ser un intelectual consumado. Es suficiente que *conozca serenamente* y empiece a vivir con la conciencia de este rostro de la abundancia ilimitada.

**7. El rostro de la receptividad.** Así es como me imagino el séptimo rostro, el rostro como la receptividad de la intención. Es sencillamente receptiva a todo. Nada ni nadie es rechazado por el rostro receptivo de la intención. Le da la bienvenida a todos y a cada cosa viviente, sin juicios, nunca otorgándoles el poder de la intención a algunos y retirándoselo a otros. El rostro receptivo de la intención quiere decir para mí que toda la naturaleza está esperando a ser llamada a la acción. Solo necesitamos estar dispuestos a reconocer y recibir. La intención no puede responderle si usted no la reconoce. Si usted ve que la suerte y las coincidencias gobiernan su vida y el mundo, entonces la mente universal de la intención se le manifestará nada más que como una amalgama de fuerzas desprovistas de orden o poder.

En palabras más sencillas, si no es receptivo, usted se niega a sí mismo a tener acceso al poder de la intención. Con el fin de usar toda la receptividad incluida en la intención, debe producir dentro de sí una inteligencia equivalente y en afinidad con la mente universal misma. No solo debe volverse receptivo a la disponibilidad de ser guiado hacia la manifestación de sus intenciones humanas, sino que además, debe estar receptivo a entregar de vuelta esa energía al mundo. Como lo he dicho muchas veces en mis discursos y en escritos anteriores, su labor no es decir *cómo*, es decir ¡*sí! Sí, estoy dispuesto. Sí, sé que el poder de la intención es universal. No se le niega a nadie.*

El rostro de la receptividad me sonríe, ya que lo que necesito me fluye desde la Fuente, y la Fuente es receptiva a mi conexión cuando co-creo libros, discursos, videos, audio y cualquier otra cosa de la cual me siento muy afortunado de incluir en mi hoja de vida. Al ser receptivo, estoy en armonía con el poder de la intención de la fuerza creadora universal. Esto funciona de muchas maneras distintas. Usted verá que las personas correctas aparecen en su vida como por arte de magia, su cuerpo se sana, y si es algo que usted desea, puede lograr ¡hasta convertirse en un mejor bailarín, jugador de cartas o atleta! El campo de la intención permite que todo se convierta en forma y su potencial ilimitado está integrado en todo lo que se ha manifestado, aun antes de que fueran expresados sus dolores de parto iniciales.

\* \* \*

En este capítulo, usted ha leído sobre el concepto de los siete rostros de la intención. Ellos son creativos, bondadosos, amorosos, hermosos, siempre en expansión, abundantes, sin límites y receptivos a todos, y usted puede conectarse con este cautivador campo de la intención. Aquí encontramos cinco sugerencias para implementar ahora la puesta en práctica de los mensajes esenciales en este capítulo.

### Cinco sugerencias para implementar las ideas en este capítulo

1. *Visualice el poder de la intención.* Invite *su* visualización del campo energético, el cual es el poder de la intención, para que aparezca en su mente. Esté receptivo a lo que aparezca mientras usted visualiza su concepto de ese campo energético. Aunque usted sabe que es invisible, cierre sus ojos y vea las imágenes que recibe. Recite estas siete palabras que representan los siete rostros de la intención: *creativo, bondadoso, amoroso, hermoso, expansivo, abundante* y *receptivo.* Memorice estas siete palabras y úselas para atraer hacia usted la armonía con el poder de la intención mientras la visualiza. Recuérdese que cuando se siente o se comporte de manera inconsistente con estos siete rostros de la intención, usted se ha desconectado del poder de la intención. Permita que las siete palabras decoren su visualización del poder de la intención, y note el cambio en su perspectiva al lograr de nuevo conectarse a ella.

2. *Sea un reflejo.* Un espejo refleja sin distorsión o juicio. Considere ser como un espejo y reflejar lo que llegue a su vida sin juicios u opiniones. Desapéguese de todo lo que llegue a su vida, al no pedir que se quede, se vaya o aparezca a su antojo. Deje de juzgarse o de juzgar a los demás porque sean demasiado gordos, demasiado altos, demasiado feos o ¡demasiado lo que sea! Así como el poder de la intención

acepta y refleja sin juicios o apegos, intente ser lo mismo con lo que aparezca en su vida. ¡Sea como un espejo!

3. *Asuma la belleza.* Esta sugerencia incluye asumir la bondad, el amor y la belleza como parte de su vida, amándose profundamente, amando lo que lo rodea y venerando todo en su vida. Siempre hay algo hermoso que experimentar en cualquier lugar en donde esté. Ahora mismo, mientras se enfoca mire a su alrededor y seleccione la belleza. Esto es muy distinto a estar alerta de manera habitual a todo lo que nos hace daño, nos enoja o nos ofende. Asumir la belleza lo ayuda a percibir el poder de la intención en su vida.

4. *Medite sobre la gratitud.* Aprecie la energía que usted comparte con todos los seres vivos ahora y en el futuro, y aun con aquellos que han vivido antes que usted. Sienta la oleada de esa fuerza vital que le permite pensar, dormir, moverse, digerir y hasta meditar. El poder de la intención responde a la gratitud que usted siente por ella. La fuerza vital en su cuerpo es la clave de sus deseos. Al apreciar su fuerza vital como una representación del poder de la intención, surge a través suyo una onda de intención y conocimiento. La sabiduría de su alma asume el control y conoce cada paso que debe tomar al responder a su meditación sobre la gratitud.

5. *Descarte la duda.* Cuando se desvanecen las dudas, la abundancia prospera y todo es posible. Todos tenemos la tendencia a usar nuestros pensamientos para crear el mundo que escogemos. Si usted tiene dudas sobre su habilidad de crear la vida que desea, entonces está rechazando el poder de la intención. Aun cuando nada parezca indicar que usted está logrando lo que desea en su vida, rehúse aceptar las dudas. Recuerde, la correa del tranvía de la intención está esperando que usted flote hacia arriba y se deje transportar.

Shakespeare declaró: "Nuestras dudas nos traicionan, y a menudo nos hacen perder todo lo bueno que podríamos ganar por temor a intentarlo." Y Ramana Maharshi observó, "Las dudas surgen ante la ausencia de la entrega." Usted puede optar por dudar de lo que los demás digan de usted o de lo que usted experimente con sus sentidos, pero descarte las dudas cuando se trate de saber que una fuerza universal de intención ¡lo designó y lo llevó donde está! No dude de su creación desde un campo energético que está siempre disponible para usted.

\* \* \*

En el siguiente capítulo, le ofrezco lo que podría parecer como métodos poco usuales para afinar el enlace que lo conecta con este fascinante campo energético que llamamos intención.

〜 \* 〜 \* 〜

# CAPÍTULO TRES

## CONECTÁNDOSE A LA INTENCIÓN

*"La ley de la flotación no fue descubierta
observando cómo las cosas se hundían,
sino contemplándolas flotar de manera natural,
y luego usando la inteligencia para cuestionarse
la razón por la cual esto sucedía."*

— Thomas Troward

Examine esta observación realizada por el gran científico de la mente de principios del siglo XX, Thomas Troward. En los primeros tiempos de la construcción de navíos, todos se fabricaban en madera y la razón de esto era que la madera flotaba en el agua y el hierro se hundía. Sin embargo, en nuestros días, en todo el mundo los navíos se construyen con hierro. Cuando la gente comenzó a estudiar las leyes de flotación, se descubrió que *cualquier cosa* podía flotar si era más ligera que la masa del líquido que desplazaba. Mantenga este ejemplo en su mente mientras lee y aplica el contenido de este capítulo al conectarse con todo lo que usted desea convertirse.

La palabra clave es *contemplación,* o en lo que usted fija sus pensamientos cuando comienza a usar el enorme potencial y el poder de la intención. Usted debe ser capaz de conectarse a la intención, y uno no puede tener acceso a ella y trabajar con la intención si está contemplando la imposibilidad de ser capaz de determinar y manifestar lo que desea. Usted no puede descubrir la ley de la co-creación si está contemplando lo que hace falta. No puede descubrir el poder de despertarse si está contemplando las cosas que todavía están dormidas. El secreto para manifestar cualquier cosa que desee está en su voluntad y su habilidad para realinearse de manera que su mundo interno esté en armonía con el poder de la intención. Cada avance moderno que usted ve y acepta como algo natural, fue creado (y crear es lo que estamos haciendo ahora en este libro) por alguien que contempló lo que tenía la intención de manifestar

*La manera de establecer una relación con el Espíritu y acceder al poder de este principio creador es contemplándose continuamente, como un ser rodeado por las condiciones que usted desea producir.* Le sugiero que enfatice esta idea subrayando la frase anterior en este libro y en su mente. Haga hincapié en la idea de un poder supremo infinito produciendo los resultados que usted desea. Este poder es el poder creador del universo. Es responsable de todo lo que sucede cuando uno se enfoca. Al confiar en él como proveedor de la forma y de las condiciones para su manifestación, usted establece una relación con la intención que le permite mantenerse conectado durante todo el tiempo que practique este tipo de determinación personal.

Los hermanos Wright no contemplaron *que las cosas se quedaran en el suelo.* Alexander Graham Bell no contempló la *incomunicación de las cosas,* Thomas Edison no contempló la *oscuridad de las cosas.* Para hacer que una idea flote hacia la realidad, usted debe estar dispuesto a cambiar por completo de idea y saltar hacia lo inconcebible y caer sobre sus pies, contemplando lo que usted desea en lugar de lo que adolece. Usted comenzará a hacer flotar sus deseos en lugar de hundirlos. La ley de la manifestación es como la ley de la flotación, y usted debe contemplar cómo trabaja *a su favor* en lugar de contemplar lo que no trabaja. Esto se logra estableciendo un fuerte eslabón de conexión entre usted y ese campo energético, amorfo e invisible, que es el poder de la intención.

## *Entrando en el espíritu de la intención*

Todo lo que usted desea crear en su vida involucra generar la misma calidad dadora de vida que hace que todo exista. El Espíritu de todas las cosas, la calidad que permite que se lleve a cabo en este mundo de la forma, es verdadero como un principio general, entonces ¿por qué no activarlo en su interior? El poder de la intención está sencillamente esperando su habilidad para hacer la conexión.

Ya hemos establecido que la intención no es una sustancia material con cualidades físicas mensurables. Como ejemplo de esto piense en los artistas. Sus creaciones no son solamente una función de la calidad de la pintura, el pincel, el lienzo o cualquier combinación de materiales que usen. Para entender y llegar a comprender la creación de una obra maestra, tenemos que tener en consideración los pensamientos y los sentimientos del artista. Con el fin de entender el proceso creativo, debemos conocer y entrar en el movimiento de la mente creativa del artista. ¡El artista crea algo de la nada! Sin los pensamientos y sentimientos del artista, no habría arte. Es su mente creativa particular en contemplación conectada a la intención para dar a luz a lo que llamamos una creación artística. Así es como el poder de la intención trabajó para crearlo a usted, alguien nuevo, totalmente único, alguien que salió de la nada. Reproducir esto en usted quiere decir encontrar el impulso creador y saber que el poder de la intención está cumpliendo la realización de todo lo que *siente,* y que se está expresando a sí mismo en su persona.

Lo que usted está sintiendo es una función de lo que está pensando, de lo que está contemplando y de cómo se está formulando su diálogo interno. Si usted pudiera acceder al *sentimiento* del poder de la intención, percibiría que está siempre incrementándose y que confía en sí porque es un poder formativo tan infalible que nunca se equivoca. Siempre se está incrementando y creando. El movimiento hacia delante del Espíritu es un hecho. El poder de la intención ansía llegar a las máximas expresiones de vida, al igual que los sentimientos del artista se manifiestan abiertamente en su obra como una expresión plena de sus ideas y pensamientos. Los sentimientos son las claves de su destino y de su potencial, y están buscando la expresión plena de vida a través suyo.

¿Cómo se entra en el Espíritu de la intención, el cual tiene todo que ver con sentimientos expresando la vida? Usted puede alimentarlo por medio de la expectativa continua y permanente de que la ley espiritual del incremento infalible sea parte de su vida. Lo vimos a través de nuestra capacidad imaginaria de ver vibraciones elevadas, y lo escuchamos en las voces de los maestros espirituales que nos hablan sobre él a través de todas las épocas. Está en todas partes. Quiere expresar vida. Es puro amor en acción. Es confiado. ¿Y adivinen qué? Usted es él, pero se le ha olvidado. Tan solo debe confiar en su habilidad de entregarse gozosamente al Espíritu para que éste se exprese a través suyo y a su favor. Su misión es contemplar las energías de la vida, el amor, la belleza y la bondad. Cada acción en armonía con su principio creador, le expresa su propio poder de intención.

## *Su voluntad y su imaginación*

No hay discusión sobre la existencia de su libre albedrío. Usted es un ser con una mente capaz de tomar decisiones. De hecho, usted está en estado constante de toma de decisiones deliberadas durante toda su vida. No se trata de hacer una comparación entre el libre albedrío y el destino predeterminado, pero fíjese con cuidado en el método en el que confía su habilidad de llevarlo hacia lo que usted desea. La intención, en este libro, no es cuestión de tener un deseo intenso y respaldarlo con una determinación a toda prueba. Tener una fuerte voluntad y estar lleno de resolución para lograr las metas internas es pedirle al ego que sea la fuerza conductora de su vida. *Voy a hacer esto. Nunca seré un estúpido. Nunca voy a renunciar.* Estos son atributos admirables, pero no lo conectarán a la intención. Su fuerza de voluntad es mucho menos efectiva que su imaginación, la cual es su eslabón al poder de la intención. La imaginación es el movimiento de la mente universal en su interior. Su imaginación concibe el cuadro interno que le permite *participar* en el acto de la creación. Es el eslabón de conexión invisible para manifestar su propio destino.

Intente imaginarse haciendo algo que su imaginación no desea que haga. Su voluntad es la parte de su ego que cree que usted está separado de los demás, de lo que quiere lograr o tener, y separado de Dios. También cree que usted representa sus adquisiciones, sus logros y sus premios. Esta *voluntad del ego* quiere que usted adquiera evidencia constante de su importancia. Lo empuja a probar su superioridad y a adquirir cosas que está dispuesto a perseguir con una dedicación y una determinación absolutas. Por otro lado, su imaginación es el concepto del Espíritu en su interior. Es el Dios en usted. Lea la descripción de William Blake sobre la imaginación. Blake creía que con la imaginación, tenemos el poder de ser cualquier cosa que deseemos.

> *¡No descansaré de mi gran faena!*
> *Abrir los Mundos Eternos,*
> *Para abrir los Ojos inmortales del Hombre*
> *Hacía los Mundos internos del Pensamiento;*
> *En la eternidad, siempre creciente*
> *En el Pecho de Dios,*
> *La imaginación Humana*

— extracto del poema *Jerusalén* de William Blake

Ahora, vamos de nuevo a la idea de determinarse a hacer algo cuando su imaginación dice que no. Viene a mi mente el ejemplo de caminar sobre el fuego. Puede observar esos carbones ardientes e invitarse a caminar sobre ellos, pero si usted confía únicamente en su fuerza de voluntad, terminará con graves quemaduras y ampollas. En cambio, si se imagina protegido por la divinidad — usando las palabras de Blake, *en el Pecho de Dios,* y puede verse en su imaginación como capaz de ser más que su cuerpo, puede lograr caminar sobre los carbones ardientes y salir ileso. Al imaginarse impermeable al calor de los carbones ardientes, comienza a sentir que es más que su cuerpo. Se visualiza más fuerte que el fuego. Su cuadro interno de pureza y protección le permite decidirse a caminar sobre los carbones. Es su imaginación la que le permite estar a salvo. Sin ella, ¡usted se calcinaría!

Recuerdo imaginándome capaz de terminar mi primer maratón de más de 26 millas (42 kilómetros). No fue mi voluntad la que me llevó por esas tres horas y media continuas corriendo. Fue mi imaginación interior. Me sintonicé con ella y le permití a mi cuerpo que llegara a sus límites a través de mi voluntad. Sin esa imagen, ni toda la voluntad del mundo hubiera sido suficiente para que completara mi cometido.

Y así es con todo. Desear ser feliz, tener éxito, dinero, ser el número uno, ser famoso, el mejor vendedor, o la persona más rica de su comunidad, son ideas nacidas del ego y de su egoísmo obsesivo. En nombre de esta fuerza de voluntad, muchas personas pasan pisoteando a cualquiera que se interponga en su camino; haciendo trampas, robando y engañando para lograr su intención personal. No obstante, estas actitudes conducen finalmente al desastre. Usted puede lograr la meta física de su intención individual. Sin embargo, su imaginación, ese espacio interior donde usted vive todas sus experiencias, no le permitirá sentirse en paz.

He usado este poder de la imaginación por encima de mi voluntad en el transcurso de todos los trabajos de mi vida. Por ejemplo, me veo a mi mismo terminando este libro ya. Este *pensar desde el final* hace que me comporte como si todo lo que quisiera crear ya estuviera aquí. Mi credo es: *Me imagino que soy y seré,* y es una imagen que llevo conmigo todo el tiempo. No termino un libro porque tengo una intensa voluntad de hacerlo. Eso significaría que soy yo, el cuerpo llamado Wayne Dyer quien lo está haciendo, mientras que mi imaginación no tiene límites físicos y no hay nadie llamado Wayne Dyer. Mi imaginación es mi propio "de tal palo tal astilla" de la intención. Me provee lo que necesito, me permite sentarme aquí y escribir, guía mi pluma en mi mano y llena todos los espacios en blanco. Yo, Wayne Dyer, no estoy trayendo por mi propia voluntad este libro a la realidad. El cuadro que tengo de él es tan claro y preciso que se manifiesta por sí mismo. En tiempos antiguos, un ser divino llamado Hermes escribió:

*Aquello que ES se manifiesta;*
*Aquello que ha sido o será, no se ha manifestado, pero no*
*   está muerto;*
*Porque el alma, la actividad eterna de Dios, anima todas*
*   las cosas.*

Estas son palabras significativas a sopesar cuando usted piensa en la reconexión a la intención y en lograr obtener el poder de crear cualquier cosa que esté en su imaginación. Usted, su cuerpo y su ego, no determinan, no animan nada en su vida. Deje su ego a un lado. A toda costa, tenga una meta en su vida y llénese de determinación, pero deje a un lado la ilusión de que usted es aquel que va a manifestar los deseos de su corazón a través de su voluntad. Es en su *imaginación* que deseo que se enfoque a lo largo de la lectura de este libro, y que vea todas sus metas y actividades propuestas como funciones del trabajo, la guía, el apoyo y hasta el impulso de su imaginación hacia la dirección que la intención tenía para usted, mientras usted estaba todavía en un estado *no manifestado.* Usted está buscando una equivalencia vibratoria entre su imaginación y la Fuente de toda la creación.

Su imaginación le permite darse el maravilloso lujo de *pensar desde el final.* No se puede detener a nadie que piense desde el final. Usted crea los medios y supera las limitaciones en conexión con sus deseos. Habite en el final de la imaginación, totalmente confiado en que es ahí en el mundo material que usted puede usar los ingredientes de la Fuente que todo lo crea para hacerlo tangible. Ya que la Fuente de todo procede con gracia, y así lo hacen sus siete rostros resplandecientes, entonces usted también usará este método, y solamente este método, para co-crear todo lo que ha deseado. Vuélvase indiferente a la duda y al llamado de su voluntad. Permanezca confiado en que a través de la seguridad continua en su imaginación, sus presunciones se materializarán en la realidad. Reconectarse con la intención involucra expresar los mismos siete rostros que la Fuente, que todo lo crea, usa para convertir lo no manifestado en manifestado. Si la imaginación trabaja para Dios, entonces con toda seguridad trabaja también para usted. A través de la imaginación, Dios se imagina todo en la realidad. De igual modo, esta es su nueva estrategia.

### *Aplicar los siete rostros para conectarse a la intención*

Al estar en la profesión del desarrollo humano durante la mayor parte de mi vida, la pregunta que escucho con mayor frecuencia es: "¿Cómo logro conseguir lo que deseo?" En este momento de mi vida, mientras estoy aquí sentado escribiendo este libro, mi respuesta es: "Si usted se convierte en lo que piensa, y lo que usted piensa es lo que quiere ser, entonces estará en el estado de deseo. Entonces, la respuesta a cómo obtener lo que quiere es reformular la pregunta: *¿Cómo logro obtener lo que determino crear?"* Mi respuesta a esa pregunta está en las páginas restantes de este capítulo, pero mi respuesta breve es esta: "Usted obtiene lo que determina crear estando en armonía con el poder de la intención, el cual es responsable de toda la creación." Tan solo conviértase en la intención y usted <u>co-creará</u> todo lo que contemple. Cuando usted se convierte en uno solo con la intención, está trascendiendo la mente-ego y se convierte en la mente universal que todo lo crea. John Randolph Price escribe en *Una Filosofía Espiritual para el Nuevo Mundo:* "Hasta que usted trascienda el ego, no puede hacer nada más que añadir demencia al mundo. Esta declaración debería deleitarlo en vez de crearle desesperación, ya que retira un gran peso de sus hombros."

Comience por quitarse el peso del ego de sus hombros y reconectarse a la intención. Cuando usted deja su ego a un lado y regresa a eso de lo que originalmente surgió, usted comienza de inmediato a ver cómo el poder de la intención trabaja con, para y a través suyo en una multitud de maneras. Aquí repasaremos esos siete rostros para ayudarlo a comenzar a hacerlos parte de su vida.

**1. Sea creativo.** Ser creativo quiere decir confiar en su propio propósito y tener una actitud de determinación férrea en sus pensamientos y actividades diarias. Permanecer creativo quiere decir darle forma a sus intenciones personales. Una manera de comenzar a darles forma es la de literalmente escribirlas. Por ejemplo, en mi espacio para escribir aquí en Maui, he escrito mis intenciones, y aquí están unas cuantas, las cuales me miran fijamente cada día mientras escribo:

- *Mi intención es que todas mis actividades estén dirigidas por el Espíritu.*

- *Mi intención es amar e irradiar mi amor en mi escritura y en todo aquel que lea estas palabras.*

- *Mi intención es confiar en lo que llega a través mío y ser un vehiculo del Espíritu, sin juzgar nada de lo que me llega.*

- *Mi intención es reconocer al Espíritu como mi Fuente y desapegarme de mi ego.*

- *Mi intención es hacer todo lo posible para elevar la conciencia colectiva, de manera que pueda estar en una relación más cercana con el Espíritu del poder supremo de la intención que todo lo origina.*

Para expresar su creatividad y poner sus propias intenciones en el mundo de lo manifiesto, le recomiendo que practique Japa, una técnica que fue ofrecida en primera instancia por los antiguos vedas. La meditación Japa es la repetición del sonido de los nombres de Dios, mientras al mismo tiempo se enfoca en lo que pretende manifestar. Al repetir el sonido dentro del nombre de Dios mientras se pide lo que desea generar, produce energía creativa para manifestar sus deseos. Y sus deseos son el movimiento de la mente universal en su interior. Ahora bien, usted puede sentirse escéptico sobre la factibilidad de tal hazaña. Bueno, le pido que se abra a esta idea de Japa como una expresión de su enlace creativo a la intención. No voy a describir el método en profundidad aquí porque he escrito un pequeño libro con su CD compañero publicado por Hay House llamado *Getting in the Gap: Making Conscious Contact with God Through Meditation (Abriendo la brecha. Hacer contacto consciente con Dios a través de la meditación).* Por ahora, tan solo sepa que considero la meditación y la práctica de Japa esencial en su búsqueda de reconexión con el poder de la intención. Ese poder es creación, y usted debe estar en su estado único de creatividad para colaborar con el poder de la intención. La meditación y Japa son métodos seguros para lograrlo.

**2. Sea bondadoso.** Un atributo fundamental del poder supremo original es la bondad. Todo lo que se ha manifestado ha sido traído aquí para que prospere. Se requiere un poder bondadoso para desear lo que se crea para que prospere y se multiplique. Si éste no fuera el caso, entonces todo lo creado sería destruido por el mismo poder que lo creó. Con el fin de reconectarse a la intención, usted debe estar en la misma frecuencia de onda de bondad de la propia intención. Haga un esfuerzo por vivir en la bondad y disfrutarla. Es una energía mucho más elevada que la tristeza o la maldad, y hace posible la manifestación de sus deseos. *Es dando que recibimos;* es a través de actos de bondad dirigidos hacia los demás que nuestros sistemas inmunológicos son fortalecidos y ¡hasta nuestro niveles de serotonina se incrementan!

Los pensamientos de baja energía que nos debilitan caen en el dominio de la vergüenza, la ira, el odio, el enjuiciamiento y el miedo. Cada uno de estos pensamientos internos nos debilita y nos inhibe de atraer en nuestras vidas lo que deseamos. Si nos convertimos en eso que pensamos, y lo que pensamos es lo malo que anda el mundo, y lo enojados, avergonzados y temerosos que somos, está claro ante la razón que actuaremos de acuerdo a esos pensamientos negativos y nos convertiremos en lo que estamos pensando. Cuando piensa, siente y actúa con bondad, usted se da la oportunidad de ser como el poder de la intención. Cuando usted actúa y piensa de manera contraria, abandona el campo de la intención, y se asegurará de que se siente traicionado por el Espíritu de la intención que todo lo crea.

— *Bondad hacia usted.* Piense en usted así: Hay una inteligencia universal que subsiste a través de la naturaleza inherente en cada una de sus manifestaciones. Usted es una de sus manifestaciones.

Usted es una pieza de esta inteligencia universal — una tajada de Dios, digamos. Sea bueno con Dios, ya que todo lo que Dios creó es bueno. Sea bueno con usted. Usted es Dios manifestado, y esa es una razón suficiente para tratarse con bondad. Recuérdese que usted quiere ser bondadoso consigo mismo en todas las decisiones que toma a diario en su vida. Trátese con bondad cuando coma, haga ejercicio, juegue, trabaje, ame y todo lo demás. Tratarse con bondad acelera su habilidad de conectarse a la intención.

— *Bondad hacia los demás.* Un dogma básico para entenderse con la gente y ser feliz, así como para conseguir la ayuda de los demás hacia el logro de lo que desea atraer, es que las personas desean ayudarlo y hacer cosas por usted. Cuando es bondadoso con los demás, recibe bondad a cambio. Un jefe cruel recibe poca cooperación de sus empleados. Ser cruel con los niños los hace querer vengarse de usted en lugar de ayudarlo. Bondad entregada es bondad regresada. Si desea conectarse a la intención y convertirse en alguien que logra todos los objetivos de su vida, va a necesitar la ayuda de una multitud de personas. Al extender la práctica de la bondad en donde quiera que esté, encontrará que aparece la ayuda en formas que usted jamás hubiera podido predecir.

La idea de extender la práctica de la bondad adquiere especial relevancia cuando trata con personas indefensas, de edad avanzada, con problemas mentales, pobres, discapacitadas y así sucesivamente. Estas personas forman parte de la perfección de Dios. Ellas también tienen un propósito divino, y como todos estamos conectados unos a otros a través del Espíritu, su propósito y su intención también están conectados al suyo. Aquí encontramos una breve historia que le tocará su corazón. Sugiere que entre aquellas personas que conocemos, las que son menos capaces de cuidarse por sí mismas, pueden haber venido aquí a enseñarnos algo sobre la perfección de la intención. Lea y sepa que este tipo de pensamientos, sentimientos y comportamientos lo empodera para conectarse a la intención al hacer corresponder su bondad con la suya propia.

En Brooklyn, Nueva York, Chush es una escuela para niños discapacitados. Algunos niños permanecen en Chush durante todo su periodo escolar, otros pueden ser eventualmente enviados a escuelas convencionales. En una cena de recolección de fondos organizada por Chush, el padre de un niño que iba a esa escuela dio un discurso que los espectadores jamás olvidarían. Después de exaltar la escuela y a su dedicado personal, exclamó, "¿Dónde está la perfección de mi hijo, Shaya? Todo lo que Dios hace, lo hace perfecto. Pero mi hijo no puede entender las cosas como lo hacen los demás niños. Mi hijo no puede recordar hechos y números como lo hacen otros niños. Entonces, ¿Dónde está la perfección de Dios? La audiencia estaba atónita con la pregunta, sentían el dolor y la angustia del padre y estaban pasmados ante la lacerante pregunta.

"Yo creo," contestó el padre, "que cuando Dios trae al mundo un niño como el mío. La perfección que Él busca está en la forma en que la gente reacciona a este niño." Entonces contó la siguiente historia sobre su hijo Shaya.

Una tarde Shaya y su padre paseaban por un parque en donde algunos niños que Shaya conocía estaban jugando béisbol. Shaya preguntó, "¿Crees que me dejarían jugar?" El padre de Shaya sabía que su hijo no era atlético en lo absoluto y que la mayoría de los niños no lo querrían en su equipo. Pero el padre de Shaya entendió que si su hijo fuese seleccionado para jugar, tendría un sentido de pertenencia. El padre de Shaya se acercó a uno de los niños en el campo y le preguntó si Shaya podía jugar. El niño miró a su alrededor buscando una señal de sus compañeros. Al no recibir ninguna, él tomó el asunto en sus propias manos y dijo, "Estamos perdiendo por seis carreras, y el juego está en la octava entrada. Creo que podría estar en nuestro equipo y trataríamos de ponerlo a batear en la novena entrada."

El padre de Shaya estaba eufórico al ver a Shaya sonreír con verdadera alegría. Le pidieron a Shaya que se pusiera el uniforme del equipo y lo enviaron al centro del campo a jugar. Al final de la octava entrada, el equipo de Shaya anotó algunas carreras pero todavía estaban perdiendo por tres. Al final de la novena *entrada, el equipó de Shaya anotó de nuevo y ahora con dos "outs" y las bases llenas con la carrera de la ventaja en potencia en base, estaba programado que Shaya bateara. ¿Dejaría el equipo en realidad que Shaya bateara en esta disyuntiva y dejarían escapar su oportunidad de ganar el juego?*

*Sorpresivamente, el bate le fue entregado a Shaya. Todo el mundo sabía que era imposible porque Shaya ni siquiera sabía como agarrar bien el bate, mucho menos golpear la bola. Sin embargo, cuando Shaya se paró en el lugar del bateador, el lanzador se movió unos cuantos pasos para enviar la bola tan suavemente que Shaya pudiera al menos hacer contacto con ella. El primer lanzamiento llegó y Shaya bateó con torpeza y falló. Uno de los compañeros de Shaya se acercó a él y juntos sostuvieron el bate y enfrentaron al lanzador esperando la siguiente jugada. El lanzador de nuevo se acercó unos cuantos pasos y envió la bola con suavidad hacia Shaya. Al llegar la bola, Shaya y su compañero batearon y juntos golpearon la pelota por el piso hasta el lanzador. El lanzador recogió la bola que llegó despacio y ahora podía enviarla con toda facilidad a la primera base. Shaya hubiera recibido un "out" y el juego se hubiera terminado. En vez de hacer eso, el lanzador tomó la bola y la envió elevada hacia la derecha del campo muy por encima del alcance de la primera base. Todo el mundo comenzó a gritar, "Shaya, corre a primera. Corre a primera." Shaya nunca en su vida había corrido a primera. Corrió frenéticamente con los ojos abiertos y sobresaltado. Para cuando llegó a primera base, el jardinero de la derecha ya tenía la bola. Podía haberla lanzado a la segunda base y haber hecho el "out" a Shaya, quien todavía seguía corriendo.*

*Pero el jardinero comprendió las intenciones del lanzador y tiró la bola alta y lejos por encima de la cabeza de la tercera base. Todo el mundo gritaba, "Corre a segunda, corre a segunda." Shaya corrió a la segunda base mientras que los corredores por delante de él rodeaban las bases en pleno delirio hacia "home". Cuando Shaya alcanzó la segunda base, el jardinero del equipo opuesto corrió hacia él, lo colocó en la dirección de la tercera base y le gritó, "Corre a tercera." Cuando Shaya llegó a tercera, los niños de los dos equipos le gritaron por detrás, "Shaya, corre a "home".*" *Shaya corrió a "home", se colocó en la base y los 18 niños lo levantaron en sus hombros y lo convirtieron en un héroe, ya que él acababa de realizar un "jonrón con bases llenas" y había hecho ganar el juego a su equipo.*

*"Ese día," dijo el padre con voz suave y las lágrimas rodando por su rostro, "esos 18 niños alcanzaron el nivel de perfección de Dios."*

Si usted no tiene el corazón apretado y una lágrima en su mejilla después de leer esta historia, entonces es muy probable que usted nunca llegue a conocer la magia de reconectarse a la bondad de la Fuente suprema que todo lo origina.

— *Bondad hacia todas las formas de vida.* En las enseñanzas antiguas de Patanjali, nos recuerdan que todas las criaturas vivientes son impactadas dramáticamente por aquellas que permanecen inalterables en la ausencia de pensamientos que dañan directamente lo externo. Practique la bondad hacia los animales, pequeños y grandes, todo el reino de vida en la tierra tales como los bosques, los desiertos, las plantas y todo aquello que tiene la esencia de vida pulsando en su interior. Usted no puede reconectarse a la Fuente y conocer el poder de la intención en su vida sin la ayuda del entorno. Usted está conectado a ese entorno. Sin gravedad, usted no puede caminar. Sin agua, usted no puede vivir ni un día. Sin los bosques, el cielo, la atmósfera, la vegetación, los minerales — todos ellos — su deseo de manifestar y alcanzar la intención no tiene sentido.

Extienda pensamientos de bondad hacia todo. Practique la bondad hacia la tierra recogiendo basura en su camino o haga una oración de gratitud en silencio por la existencia de la lluvia, el color de las flores o hasta el papel que tiene en sus manos que fue donado por un árbol. El universo responde de la misma manera como usted decide irradiar hacia fuera. Si usted dice con bondad en su voz y en su corazón, "¿En qué puedo servirte?" la respuesta del universo será, "¿Cómo puedo yo servirte a la vez?" Es la energía atractora. Es el Espíritu de cooperación con toda la vida que emerge de la esencia de la intención. Y este Espíritu de bondad es aquel que usted debe aprender a corresponder si desea reconectarse con la intención. Mi hija Sommer ha escrito sobre su experiencia acerca de cómo los pequeños actos de bondad llegan muy lejos:

*Una tarde lluviosa, me salí de la autopista hacia la caseta del peaje y estaba buscando a tientas en mi cartera cuando la mujer me sonrió y me dijo, "El carro que pasó antes de usted, pagó su peaje." Le dije que viajaba sola y le acerqué mi dinero. Ella contestó, "Sí, el hombre me dijo que le dijera a la siguiente persona que pasara por mi caseta que le deseaba un hermoso día." Ese acto de bondad me brindó de hecho un hermoso día. Me sentí muy conmovida por alguien que nunca conocería. Empecé a pensar cómo podría alegrar el día de alguien más. Llamé a mi mejor amiga y le conté acerca de cómo mi peaje había sido pagado. Me dijo que nunca se le hubiera ocurrido hacer eso, pero que era una idea grandiosa. Ella va a la Universidad de Kentucky y decidió que iba a pagar por la persona detrás de ella cada día en su camino a la universidad al salir de la carretera de peaje. Me reí ante su sinceridad. "Crees que estoy bromeando," dijo ella, "pero como tú dices, son solamente cincuenta centavos." Al colgar, me pregunté si al hombre que me pagó mi peaje alguna vez, se le ocurriría que su acto de bondad llegaría hasta Kentucky.*

*Tuve la oportunidad de extender la bondad en el supermercado el otro día cuando tenía mi carro lleno hasta el tope de comida, que mi compañera de cuarto y yo compartiríamos por las dos semanas siguientes. La mujer que estaba detrás de mí tenía un bebé muy inquieto y no tenía ni siquiera una cantidad cercana a la mía de cosas en su carrito. Le dije, "¿Por qué no pasa usted primero? Usted no tiene ni la mitad de lo que yo tengo." La mujer me miró como si yo tuviera tres brazos o algo así. Me contestó, "Muchas gracias. No he visto a muchas personas por estos lados ser consideradas con otras personas. Nos mudamos aquí de Virginia y estamos considerando regresar porque nos preguntamos si este es el lugar correcto para criar a nuestros tres hijos." Entonces me dijo que estaba lista para renunciar y mudarse de regreso a casa, aunque pensaba que tendrían que pasar problemas económicos en su familia. Dijo, "Me prometí que si no veía una señal antes de que se terminara el día, pediría mi regreso a Virginia. Usted es mi señal."*

*Me agradeció de nuevo y salió sonriendo de la tienda. Yo estaba pasmada, me di cuenta que un gesto tan pequeño había impactado a toda una familia. La cajera me dijo al pasar mis compras, "¿Sabes qué niña? Acabas de alegrar mi día." Salí sonriendo, preguntándome a cuántas personas había afectado con mi acto de bondad.*

*El otro día estaba desayunando con un emparedado y café y pensando que mis colegas podrían querer algunas rosquillas. Los cuatro hombres con lo que trabajo en los establos viven en pequeños apartamentos al frente de los corrales. Ninguno tiene automóvil, pero todos comparten una bicicleta. Les expliqué que las rosquillas eran para ellos. La mirada de gratitud en sus rostros fue gratificante en una forma inconmensurable. No llevaba mucho tiempo trabajando ahí, y creo que esas 12 rosquillas me ayudaron a romper un poco el hielo. Mi pequeño acto de bondad se convirtió en algo inmenso mientras la semana iba avanzando. Empezamos a cuidarnos con mayor atención y a trabajar como un equipo.*

**3. Sea amor.** Considere estas palabras con suma atención, *Dios es amor,* "y aquel que mora en el amor, mora en Mí, y Yo en él." Digamos que ese es Dios hablando. Mantenga en su mente el tema central de este capítulo y de hecho, de todo el libro: usted debe aprender a ser como la energía que, en primer lugar, le permitió existir, y luego, que debe estar en un estado de amor, ambos requisitos completamente esenciales para que se reconecte con la intención. Usted fue proyectado del amor, así mismo debe ser amor con el fin de proyectarse. Se han escrito volúmenes enteros sobre el amor y todavía tenemos tantas definiciones para esta palabra como personas para ofrecérselas. Para el propósito de este capítulo, me gustaría que usted pensara en el amor en las siguientes dos maneras.

— *Amor es cooperación más que competencia.* Lo que me gustaría es que usted fuera capaz de experimentar aquí y ahora, y en forma física en el planeta tierra, la esencia del plano Espiritual. Si esto fuera posible, significaría que su propia vida es una manifestación de amor. Si esto fuera cierto para usted, vería toda la vida viviendo en armonía y cooperando con todos. Sentiría el poder de la intención que origina toda la vida, cooperando con todas sus formas para asegurar el crecimiento y la supervivencia. Usted notaría que todos compartimos la misma fuerza vital, y que la misma inteligencia invisible que hace latir mi corazón y su corazón, hace latir el corazón de cada uno en el planeta.

— *Amor es la fuerza detrás de la voluntad de Dios.* No estoy sugiriendo el tipo de amor que definimos como afecto o sentimiento. Tampoco es este tipo de amor un sentimiento que busca complacer y hacer favores a los demás. Imagínese un tipo de amor que es el poder de la intención, la misma energía que es la causa detrás de toda la creación. Es la vibración espiritual que conlleva las intenciones divinas de la expresión amorfa a la concreta. Crea nuevas formas, cambia la materia, vivifica todas las cosas y mantiene el cosmos unido más allá del tiempo y del espacio. Está en cada uno de nosotros. Es lo que Dios es.

Le recomiendo que vierta su amor en su entorno inmediato y siga esta práctica cada hora si es posible. Retire todos los pensamientos sin amor de su mente y practique la bondad en todos sus pensamientos, palabras y acciones. Cultive este amor en su círculo inmediato de conocidos y familia y, por último, expándalo a su comunidad y al globo. Extienda su amor deliberadamente a todos aquellos que lo han herido de alguna manera o le han causado una experiencia dolorosa. Mientras más pueda extender este amor, más cerca está de convertirse en amor, y es la esencia de ser amor donde la intención se alcanza y la manifestación florece.

**4. Sea belleza.** Emily Dickinson escribió: "La belleza no es causada. Es. . ." Al despertarse a su naturaleza divina, usted comienza a apreciar la belleza en cada cosa que ve, toca y experimenta. La belleza y la verdad son sinónimos, tal como lo leímos anteriormente en la famosa observación de John Keats en *Oda a una urna griega:* "La verdad es belleza, belleza, verdad." Esto quiere decir, por supuesto, que el Espíritu creativo trae cosas en el mundo de las fronteras para prosperar y florecer y expandir. Y no haría eso si no fuera porque está locamente enamorado de la belleza de cada criatura manifestada, incluso la suya. Por consiguiente, para volver al contacto conciente con su Fuente y retomar su poder, hay que buscar y experimentar la belleza en todos sus cometidos. Vida, verdad, belleza. Todos estos son símbolos de la misma cosa: un aspecto de la fuerza de Dios.

Cuando usted pierde esta conciencia, pierde la posibilidad de conectarse a la intención. Usted fue traído a este mundo de lo que se percibía como una expresión de belleza. No podría haber sido así si se hubiera pensado de manera contraria, porque si tiene el poder para crearlo, también tiene el poder para no hacerlo. La decisión de hacerlo está fundada en la suposición de que usted es una expresión de belleza amorosa. Esto es cierto para todos y cada uno de los que surgimos del poder de la intención.

Aquí encontramos una de mis historias favoritas, que ilustra cómo se puede apreciar la belleza donde una vez no fue apreciada. Fue contada por Swami Chidvilasananda, mejor conocido como Gurumayi, en su hermoso libro, *Enciende mi corazón.*

> *"Había un hombre a quien no le gustaba su familia política porque sentía que ellos tomaban más espacio en su casa de lo que debían. Fue a ver a un maestro que vivía cerca de su casa, ya que había escuchado hablar mucho de él, y dijo, '¡Por favor haga algo! No puedo soportar más mi familia política. Amo a mi esposa, pero a mi familia política — ¡jamás! Ellos toman demasiado espacio en la casa; de alguna manera siento que siempre están en mi camino.'*
>
> *El maestro le dijo, '¿Tienes algunos pollos?'*
>
> *'Sí, tengo,' dijo él.*
>
> *'Entonces mete todos los pollos dentro de la casa.'*
>
> *Hizo lo que el maestro le dijo y luego regresó donde él. El maestro le preguntó, '¿Problema resuelto?'*
>
> *Él dijo, '¡No! Está peor.'*

*'¿Tienes algunas ovejas?'*

*'Sí.'*

*'Ponlas dentro de la casa.'Así lo hizo y luego regresó al maestro. '¿Problema resuelto?'*

*'¡No! Cada vez está peor'*

*'¿Tienes un perro?'*

*'Sí, tengo varios.'*

*'Lleva todos los perros dentro de la casa.'*

*Finalmente, el hombre corrió de regreso adonde el maestro y le dijo, 'Vine por su ayuda pero ¡usted está haciendo mi vida peor que nunca!'*

*El maestro le dijo entonces, 'Ahora saque de la casa todos los pollos, las ovejas y los perros.'*

*El hombre regresó a su casa y la vació de todos los animales. ¡Había tanto espacio ahora! Regresó adonde el maestro. '¡Gracias! ¡Gracias!' dijo. 'Usted ha resuelto todos mis problemas.'"*

**5. Sea siempre expansivo.** La próxima vez que vea un jardín lleno de flores, observe las que están vivas y compárelas con las flores que usted cree que están muertas. ¿Cuál es la diferencia? Las flores secas y *muertas* no están creciendo, mientras que las flores vivas están creciendo todavía. La fuerza universal que hace surgir todo lo que lo determinó a usted para que existiera y que inicia toda la vida, siempre está creciendo, y expandiéndose en perpetuidad. Como con todos los siete rostros de la intención, dada su universalidad, debe haber una naturaleza común con la suya. Al estar en un estado siempre expansivo y creciente intelectual, emocional y espiritualmente, usted se está identificando con la mente universal.

Al estar en un estado de buena disposición al cual no está aferrado a lo que solía pensar o ser, pensando desde el final y estando abierto a recibir la guía divina, usted se rige por la ley del crecimiento y está receptivo al poder de la intención.

**6. Sea abundante.** La intención es ser abundante sin cesar. No hay escasez en el mundo universal e invisible del Espíritu. El mismo cosmos es infinito. ¿Cómo podría haber un final del universo? ¿Qué habría al final? ¿Una pared? Entonces, ¿qué tan gruesa sería esa pared? ¿Y qué habría en el otro lado? Mientras usted se contempla conectándose a la intención, sepa en su corazón que cualquier actitud que tenga, que refleje una conciencia de escasez, lo va a retrasar. Un recordatorio aquí es imperativo. Usted debe hacer corresponder los atributos de la intención con los suyos con el fin de capitalizar esos poderes en su vida.

Abundancia es de lo que se trata el reino de Dios. Imagínese a Dios pensando: *No puedo producir más oxígeno hoy. Estoy demasiado cansado. Este universo es demasiado grande ya. Creo que voy a erigir un muro y voy a parar esto de la expansión.* ¡Imposible! Usted surgió de una conciencia que era y es ilimitada. ¿Qué es lo que lo frena a reunirse con esa conciencia ilimitada en su mente y mantener esas imágenes, a pesar de lo que sucede ante sus ojos? Lo que lo frena es el condicionamiento al que usted ha estado expuesto toda su vida, el cual puede cambiar hoy, en los siguientes minutos, si así lo desea.

Cuando cambia a la programación de la mente de la abundancia, se repite una y otra vez que usted es ilimitado porque surgió de la fuente inagotable de la intención. Mientras esta imagen se solidifica, usted comienza a actuar con esta actitud de determinación inflexible. No hay otra posibilidad. Nos convertimos en lo que pensamos, tal como Emerson nos recuerda: "El ancestro de cada acción es un pensamiento." Cuando estos pensamientos de totalidad y suficiencia excesiva se vuelvan parte de sus pensamientos, la fuerza que todo lo crea, a la cual está siempre conectado, comienza a trabajar para usted, en armonía con sus pensamientos, tal como trabajó en armonía con sus pensamientos de escasez. Si no cree que puede manifestar abundancia en su vida, verá la intención coincidir con usted y ¡*ayudarlo* en el cumplimientos de sus exiguas expectativas!

✳ ✳ ✳

Parece que llegué a este mundo completamente conectado con los atributos de abundancia del mundo espiritual del cual surgí. Como un niño que crecí en hogares de custodia del gobierno, con la mentalidad de pobreza siempre a mi alrededor, era el niño "más rico" del orfanato, si lo podemos llamar así. Siempre pensé que podía tener dinero tintineando en mi bolsillo. Así lo imaginaba y actuaba en consecuencia. Coleccionaba botellas de refrescos, excavaba nieve, empacaba las compras del supermercado, cortaba el césped, me llevaba las cenizas de las chimeneas de la gente, limpiaba patios, pintaba rejas, cuidaba niños, entregaba periódicos, y así sin cesar. Y siempre, la fuerza universal de la abundancia trabajaba *conmigo* proveyéndome oportunidades. Una tormenta de nieve era una bendición enorme para mí. Así también lo eran las botellas que tiraban en las calles y las viejecitas que necesitaban ayuda para llevar sus compras a sus automóviles.

Hoy, más de medio siglo mas tarde, todavía tengo mentalidad de abundancia. Nunca he estado sin varios trabajos a la vez a lo largo de muchas recesiones económicas durante toda mi vida. Gané grandes cantidades de dinero como maestro de escuela al fundar un negocio de educación de conductores de vehículos, después de las horas del horario escolar. Comencé una serie de cátedras en Port Washington, Nueva York, los lunes en las noches para 30 o más residentes locales, con el fin de complementar mis ingresos como profesor en la universidad de St. John, y esas cátedras nocturnas de los lunes se convirtieron en una audiencia de más de mil personas en el auditorio de la escuela secundaria. Cada cátedra era grabada en una cinta por un miembro del personal y esas cintas me llevaron a crear el bosquejo de mi primer libro al público, el cual se titulaba *Tus zonas erróneas*.

Una persona entre los asistentes era la esposa de un agente literario en la ciudad de Nueva York, quien lo impulsó a que me contactara para que yo escribiera un libro. Ese hombre, Arthur Pine, se convirtió en un padre para mí y me ayudó a conocer personas claves en el medio editorial de Nueva York. Y la misma historia de pensamiento ilimitado siguió y siguió. Vi el libro *desde el final* convirtiéndose en una herramienta para todo el mundo en el país, y fui a todas las grandes ciudades de los Estados Unidos a hablarle a todo el mundo sobre él.

El Espíritu universal siempre ha trabajado conmigo para atraer mis pensamientos de abundancia ilimitada en mi vida. Las personas correctas aparecen como por arte de magia. La oportunidad perfecta llega a su vez. La ayuda que necesitaba pareció salir de la nada. Y de alguna forma, todavía hoy en día colecciono botellas de refresco, apaleo nieve y cargo las compras de las viejecitas. Mi visión no ha cambiado, aunque el campo de juego se ha extendido. Se trata de tener un cuadro interno de abundancia, pensar de manera ilimitada y estar abierto a la guía que ofrece la intención cuando usted está en buena relación con ella. Y luego, estar en un estado de gratitud y de asombro extáticos al ver como todo esto funciona. Cada vez que veo una moneda en el piso, me detengo, la recojo, la pongo en mi bolsillo y digo en voz alta, "Gracias Dios, por este símbolo de la abundancia que sigue fluyendo en mi vida." Ni una sola vez en mi vida he preguntado, "¿Por qué tan solo un centavo, Dios? Sabes que necesito más que eso."

Hoy me levanto a las cuatro de la mañana, con el conocimiento de que mi escrito terminará en lo que ya he vislumbrado en las contemplaciones de mi imaginación. Mis palabras fluyen, y me llegan cartas de la abundancia manifestada de la intención, incitándome a leer un libro en particular o a hablar con una persona en especial, y sé que todo está funcionando en unidad perfecta y abundante. El teléfono suena, y justo lo que quiero escuchar está resonando en mi oído. Me levanto a buscar un vaso de agua y mi mirada se dirige hacia un libro que ha estado en mi estante por veinte años, pero que esta vez me siento impulsado a leer. Lo abro, y una vez más me siento dirigido por la voluntad del Espíritu para asistirme y guiarme siempre y cuando esté en armonía con Él. Y así sigue y sigue, y recuerdo las palabras del poeta Jelaluddin Rumi hace 800 años: "Venda su astucia y compre perplejidad."

**7. Sea receptivo.** La mente universal está lista para responder a cualquiera que reconozca su verdadera relación con ella. Producirá lo que sea que tenga el concepto de sí que usted le impregne sobre ella. En otras palabras, está receptiva a todo lo que permanece en armonía con ella y en una relación de reverencia hacia ella. El asunto se convierte en una cuestión relativa al nivel de su receptividad al poder de la intención. Manténgase conectado y sepa que usted recibirá todo ese poder que es capaz de ofrecer. Asúmase como separado de la mente universal (lo cual es imposible, pero, sin embargo, es una fuerte creencia del ego), y usted permanecerá eternamente desconectado.

La naturaleza de la mente universal es pacífica. No es receptiva a la fuerza o a la violencia. Funciona en su propio tiempo y ritmo, permitiendo que todo emane gradualmente. No tiene prisa porque está fuera del tiempo. Siempre está en el ahora eterno. Intente arrodillarse y apresurar un pequeño retoño de tomate. El Espíritu Universal funciona pacíficamente, y sus intentos de apresurarlo o de extraer una nueva vida en una flor totalmente creativa destruirán todo el proceso. Ser receptivo quiere decir tomar una posición en que le permite a su "compañero mayor" que maneje su vida. *Yo acepto la guía y la asistencia de la misma fuerza que me creó, dejo a un lado mi ego y confío en esta sabiduría para moverme a su propio ritmo de paz. No hago pedidos al respecto.* Así es como crea el campo de intención que todo lo crea. Así es como usted debe pensar para reconectarse con su Fuente. Usted practica la meditación porque le permite recibir la sabiduría interna del contacto consciente con Dios. Al estar en paz, sereno y receptivo, se modela a la imagen de Dios y obtiene de nuevo el poder de su Fuente.

De eso se trata este capítulo, y de hecho todo este libro. O sea, conectarse con la esencia del Espíritu creador, emulando los atributos de la fuerza creativa de la intención, y manifestando en su vida todo lo que usted desea que sea consistente con la mente universal, la cual es: creativa, bondadosa, amorosa, hermosa, en expansión, abundante y pacíficamente receptiva.

* * *

Una hermosa mujer nacida en la India en 1.923 llamada Shri Mataji Nirmala Devi llegó a la tierra en un estado de total realización y vivió en el asram de Mahatma Gandhi, quien la consultaba a menudo en cuestiones espirituales. Ella ha pasado su vida trabajando por la paz, y descubrió un método sencillo a través del cual todo el mundo puede lograr su propia realización. Enseña Sahaja Yoga, y nunca ha cobrado por sus enseñanzas. Ella enfatiza los siguientes puntos, los cuales son un resumen perfecto de este capítulo acerca de la conexión con la intención:

- *Usted no puede conocer el significado de su vida hasta que se conecte al poder que lo creó.*

- *Usted no es este cuerpo, no es esta mente, usted es el Espíritu... esa es la verdad más grande.*

- *Usted tiene que conocer su Espíritu... porque si no conoce su Espíritu, no puede conocer la verdad.*

- *La meditación es el único método para crecer. No hay otro método. Porque cuando usted medita, está en silencio. Está en estado de conciencia irreflexiva. Entonces, toma lugar el crecimiento de la conciencia.*

Conéctese con el poder que lo ha creado, sepa que usted es ese poder, comuníquese con ese poder íntimamente, y medite para permitir que tome lugar ese *crecimiento de conciencia*. Es en verdad, un gran resumen de un ser completamente realizado, nada menos.

## Cinco sugerencias para implementar las ideas en este capítulo

1. *Para realizar sus deseos, haga que concuerden con su lenguaje interno.* Mantenga todas sus conversaciones internas enfocadas en buenas noticias y buenos resultados. Su lenguaje interno es un espejo de su imaginación, y su imaginación es su eslabón de conexión con el Espíritu. Si su lenguaje interno está en conflicto con sus deseos, su voz interna ganará. Así es que, si usted concuerda sus deseos con su lenguaje interno, esos deseos terminarán por cumplirse.

2. *Piense desde el final.* O sea, asuma dentro de usted el sentimiento del deseo logrado, y mantenga esta visión sin

importar los obstáculos que surjan. Eventualmente actuará en este *pensar desde el final*, y el Espíritu de creación colaborará con usted.

3. *Para lograr un estado de impecabilidad, debe practicar la determinación inflexible.* Esto lo llevará al nivel de la determinación inflexible de la mente universal que todo lo crea. Por ejemplo, si empiezo a escribir un libro, mantengo una imagen sólida del libro terminado en mi mente y me rehúso a dejar que esa intención desaparezca. No hay nada que pueda hacer que me aleje de la realización de esa intención. Algunas personas dicen que soy muy disciplinado, pero sé que no es así. Mi determinación inflexible no permite que nada se exprese que no sea en la forma de su realización. Me empujan, me pinchan y me mueven, y al final, casi de manera mística, me atraen a mi espacio de escritura. Todos mis pensamientos, dormido o despierto están enfocados en este cuadro, y nunca ceso de asombrarme por la manera como todo coincide.

4. *Copie los siete rostros de la intención en tarjetas de 7.5 cm. por 12.5 cm.* Hágalas laminar y colóquelas en lugares cruciales que mire cada día. Ellos le sirven como recordatorios para indicarle que permanezca en comunión con el Espíritu creador. Usted quiere que exista una relación de camaradería con la intención. Los siete recordatorios colocados estratégicamente alrededor del ambiente de su hogar y su trabajo harán eso por usted.

5. *Siempre mantenga el pensamiento de la abundancia de Dios en su mente. Si vienen otros pensamientos, reemplácelos con el de la abundancia de Dios.* Recuérdese cada día que el universo no puede ser miserable; no puede ser deficiente. Solo contiene abundancia, o como lo señalaba de manera perfecta San Pablo, "Dios es capaz de proveerle cada bendición en abundancia." Repita estas ideas sobre la abundancia hasta que ellas irradien como su verdad interna.

Esto concluye los pasos para conectarse a la intención. Pero antes de que haga este salto hacia lo inconcebible, le ruego que examine todos y cada uno de los obstáculos auto-impuestos que deben ser refutados y erradicados, mientras usted trabaja de nuevo en vivir y respirar este poder de la intención que fue colocado en su corazón antes de que este fuera formado. Como dice William Penn: "Las personas que no son gobernadas por Dios, serán regidas por tiranos." Recuerde mientras sigue leyendo, que esos tiranos a menudo son las barricadas auto-impuestas de su ser inferior en funcionamiento.

〰 ✳ 〰 ✳ 〰

# CAPÍTULO CUATRO

## OBSTÁCULOS EN LA CONEXIÓN A LA INTENCIÓN

*"¿La firme persuasión de que algo es, hace que lo sea?*
*Él contestó, 'Todos los poetas creen que así es.*
*Y en las épocas de la imaginación, esta firme persuasión*
*movió montañas;*
*Pero muchos no son capaces de una firme persuasión de algo.'"*

— de *El Matrimonio entre el cielo y el infierno* por William Blake

El pasaje de William Blake de *El matrimonio entre el cielo y el infierno* es la base de este capítulo sobre la superación de los obstáculos del poder ilimitado de la intención. Blake nos dice que los poetas tienen una imaginación inagotable y en consecuencia una habilidad ilimitada de hacer que algo sea. También nos recuerda que muchas personas no son capaces de tener esa firme persuasión.

En el capítulo anterior, le ofrecí sugerencias para hacer conexiones positivas a la intención. Ordené los capítulos intencionalmente para que usted pueda leer sobre lo que usted es capaz de hacer antes de examinar las barreras que ha erguido y que lo separan de la felicidad de su intención. En el pasado, mientras fui consejero y terapeuta, les pedía a los clientes que primero consideraran lo que querían manifestar en sus vidas y que mantuvieran ese pensamiento con firmeza en su imaginación. Solamente después de que se hubiera solidificado, podíamos examinar los obstáculos. A menudo mis clientes no estaban al tanto de las obstrucciones, aun cuando fueran impuestas por ellos mismos. Si está dispuesto a explorar esta área de su vida, le aseguro que es tremendamente esclarecedor aprender a identificar las maneras en las que usted está creando sus propios obstáculos. Estos pueden ser los obstáculos que lo alejan de *una firme persuasión de cualquier cosa*.

Estoy dedicando este capítulo a tres áreas que pueden ser reconocidas como obstáculos a su conexión con el poder de la intención. Usted va a examinar *su lenguaje interno, su nivel de energía* y *su importancia personal*. Estas tres categorías pueden crear bloqueos casi insuperables para conectarse a la intención cuando no concuerdan. Observando uno a la vez, usted tendrá la oportunidad de hacerse consciente de estos tres bloqueos y explorar las formas de superarlos.

Hay un programa de concurso de la televisión que lleva varias décadas en el aire (en varios canales de los Estados Unidos). Se llama *La pareja más pareja*. El objetivo de este juego es hacer corresponder sus pensamientos y sus respuestas potenciales con las de alguien en su equipo, por lo general un compañero o un miembro de su familia. Se hace una pregunta o una declaración a una persona del equipo y se dan varias respuestas posibles. La pareja que obtenga más respuestas iguales recibe más puntos. La pareja ganadora es aquella que responde igual a más preguntas.

Me gustaría jugar a esto con usted. En mi versión, le voy a pedir que responda de forma que concuerde con el Espíritu universal de la intención. Mientras pasamos por las tres categorías de obstáculos que impiden su conexión con la intención, yo describo las áreas que no concuerdan y ofrezco sugerencias para que concuerden. Recuerde, que su habilidad para activar el poder de la intención en *su vida* depende de que sea capaz de concordar con su Fuente creadora de *toda* la vida. Concuerde con esa Fuente, y ganará el precio de ser como la Fuente — y como el poder de la intención. No concuerde. . . y el poder de la intención lo evadirá.

### *Su lenguaje interno — ¿Concuerda o no?*

Podemos viajar en el tiempo hasta el Antiguo Testamento para encontrar un recordatorio sobre nuestro diálogo interno. Por ejemplo, el hombre se define a sí mismo según sus pensamientos. Por lo general, llevamos a la práctica la idea de convertirnos en lo que pensamos a partir de nuestros pensamientos positivos — o sea, piense positivo y producirá resultados positivos. Pero pensar también crea tropiezos que producen resultados negativos. A continuación, vemos cuatro formas de pensar que pueden impedir que alcance o se conecte con el Espíritu universal y creativo de la intención.

**1. Pensar acerca de lo que le hace falta en su vida.** Para concordar con la intención, usted tiene primero que atraparse en ese momento en que está pensando sobre algo *que le hace falta.* Luego cambie hacia la intención. No *lo que me hace falta en mi vida,* sino *lo que tengo establecido, como determinación absoluta, de manifestar y atraer en mi vida* — ¡sin dudas ni palabras vanas o explicaciones! Aquí encontramos algunas sugerencias para ayudarle a acabar con el hábito de enfocarse en lo que le hace falta. Practique una versión del juego de las parejas y concuerde con la *fuerza que todo lo crea:*

| | |
|---|---|
| **No concuerda:** | No tengo suficiente dinero. |
| **Concuerda:** | Tengo la determinación de atraer abundancia ilimitada en mi vida. |
| **No concuerda:** | Mi pareja es irritable y aburrida. |
| **Concuerda:** | Tengo la determinación de enfocar mis pensamientos en las cosas que amo de mi pareja. |
| **No concuerda:** | No soy tan atractivo como me gustaría ser. |
| **Concuerda:** | Soy perfecto ante los ojos de Dios, una manifestación divina del proceso de la creación. |

| | |
|---|---|
| **No concuerda:** | No tengo suficiente vitalidad y energía. |
| **Concuerda:** | Soy una parte de la marea y el flujo de la Fuente ilimitada de toda la vida. |

Este no es un juego de afirmaciones vacías. Es una manera de *concordar* con el poder de la intención y reconocer que lo que usted piensa, se expande. Si pasa el tiempo pensando en lo que le hace falta, entonces eso es lo que se expande en su vida. Revise su lenguaje interno y concuerde sus pensamientos con lo que desea y está determinado a crear.

**2. Pensar en las circunstancias de su vida.** Si no le gustan algunas circunstancias de su vida, sea como sea, no piense en ellas. Esto puede sonar paradójico. En este juego de la concordancia, usted quiere concordar con el Espíritu de la creación. Debe entrenar su imaginación (que es la mente universal funcionando a través suyo) para que cambie de lo que no quiere, hacia lo que quiere. Toda esa energía que gasta quejándose de lo *que es* — a todo aquel que desee escuchar — es un imán para atraer *más de lo que es* en su vida. Usted, y tan solo usted, puede superar ese impedimento porque lo ha interpuesto en su sendero hacia la intención. Simplemente, cambie su lenguaje interno hacia aquello que desea determinar que sean las nuevas circunstancias en su vida. Practique *pensar desde el final* en el juego de la concordancia y realineándose con el campo de la intención.

Aquí vemos algunos ejemplos de **no concuerda** versus **concuerda** para el diálogo interno, de lo *que es* en relación con las circunstancias de su vida:

| | |
|---|---|
| **No concuerda:** | Odio este lugar en que vivimos, me da escalofríos. |
| **Concuerda:** | Puedo ver en mi mente nuestro nuevo hogar, y tengo la determinación de vivir en él antes de seis meses. |
| **No concuerda:** | Cuando me veo en el espejo, detesto el hecho de que soy miope y no estoy en forma. |

| | |
|---|---|
| **Concuerda:** | Estoy trazando en mi espejo ahora mismo la imagen que deseo lucir. |
| **No concuerda:** | Me disgusta el trabajo que hago y el hecho de no ser apreciado. |
| **Concuerda:** | Actúo guiado por mis impulsos de intuición interna para crear el trabajo de mis sueños. |
| **No concuerda:** | Odio el que a menudo estoy enfermo y siempre me estoy resfriando. |
| **Concuerda:** | Soy salud divina. Tengo la determinación de actuar de manera saludable y atraer el poder de fortalecer mi sistema inmunológico de todas las maneras que pueda. |

Usted debe aprender a asumir la responsabilidad por todas las circunstancias de su vida sin que lo acompañe la culpa. Las circunstancias de su vida no son como son por una deuda kármica o porque esté siendo castigado. Las circunstancias de su vida, incluyendo su salud, son suyas. De alguna manera llegan a su vida, así que asuma su participación en ellas. Su lenguaje interno es únicamente su propia creación, y es responsable de atraer más circunstancias de esas que no desea. Conéctese a la intención, use su lenguaje para permanecer enfocado en lo que está determinado a crear, y se descubrirá retomando el poder de su Fuente.

**3. Pensar en lo que siempre ha sido así.** Cuando su lenguaje interno se enfoca en las cosas que siempre han sido así, usted actúa según sus creencias de que siempre ha sido así. La fuerza universal que todo lo crea continúa entregándole lo que siempre ha sido así. ¿Por qué? Porque su imaginación es parte de lo que ha imaginado hacia su existencia. Es la fuerza de la creación y usted la está usando en contra suya con su lenguaje interno.

Imagínese el Espíritu absoluto pensando: *No puedo seguir creando vida, porque las cosas no me han funcionado en el pasado. Ha habido demasiados errores en el pasado, ¡y no puedo dejar de pensar en ellos!* ¿Cuánta creación cree que habría si el Espíritu imaginara así?

¿Cómo es posible conectarse con el poder de la intención si sus pensamientos, los cuales son responsables de su determinación, se enfocan en todo lo que ha pasado, lo cual usted detesta? La respuesta es obvia, y así es también la solución. Cambie y detecte cuando se esté enfocando en *lo que siempre ha sido,* y dirija su lenguaje interno hacia *lo que está determinado a manifestar.* Si está en el mismo equipo del Espíritu absoluto, usted obtendrá puntos en este juego de la concordancia.

**No concuerda:** Siempre he sido pobre, me crié en la escasez y en la carencia.
**Concuerda:** Estoy determinado a atraer riqueza y prosperidad en abundancia ilimitada.

**No concuerda:** Siempre hemos peleado en esta relación.
**Concuerda:** Trabajaré en ser pacífico y en no permitir que alguien me deprima.

**No concuerda:** Mis hijos nunca me han demostrado respeto.
**Concuerda:** Estoy determinado a enseñar a mi hijos a respetar todas las formas de vida y a tratarlos de igual manera.

**No concuerda:** No puedo evitar sentirme así, es mi naturaleza. Siempre he sido así.
**Concuerda:** Soy una creación divina, capaz de pensar como mi Creador. Estoy determinado a sustituir amor y bondad por los sentimientos de inconformidad. Es mi decisión.

Las respuestas que **concuerdan** reflejan una relación con el Espíritu creador. Las declaraciones que **no concuerdan** representan la interferencia que usted ha construido para impedirle concordar con la intención. Cualquier pensamiento que lo retrasa es un impedimento a la manifestación de sus deseos. Las personas que logran los mayores éxitos entienden que si uno no tiene una historia, no tiene que defenderla. Despójese de cualquier parte de su historia que lo mantenga enfocado en *lo que siempre ha sido así.*

**4. Pensar en lo que "los demás" desean de usted.** Probablemente hay una larga lista de personas, la mayoría familiares, que tienen una idea sólida de lo que usted debería estar haciendo, cómo debería pensar y de qué debería ser devoto; en dónde debería vivir, cómo debería organizar su vida y cuánto tiempo debería pasar con ellos — ¡especialmente en ocasiones y fiestas especiales! Gracias a Dios, nuestra definición de amistad excluye la manipulación y la culpa a la cual tan a menudo nos exponen nuestras familias.

El diálogo interno que se compadece por las expectativas manipuladoras de los demás, asegura que este tipo de conducta continúe fluyendo en su vida. Si sus pensamientos están en lo que los demás esperan, aunque usted menosprecie sus expectativas, seguirá actuando y atrayendo más de lo que ellos desean y esperan de usted. Retirar los obstáculos quiere decir decidir cambiar su lenguaje interno hacia lo que está determinado a crear y atraer en su vida. Usted debe hacer esto con una determinación y con un compromiso inquebrantable de no darle energía mental, a la manera cómo los demás sienten que debe vivir su vida. Al principio esto puede ser una labor difícil, pero usted agradecerá el cambio cuando lo haga.

Practique detectar cuando tenga un pensamiento acerca de lo que los demás desean de usted y pregúntese *¿Concuerda esta expectativa con la mía?* Si no es así, ríase ante el absurdo de enojarse o frustrarse sobre las expectativas ajenas de cómo debe manejar su vida. Esta es una manera de concordar y de tornarse incólume ante las críticas de los demás y simultáneamente, pone fin a la práctica tendenciosa de continuar con la atracción en su vida de algo que no quiere. El mayor premio es el hecho de que estos críticos descubren que sus juicios y sus críticas son inútiles, así es que simplemente desisten. Es una triple bonificación que se logra al llevar su atención *lejos* de lo que los demás desean o esperan acerca de *cómo* quisieran que usted maneje su vida.

Aquí hay algunos ejemplos de cómo ganar en el juego de la concordancia:

**No concuerda:**   Estoy muy molesto con mi familia. No me entienden y nunca lo han hecho.

**Concuerda:**   Amo a mi familia, no ven las cosas como yo las veo, pero no espero que lo hagan. Estoy totalmente enfocado en mis propias intenciones y les envío mi amor.

**No concuerda:**   Me enfermo tratando de complacer a todo el mundo.

**Concuerda:**   Estoy siguiendo mi propósito y haciendo lo que acepté hacer en esta vida.

**No concuerda:**   Me siento tan menospreciado por aquellos que sirvo que a veces quiero llorar.

**Concuerda:**   Hago lo que hago porque es mi propósito y mi destino hacerlo.

**No concuerda:**   No importa lo que diga o haga, parece que nunca puedo ganar.

**Concuerda:**   Hago lo que mi corazón me dice que haga con amor, bondad y belleza.

### Su nivel de energía — ¿Concuerda o no concuerda?

Un científico le dirá que la energía se mide por la velocidad y el volumen de la onda creada. El tamaño de la onda se mide de bajo a alto y de lento a rápido. Todo lo demás que atribuimos a las condiciones que vemos en nuestro mundo, es un juicio impuesto bajo esas frecuencias. Dicho esto, me gustaría presentarles ahora un juicio mío: *Mayor energía es mejor que menor energía.* ¿Por qué? Porque este libro ha sido escrito por alguien que cree en la sanación, el amor, la bondad, la salud, la abundancia, la belleza, la compasión y expresiones similares; y estas expresiones están asociadas con energías mayores y más rápidas.

El impacto de frecuencias más elevadas y más rápidas sobre las frecuencias más bajas y más lentas puede ser medido, y es en este sentido, que usted puede tener un gran impacto erradicando los factores de energía en su vida que están obstruyendo su conexión a la intención. El propósito de subir un paso en la escalera de la frecuencia, es cambiar su nivel vibratorio de energía para que esté en frecuencias más elevadas y más rápidas, donde su nivel energético concuerde con las frecuencias más elevadas de todo: la energía del Espíritu creador de la intención. Fue Albert Einstein quien observó, "Nada sucede hasta que algo se mueve."

Todo en el universo es un movimiento de energía. La energía más elevada y más rápida disuelve y convierte la energía menor y más lenta. Con esto en mente, me gustaría que usted se considere, así como todos sus pensamientos, en el contexto de un sistema de *energía*. Eso es correcto — usted es un sistema de *energía*, no solo un sistema de huesos, fluidos y células, sino una multitud de sistemas de energía encapsulando un sistema de energía interno de pensamientos, sentimientos y emociones. Este sistema de energía que es, puede ser medido y calibrado. Cada pensamiento que tiene puede ser calibrado energéticamente, así como su impacto en su cuerpo y en su medio ambiente. Mientras más elevada sea su energía, mayor será su capacidad de anular y convertir sus energías más bajas, las cuales lo debilitan e impactan, en energía positiva hacia todas las personas en su entorno inmediato y aun distante.

El objetivo en esta sección es hacerse consciente de su propio nivel de energía y de las frecuencias reales de pensamientos que emplea normalmente en su vida diaria. Usted puede volverse un experto en elevar su nivel de energía y en erradicar permanentemente las expresiones energéticas que debilitan o inhiben su conexión a la intención. A fin de cuentas, su meta es concordar de manera perfecta con la frecuencia elevada de todo. Aquí vemos una sencilla explicación de los cinco niveles de energía con los que usted trabaja, moviéndose de las frecuencias más bajas y más lentas hacia las frecuencias más elevadas y más rápidas.

**1. El mundo material.** La forma sólida es energía desacelerada para que usted pueda medir, de manera aproximada, con su sentido de percepción, el mundo de los límites. Todo lo que usted ve y toca es energía desacelerada para lucir como masa fusionada. Sus ojos y sus dedos coinciden, y ahí aparece el mundo físico.

**2. El mundo del sonido.** Es muy raro que usted perciba ondas de sonido con sus ojos, aunque, en realidad, ellos pueden sentirlas. Estas ondas invisibles también son elevadas o bajas, y rápidas o lentas. Este nivel de energía del *sonido*, es donde usted se conecta con las frecuencias más elevadas del Espíritu a través de la meditación Japa, o la repetición del sonido de Dios, tal como lo describo ampliamente en *Getting in the Gap (Abriendo la brecha)*.

**3. El mundo de la luz.** La luz se mueve más rápido que el mundo material y más rápido que el sonido, sin embargo, no hay partículas reales que forman una sustancia llamada luz. Lo que usted ve como rojo es lo que su ojo percibe como una cierta frecuencia pulsadora, y lo que percibe como violeta, es una frecuencia aun más rápida y elevada. Cuando se lleva la luz a la oscuridad, esta se vuelve luz. Las implicaciones de esto son asombrosas. Cuando la baja energía se enfrenta a energía elevada, experimenta una conversión automática.

**4. El mundo del pensamiento.** Sus pensamientos son pulsaciones de frecuencias extremadamente elevadas que se mueven más rápido que la velocidad del sonido y aun de la luz. La frecuencia de los pensamientos puede ser medida, y el impacto que ellos tienen en nuestro cuerpo y en nuestro entorno, puede ser calculado. De nuevo, aplican las mismas reglas. Las frecuencias elevadas anulan las frecuencias más bajas, y las energías más rápidas convierten las más lentas. Un colega que admiro enormemente, el doctor David Hawkins, ha escrito un libro al cual me refiero a menudo llamado *El poder contra la fuerza*. En este libro extraordinario, el doctor Hawkins amplía el tema de las frecuencias más bajas del pensamiento y de sus emociones paralelas, y de cómo pueden ser impactadas y convertidas al exponerlas a frecuencias más elevadas y más rápidas.

Le recomiendo que lea su libro. Luego presentaré algunos de sus descubrimientos en la sección sobre cómo elevar sus niveles de energía. Cada pensamiento que usted tiene, puede ser calculado para determinar si está fortaleciendo o debilitando su habilidad de reconectarse a la energía más elevada y más rápida del universo.

**5. El mundo espiritual.** Esta es la máxima energía. Estas frecuencias son tan supersónicamente rápidas que es imposible la presencia del desorden, la disonancia y aun la enfermedad. Estas energías mensurables consisten en los siete rostros de la intención, explicados a lo largo de las páginas de este libro. Son las energías de la creación. Cuando usted las reproduce en sí mismo, está propagando la misma calidad creativa de vida que lo trajo a la existencia. Estas son las cualidades de la facultad creadora, la bondad, el amor, la belleza, la expansión, la abundancia plácida y la receptividad. Estas son las energías más elevadas del propio Espíritu universal. Usted llegó a la existencia desde esta energía, y puede concordar con ella energéticamente al remover las pulsaciones de baja energía de sus pensamientos y sentimientos.

Considere estas palabras del físico ganador del premio Nóbel, Max Planck, al aceptar su premio por el estudio del átomo: "Como un hombre que ha dedicado toda su vida a la ciencia más evidente, el estudio de la materia, puedo decirles un tanto así del resultado de mis investigaciones sobre los átomos: ¡No existe la materia como tal! Toda la materia se origina y existe tan solo en virtud de una fuerza que lleva las partículas de un átomo en vibración y mantiene unido este minúsculo sistema solar que es el átomo. . . Debemos asumir detrás de esta fuerza de la existencia, una mente conciente e inteligente. Esta mente es la matriz de toda la materia." Es a esa mente a la cual le pido que entre en concordancia.

### Elevar su nivel de energía

Cada uno de sus pensamientos tiene una energía que lo va a fortalecer o a debilitar. Obviamente, es una buena idea eliminar los pensamientos que lo debilitan, ya que son obstáculos en la creación de una *concordancia* ganadora con la Fuente suprema y universal de la intención. Tómese un momento para reflexionar sobre el significado de la observación de Anthony de Mello en *Un minuto de sabiduría:*

*¿Por qué todo el mundo está feliz excepto yo?*
"Porque ellos han aprendido a ver la bondad y la belleza en todas partes," dijo el Maestro.

*¿Por qué yo no veo la bondad y la belleza en todas partes?*
"Porque no puedes ver fuera de ti, lo que no logras ver por dentro."

Lo que usted no puede ver dentro de sí es el resultado de cómo decide procesar todo y cada persona en su mundo. Usted proyecta en el mundo lo poco que ve dentro de sí mismo. Si usted supiera que es una expresión del espíritu universal de la intención, entonces eso es lo que vería. Puede elevar su nivel de energía más allá de cualquier posibilidad de los impedimentos de su conexión con el poder de la intención. *¡Es tan solo la discrepancia de su actuación dentro de sus propios sentimientos, lo que siempre lo priva de cada cosa buena que la vida le tiene reservada!* Si logra entender esta sencilla observación, logrará desviar las discrepancias hacia la intención.

Hay una acción vibratoria en sus pensamientos, sus sentimientos y su cuerpo. Le pido que incremente esas frecuencias para que sean suficientemente elevadas y le permitan conectarse al poder de la intención. Puede ser que esto le parezca demasiado simple, no obstante, espero que intente elevar su nivel de energía, como una medida para remover los obstáculos que le impiden experimentar la perfección de la que usted es parte. *Usted no puede remediar nada condenándolo.* Solamente le añade a la energía destructiva que ya está impregnando la atmósfera de su vida. Cuando usted reacciona a las energías más bajas con las que se encuentra, con sus propias energías bajas, lo que está haciendo en realidad es programando una situación que atrae más de esa energía más baja. Por ejemplo, si alguien actúa con odio hacia usted y su reacción es *odiarlo a su vez, entonces,* está participando en un campo de energía más bajo e impacta a todo aquel que entra en ese campo. Igual sucede si siente ira hacia personas que se muestran enojadas a su alrededor, y trata de remediar la situación condenándolos.

No use las energías debilitantes empleadas por las personas a su alrededor. Nadie puede deprimirlo si está actuando en energías elevadas. ¿Por qué? Porque las energías elevadas y rápidas anulan y convierten las energías bajas y lentas, no lo opuesto. Si siente que las energías más bajas de aquellos a su alrededor lo están deprimiendo, es porque usted se está uniendo a ellos en sus niveles de energía.

Su intención inflexible puede ser esbelta y sana. Usted sabe que el Espíritu universal, que todo lo crea, hizo que existiera en ese punto microscópico de tejido celular humano, no para que fuera enfermizo, para que tuviera sobrepeso o fuera poco atractivo. . . sino para crear amor, ser bondadoso y expresar belleza. Esto es lo que el poder de la intención determinó para usted. Tome nota de lo siguiente: Usted *no puede atraer afinidad en su vida, odiando todo lo que usted se ha permitido a sí mismo en convertirse. ¿Por qué?* Porque el odio crea una fuerza contraria de odio que priva de poder sus esfuerzos. Así es como el doctor Hawkins lo describe en *El poder contra la fuerza:*

> La simple bondad hacia nosotros mismos y hacia todos los seres vivientes es la fuerza transformadora más poderosa que existe. No tiene ninguna repercusión negativa, ninguna desventaja y nunca nos lleva a pérdidas o a la desesperación. Incrementa el verdadero poder personal sin exigir nada a cambio. Pero para lograr el máximo poder, tal bondad no puede permitir excepciones, tampoco puede practicarse con la expectativa de alguna recompensa egoísta. Y su efecto es tan sutil como profundo. [Note que la bondad es uno de los siete rostros de la intención.]

Añade:

> Lo que es perjudicial pierde su capacidad de daño cuando se trae a la luz, y atraemos lo que emanamos.

La lección está clara en términos de remover obstáculos de baja energía. Debemos elevar los niveles de energía en donde *somos* la luz que buscamos, donde *somos* la felicidad que deseamos, donde *somos* el amor que sentimos que nos falta, donde *somos* la abundancia ilimitada que ansiamos. Al serlo, lo atraemos a nosotros. Al condenar su ausencia, nos aseguramos de que la condena y la discordia continúen fluyendo en nuestras vidas.

Si usted está experimentando escasez, angustia, depresión y ausencia de amor, o cualquier incapacidad de atraer lo que desea, mire con seriedad cómo está atrayendo esas circunstancias en su vida. La baja energía es un patrón atractor. Aparece porque usted la buscó, aun en un nivel subconsciente. Sigue siendo suya y usted es su dueño. Sin embargo, si practica elevar deliberadamente su nivel de energía reconociendo su entorno inmediato, se moverá rápidamente hacia la intención y removerá todos esos obstáculos impuestos por usted mismo. Los obstáculos están en el espectro de la baja energía.

### Un mini-programa para elevar sus vibraciones energéticas

Aquí encontramos una corta lista de sugerencias para moverse de su campo energético a una vibración más rápida y elevada. Esto lo ayudará a lograr el doble objetivo de retirar las barreras y permitirle al poder de la intención trabajar con usted y a través suyo.

**Hágase consciente de sus pensamientos.** Cada pensamiento que usted tiene lo impacta. Al cambiar de un pensamiento debilitador a uno que lo fortalezca, usted eleva su vibración energética y se fortalece, así como fortalece su campo energético inmediato. Por ejemplo, cuando estaba en medio de una frase dirigida a mi hija adolescente que iba a hacerla sentir avergonzada de su conducta, me detuve y recordé que no hay remedio en la condena. Procedí a extender mi amor y a entenderla preguntando cómo se sentía respecto a su conducta derrotista y qué le gustaría hacer para corregirla. El cambio elevó el nivel de energía y nos condujo a una conversación productiva.

Elevar el nivel de energía a un lugar en donde mi hija y yo nos conectamos al poder de la intención, tomó lugar en una fracción de un segundo, al hacerme consciente de mis pensamientos de baja energía y tomar la decisión de elevarla. Todos tenemos la habilidad de llamar a esta presencia y al poder de la intención a la acción, cuando nos hacemos conscientes de nuestros pensamientos.

**Haga de la meditación una práctica diaria en su vida.**
Aunque sea unos cuantos momentos al día, mientras espera un semáforo en rojo, esta práctica es vital. Tome un tiempo para estar en silencio y repetir el sonido de Dios como un mantra interno. La meditación le permite hacer un contacto consciente con su Fuente y retomar el poder de la intención para motivarle a que fomente la receptividad que corresponde a la fuerza de la creación.

**Hágase consciente de la comida que se lleva a la boca.**
Hay comidas que calibran bajo, y también hay alimentos que tienen la energía alta. Los alimentos que han sido rociados con químicos tóxicos, lo debilitan aun si usted no tiene idea de que esas toxinas están presentes. Los alimentos artificiales tales como los edulcorantes, son productos de baja energía. En general, los alimentos altos en alcalinidad tales como las frutas, los vegetales, las nueces, la soja, los panes sin levadura y el aceite de oliva, calibran en el punto más alto y lo fortalecerán ante una prueba muscular; mientras que los alimentos altamente ácidos tales como los cereales a base de harina, las carnes, los lácteos y los azúcares calibran en el nivel más bajo de energía, la cual lo debilitará. Esto no es un hecho absoluto para todo el mundo; sin embargo, usted puede detectar cómo se siente después de consumir ciertos alimentos, y si se siente débil, letárgico y fatigado, puede estar bastante seguro de que ha consentido convertirse en un sistema de baja energía, la cual atrae más de la misma baja energía en su vida.

**Abandone las sustancias de baja energía.** En el capítulo 1 expliqué cómo aprendí que la sobriedad era absolutamente esencial para lograr el nivel de conciencia que tanto ansiaba y que estaba destinado a conseguir. El alcohol y virtualmente todas las drogas artificiales, legales o no, bajan su nivel de energía y lo debilitan. Aun más, lo colocan en una posición que atrae en demasía la pérdida del poder de la energía en su vida. Al consumir sustancias de baja energía, usted sencillamente se encontrará con personas de baja energía similar a la suya en su vida. Ellos querrán comprarle esas sustancias, divertirse con usted, cuando está bajo sus efectos, y animarlo para que lo haga de nuevo, una vez que su cuerpo se ha recuperado del devastador efecto de esas sustancias de baja energía.

**Hágase consciente del nivel de energía de la música que escucha.** Las vibraciones estruendosas y escandalosas con sonidos bajos y repetitivos reducen su nivel de energía y lo debilitan, debilitando también su habilidad para hacer contacto consciente con la intención. De igual manera, las letras de odio, dolor, angustia, miedo y violencia son energías bajas que envían mensajes debilitadores a su subconsciente y se infiltran en su vida con energías atractoras similares. Si usted quiere atraer violencia, escuche letras de violencia y haga la música violenta parte su vida. Si usted quiere atraer paz y amor, escuche vibraciones musicales elevadas y letras que reflejen sus deseos.

**Hágase consciente de los niveles energéticos del entorno de su hogar.** Oraciones, obras de arte, cristales, estatuas, pasajes espirituales, libros, revistas, los colores de sus paredes y hasta la manera cómo distribuye los muebles, todo crea energía en la cual usted se catapulta por lo menos durante la mitad de su vida de vigilia. Aunque esto puede sonar ridículo o absurdo, le pido que trascienda a su pensamiento condicionado y abra su mente a todo. El antiguo arte chino del *feng shui* ha estado con nosotros por miles de años y es un regalo de nuestros ancestros, el cual describe las maneras de incrementar el campo energético de nuestros hogares y de nuestros lugares de trabajo. Hágase consciente de la forma en que estar rodeado de altas energías nos impacta, fortalece nuestras vidas y aleja las barreras de nuestra conexión a la intención.

**Reduzca su exposición a la muy baja energía de la televisión comercial y por cable.** Los niños en los Estados Unidos ven 12.000 asesinatos simulados en sus salas ¡antes de cumplir 14 años! Los nuevos programas de televisión hacen gran énfasis en traer lo malo y lo desagradable a su hogar, y en gran parte, dejan a un lado lo bueno. Es una corriente constante de negatividad que invade su espacio vital y atrae más de lo mismo a su vida. La violencia es el ingrediente principal de la programación televisiva, intercalada por los cortes comerciales, patrocinados por los enormes carteles de drogas diciéndonos que ¡la felicidad la encontramos en sus píldoras! Se les dice a los televidentes que necesitan todo tipo de medicinas de baja energía para superar cada enfermedad mental o física conocida por la humanidad.

Mi conclusión es que la mayoría de los programas televisivos proveen una corriente constante de baja energía la mayoría del tiempo. Esa es una de las razones por las cuales he dedicado una parte muy importante de mi tiempo y de mis esfuerzos, a apoyar la televisión pública no comercial, y ayudar a reemplazar los mensajes de negatividad, desesperanza, violencia, lenguaje profano y falta de respeto con los principios más elevados que corresponden a la ley fundamental de la intención.

**Mejore su campo energético con fotografías.** Puede que le sea difícil creer que la fotografía es una forma reproductora de energía y que cada fotografía contiene energía. Compruebe por sí mismo colocando estratégicamente fotografías tomadas en momentos de felicidad, amor y receptividad como una ayuda espiritual en el entorno de su hogar y de su espacio de trabajo, en su carro y aun en su ropa o en su bolsillo o cartera. Adorne su ambiente con fotografías de la naturaleza, animales y expresiones de alegría y amor, y deje que su energía irradie en su corazón y lo impregne con sus frecuencias elevadas.

**Hágase consciente de los niveles de energía de sus conocidos, amigos y de todos los miembros cercanos y lejanos de su familia.** Usted puede elevar sus propios niveles energéticos al estar en el campo energético de otros, que resuenan íntimamente con su conciencia espiritual. Opte por estar cerca de personas que están empoderadas, que atraen su sentido de conexión con la intención, que ven su grandeza, que se sienten conectadas con Dios y que viven una vida que evidencia que el Espíritu se celebra a través de ellos. Recuerde que las energías elevadas anulan y convierten las bajas energías, entonces, hágase consciente de estar en la presencia de personas con energías elevadas que están conectadas al Espíritu, que viven la vida que determinaron vivir, y relaciónese con ellas. Permanezca en el campo energético de personas con energías elevadas, y su ira, su odio y su depresión se disolverán como por arte de magia, convirtiéndose en expresiones elevadas de la intención.

**Supervise sus actividades y los lugares en donde las lleva a cabo.** Evite los campos energéticos bajos en donde hay demasiado alcohol, consumo de drogas y comportamientos violentos; y las reuniones religiosas o raciales excluyentes en donde se enfocan en prejuicios o en juicios acrimoniosos. Toda esta clase de eventos lo desmotivan a elevar su energía y lo animan a concordar con energía más baja y debilitadora. Sumérjase en la naturaleza, aprecie su belleza, pase un tiempo acampando, escalando montañas, nadando, paseando, y deleitándose del mundo natural. Asista a charlas espirituales, tome clases de yoga, dé o reciba un masaje, visite monasterios o centros de meditación y comprométase a ayudar a las personas necesitadas, visitando a los ancianos en centros geriátricos o a los niños enfermos en los hospitales. Cada actividad tiene un campo energético. Opte por estar en lugares en donde los campos energéticos reflejen los siete rostros de la intención.

**Extienda actos de bondad, sin pedir nada a cambio.** Ayude económicamente, y de manera anónima, a personas menos afortunadas y hágalo desde la bondad de su corazón, sin esperar siquiera las gracias. Active su *obsesión por la magnificencia* aprendiendo a ser bondadoso mientras deja a su ego — el cual espera que le digan lo maravilloso que usted es — fuera de la película por completo. Esta es una actividad esencial para conectarse con la intención porque el Espíritu universal que todo lo crea, responde a los actos de bondad con la réplica: *¿Cómo puedo ser bondadoso contigo?*

Recoja un poco de basura, colóquela en un recipiente y no le diga a nadie que lo hizo. De hecho, pase varias horas al día tan solo limpiando y recogiendo el desorden que usted no hizo. Cualquier acto de bondad extendido hacia usted, a los demás o a su medio ambiente, lo pone en concordancia con la bondad inherente del poder universal de la intención. Es un energizante para usted, y hace que este tipo de energía fluya de vuelta a su vida.

La conmovedora historia "El día de San Valentín," por Ruth McDonald, ilustra el tipo de entrega que sugiero. El niño simboliza la obsesión magnificente a la cual me refiero.

*Él era un niño pequeño y tímido, no muy popular con los demás niños de primer grado Su madre estaba encantada cuando, al acercarse el día de San Valentín, él le pidió una tarde que se sentara y le escribiera los nombres de todos los niños de su clase para poderles hacer una tarjeta de San Valentín a cada uno. Pausadamente, él recordó en voz alta todos los nombres y su madre los iba escribiendo en un pedazo de papel. Estaba muy preocupado porque alguien se le fuera a olvidar.*

*Armado con un libro de tarjetas de San Valentín que tenía que recortar, con tijeras, lápices de colores y adhesivo, se dedicó afanosamente a su labor con toda la lista de nombres. Cuando iba terminando cada uno, su madre escribía el nombre en un pedazo de papel y veía como él lo copiaba laboriosamente. Mientras crecía la pila de tarjetas, así también crecía su satisfacción.*

*Para ese momento, la mamá empezó a preocuparse de que los otros niños no fueran a hacer tarjetas de San Valentín para su hijo. Iba tan deprisa cada tarde para seguir con su tarea, que parecía que los otros niños que jugaban en la calle iban a olvidar por completo que él existía. ¡Sería terrible que llegara a la fiesta armado con sus 37 muestras de amor y a él nadie lo hubiera recordado! La madre se preguntaba si habría alguna manera de que pudiera meter a escondidas unas cuantas tarjetas, entre las que él estaba haciendo, para asegurarse de que recibiera por lo* menos unas pocas. Pero el niño cuidaba su tesoro con tal enco-mio y las contaba con tanto amor, que no había posibilidades de deslizar una tarjeta adicional. Ella asumió con normalidad su papel de madre: el de esperar con paciencia.

El día de San Valentín finalmente llegó y ella lo vio caminar con pesadez atravesando la calle llena de nieve, con una caja de galletas en forma de corazón en una mano y una bolsa de plástico sujetada con fuerza en la otra mano, con las 37 bellas muestras de su labor. Ella lo miró con el corazón partido, "Por favor Dios mío," oró, "¡permite que le den por lo menos unas pocas tarjetas!"

Durante toda esa tarde sus manos estuvieron ocupadas aquí y allá, pero su corazón estaba en la escuela. A las tres y media, tomó en sus manos su tejido de agujas y con estudiada calma, se sentó en una silla que le permitía ver la calle por completo.

Finalmente, el niño apareció solo. Su corazón se detuvo. De lejos se veía venir por la calle, devolviéndose de vez en cuando unos cuantos pasos en dirección del viento. Ella aguzó su visión para ver su rostro. A esa distancia era tan solo un borrón rosáceo.

No fue sino hasta cuando él dobló la alameda que lo vio, con su solitaria tarjeta de San Valentín asida con fuerza en su pequeño mitón rojo. Solamente una. Después de todo su trabajo. Y probablemente era de la maestra. El tejido se empañó ante sus ojos. ¡Si tan solo uno pudiera mediar por la vida de su hijo! La madre dejó a un lado su trabajo y salió a encontrarlo en la puerta.

"¡Vaya, qué mejillas tan sonrosadas!"le dijo. "Vamos, déjame ayudarte a quitar la bufanda ¿Estaban ricas las galletas?"

Él la miró con su rostro resplandeciente de felicidad y reali-zación total. "¿Sabes qué?" dijo él. "¡No me olvidé de nadie! ¡Ni de uno solo!"

**Sea específico cuando afirme sus intenciones para elevar su nivel de energía y crear sus deseos.** Coloque sus afirmaciones estratégicamente en lugares en donde usted las vea con claridad y léalas por completo varias veces al día. *Estoy determi-nado a atraer el trabajo que deseo en mi vida. Estoy determinado a ser* *capaz de comprar el automóvil que visualizo estar conduciendo para el día treinta del próximo mes. Estoy determinado a dedicar dos horas de mi tiempo esta semana a ayudar a los desprotegidos. Estoy determinado a sanarme de esta fatiga persistente.*

Las afirmaciones escritas tienen su propia energía y lo guían para elevar su propio nivel de energía. Una mujer llamada Lynn Hall que vive en Toronto me envió una hermosa placa, la cual miro cada día. En su carta me decía: "Este es un presente para usted, escrito únicamente para usted como un esfuerzo por transmitir mi gratitud sincera por su presencia en mi vida. Dicho esto, estoy segura de que ese sentimiento es universal y representa a cada ser en este planeta que ha experimentado la misma buena fortuna. Que la luz y el amor que usted emana se refleje de vuelta hacia usted en gozosa abundancia, doctor Dyer." La hermosa placa en relieve dice así:

*El Espíritu*
*Ha encontrado*
*La gran voz*
*En ti.*
*En vibrantes verdades,*
*Y gozoso esplendor.*

*El Espíritu*
*Ha encontrado*
*Revelación*
*A través de ti,*
*En formas resonantes*
*Y contemplativas.*

*El Espíritu*
*Ha encontrado*
*Celebración*
*A través de ti,*
*En espacios infinitos*
*Y alcances ilimitados.*

*A*

*Todos aquellos*
*Despiertos*
*Por la*
*Gracia*
*De Sus dones.*

*El Espíritu*
*Ha encontrado*
*Alas*
*Y*
*Luz.*

Leo estas palabras a diario para recordar mi conexión con el Espíritu, y permito que las palabras fluyan de mi corazón al suyo, colmando mis intenciones y esperando que lo ayuden a usted a hacer lo mismo.

**Tan frecuentemente como le sea posible, mantenga pensamientos de perdón en su mente.** En las pruebas musculares, cuando usted tiene un pensamiento de venganza, se debilita, cuando piensa en el perdón se mantiene fuerte. La venganza, la ira y el odio son bajas energías en exceso que le impiden concordar con los atributos de la fuerza universal. Un sencillo pensamiento de perdón hacia todo aquel que lo haya herido en el pasado — sin que usted tome parte en ninguna acción — lo eleva al nivel del Espíritu y lo ayuda en sus intenciones individuales.

Usted puede servir al Espíritu con su mente o usar la misma mente para divorciarse del Espíritu. Al casarse con los siete rostros de la intención espiritual, usted se conecta a ese poder. Al divorciarse, su importancia personal y su ego toman el mando.

Este es el último obstáculo en su conexión a la intención.

### Su importancia personal

En *El fuego interno*, Carlos Castaneda escucha estas palabras de su maestro hechicero: "La importancia personal es nuestro mayor enemigo. Aquello que nos debilita es sentirnos ofendidos por los hechos y malhechos de nuestros semejantes. Nuestra importancia personal requiere que pasemos la mayor parte de nuestras vidas ofendidos por alguien o algo." Este es un gran impedimento en la conexión con la intención; aquí todos pueden con facilidad crear un caso de *no concuerda*.

Básicamente sus sentimientos de importancia personal son lo que lo hacen especial, entonces vamos a lidiar con este concepto de ser especial. Es esencial que usted tenga un fuerte concepto de sí mismo y que se sienta único. El problema es cuando usted identifica de forma errónea lo que es en verdad, identificándose con su cuerpo, sus logros y sus posesiones. Entonces, usted identifica a las personas que han logrado menos como inferiores, y su superioridad, en la importancia personal, origina que se ofenda constantemente en una u otra manera. Esta identificación errónea es la fuente de la mayor parte de sus problemas, así como la mayor parte de los problemas de la humanidad. Sentirse *especial* nos lleva a nuestra importancia personal. Castaneda escribe más tarde en su vida, muchos años después de su surgimiento inicial en el mundo del chamanismo, sobre la futilidad de la importancia personal. "Mientras más pienso en eso, y mientras más hablo y me observo y observo a mis semejantes, más intensa es mi convicción de que no hay nada que nos estuviera incapacitando para cualquier actividad o interacción o pensamiento, que no tuviera la individualidad como punto focal."

Con el individuo como punto focal, usted sostiene la ilusión de que usted es su cuerpo, el cual es una entidad completamente separada de los demás. Este sentido de la separación lo lleva a competir en vez de cooperar con los demás. En última instancia, esto no concuerda con el Espíritu, y se convierte en un gigantesco obstáculo en su conexión con el poder de la intención. Con el fin de abdicar a su importancia personal, tiene que hacerse consciente de cómo está firmemente atrincherada en su vida. El ego es simplemente una *idea de lo que usted es* con la cual usted carga siempre. Como tal, ¡no puede ser extraída quirúrgicamente por medio de una "egotomía"! Esta *idea* de lo que usted piensa que es, va a erosionar persistentemente cualquier posibilidad que tenga de conectarse con la intención.

## *Siete pasos para superar su apego al ego*

Aquí encontramos siete sugerencias para ayudarlo a trascender sus arraigadas ideas de importancia personal. Todas ellas están designadas para ayudarlo a prevenir que se identifique de forma errónea con el ego de la importancia personal.

**1. Deje de sentirse ofendido.** El comportamiento de los demás no es una razón para inmovilizarse. Lo que lo ofende solamente lo debilita. Si usted está en la búsqueda de ocasiones para sentirse ofendido, las encontrará en cada esquina. Ese es su ego en acción convenciéndolo de que el mundo no debería ser de la forma en que es. Pero usted puede convertirse en un amante de la vida y concordar con el Espíritu universal de la creación. Usted no puede alcanzar el poder de la intención sintiéndose ofendido. Por supuesto, que usted debe actuar para erradicar los horrores del mundo, los cuales emanan de la identificación masiva con el ego, pero permaneciendo en paz. Como nos lo recuerda *Un curso de milagros*: *La paz es Dios, usted que es una parte de Dios no está en su hogar excepto en su paz.* Al sentirse ofendido, se crea la misma energía destructiva que lo ofendió en primer lugar y lo lleva a atacar, a contraatacar y, finalmente, a la guerra.

**2. Abandone su necesidad de ganar.** Al ego le encanta dividirnos entre ganadores y perdedores. Buscar ganar siempre es un medio a toda prueba de impedir el contacto consciente con la intención. ¿Por qué? Porque a final de cuentas, es imposible ganar todo el tiempo. Alguien en algún lugar será más rápido, más afortunado, más joven, más fuerte y más inteligente — y ahí va usted de vuelta a sus sentimientos de desprecio e insignificancia.

Usted no es sus ganancias o sus victorias. Puede disfrutar la competencia y divertirse en un mundo en donde ganar es todo, pero no tiene que colocar ahí sus pensamientos. No hay perdedores en un mundo en donde todos compartimos la misma fuente de energía. Todo lo que puede decir en un día dado, es que usted se desempeñó a un cierto nivel en comparación con el nivel de los demás en ese día. Pero hoy es otro día, con otros competidores y nuevas circunstancias que considerar. Usted sigue siendo la presencia infinita en un cuerpo que es un día (o una década) más viejo. Abandone la *necesidad* de ganar, no aceptando que el opuesto de ganar es perder. Eso es un miedo del ego. Si su cuerpo no se está desempeñando en una manera *ganadora* en este día, sencillamente no importa, cuando usted no se está identificando exclusivamente con su ego. Sea el observador, perciba y disfrute todo sin necesidad de ganar un trofeo. Manténgase en paz y en concordancia con la energía de la intención. E, irónicamente, aunque usted apenas lo notará, al perseguirlas menos, más victorias aparecerán en su vida.

**3. Abandone su necesidad de tener la razón.** El ego es la fuente de mayor conflicto y desavenencia, porque lo empuja en la dirección de probar que los demás están en un error. Cuando usted es hostil, se desconecta del poder de la intención. El Espíritu creador es bondadoso, amoroso y receptivo, y está libre de ira, resentimiento o amargura. Al abandonar su necesidad de tener la razón en sus discusiones y relaciones es como decirle al ego, *No soy un esclavo tuyo. Quiero adoptar la bondad y rechazo la necesidad de tener la razón. De hecho, le voy a brindar a esta persona la oportunidad de sentirse mejor diciéndole que tiene la razón, y agradecerle por señalarme el camino de la verdad.*

Cuando usted abandona la necesidad de tener la razón, usted logra fortalecer su conexión con el poder de la intención. Pero mantenga presente que el ego es un guerrero tenaz; he visto personas que prefieren morir antes que abandonar su deseo de tener la razón. He visto personas terminar relaciones que hubieran podido ser hermosas, debido a su terquedad en la necesidad de tener la razón. Le pido que abandone la necesidad manejada por su ego de tener la razón, deteniéndose en medio de una discusión y preguntándose, *¿Quiero tener la razón o ser feliz?* Cuando usted opta por el camino espiritual de la felicidad y del amor, su conexión con la intención se fortalece. Esos momentos a la larga expanden su nueva conexión con el poder de la intención. La Fuente universal comienza a colaborar con usted en la creación de la vida que usted ha determinado vivir.

**4. Abandone su necesidad de ser superior.** La verdadera nobleza no se trata de ser mejor que nadie más. Se trata de ser mejor de lo que usted era. Permanezca enfocado en su crecimiento, con una conciencia constante de que nadie en este planeta es mejor que nadie. Todos emanamos de la misma fuerza de vida creativa. Todos tenemos una misión para realizar nuestra esencia determinada; todo lo que tenemos que hacer es cumplir con el destino que está disponible para nosotros. Nada de esto es posible cuando usted se ve superior a los demás. Hay un proverbio viejo y sin embargo muy cierto: *Todos somos iguales a los ojos de Dios.* Abandone su necesidad de sentirse superior viendo en cada uno la evolución de Dios. No juzgue a los demás basándose en su apariencia física, sus logros, sus posesiones y otros índices del ego. Cuando usted proyecta sus sentimientos de superioridad, eso es lo que obtiene de regreso, conllevando esto a resentimientos y hasta a sentimientos hostiles. Estos sentimientos se convierten en el vehículo que lo llevará lejos de su intención. *Un curso de milagros* habla sobre esta necesidad de ser especial y superior así: *Para ser especial siempre hay que hacer comparaciones. Se establece por la carencia vista en otra persona, se mantiene buscándola, y despejando la visión de todas las carencias que perciba."*

**5. Abandone su necesidad de tener más.** El mantra del ego es *más*. Nunca está satisfecho. No importa cuánto logremos tener o adquirir, su ego siempre insistirá en que no es suficiente. Usted se encontrará en un estado perpetuo de afán y eliminará la posibilidad de llegar ahí algún día. Aunque en realidad, usted ya ha llegado, y la manera en que use este momento presente de su vida es su decisión. Irónicamente, cuando usted deje de necesitar más cosas, más de lo que desea llegará a su vida. Al desapegarse de la necesidad de tener cosas, usted sentirá mayor facilidad en dárselas a los demás, porque se da cuenta de lo poco que necesita para estar satisfecho y en paz.

La Fuente universal está feliz como es, siempre se está expandiendo y creando nueva vida, nunca trata de guardar sus creaciones para sus propios fines egoístas. Crea y suelta lo que crea. Cuando usted deje ir la necesidad de su ego de tener más, usted se unificará con esa Fuente. Usted crea, atrae y suelta, sin pedir que le llegue más. Al apreciar todo lo que llega, aprende la poderosa lección que nos enseñó San Francisco de Asís: ". . . porque dando es como recibimos." Al permitirle a la abundancia fluir por usted y a través de usted, está en concordancia con la Fuente y garantiza que esa energía siga fluyendo.

**6. Deje de identificarse según sus logros.** Esto puede ser un concepto difícil si usted piensa que usted está representado en sus logros. *Dios compone toda la música, Dios canta todas las canciones, Dios construye todos los edificios, Dios es la fuente de todos sus logros.* Puedo escuchar a su ego protestando a gritos. Sin embargo, manténgase sintonizado con esta idea. ¡Todo emana de la Fuente! ¡Usted y la Fuente son uno! Usted no es este cuerpo y sus logros. Usted es el observador. Advierta todo; y sienta gratitud por las habilidades que le han sido dadas, la motivación para lograrlas y las cosas que ha acumulado. Pero otórguele todo el reconocimiento al poder de la intención, el cual le dio la vida y del cual usted es una parte materializada. Mientras menos tenga necesidad de sentir reconocimientos por sus logros y más conectado esté a los siete rostros de la intención, más libre estará para seguir con sus logros, y más logros llegarán a su vida. Cuando usted se apega a esos logros y cree que está haciendo solo todas esas cosas, abandona la paz y la gratitud de su Fuente.

**7. Olvídese de su reputación.** Su reputación no está localizada en usted. Reside en las mentes de los demás. Por lo tanto, usted no tiene control sobre ella. Si usted habla con 30 personas, usted tendrá 30 reputaciones. Conectarse a la intención quiere decir escuchar su corazón y conducirse según lo que le dice su voz interior que es su propósito aquí. Si usted está demasiado preocupado por la manera en que lo perciben los demás, entonces está desconectado de la intención y le ha permitido a las opiniones de los demás que lo guíen. Ese es su ego en acción. Es una ilusión que se interpone entre usted y el poder de la intención. No hay nada que pueda hacer, a menos que se desconecte de la fuente de poder y se convenza de que su propósito es demostrarles a los demás lo majestuoso y superior que es, y gaste su energía tratando de forjarse una gran reputación entre los demás egos. Haga lo que tiene que hacer porque su voz interior — siempre conectada y agradecida a su Fuente — lo dirige. Manténgase en su propósito, desapéguese de los resultados y asuma la responsabilidad de lo que *sí* reside en usted: su carácter. Deje su reputación para que los demás la discutan; no tiene nada que ver con usted. O como dice el título de un libro: *¡Lo que usted opine de mí no es asunto mío!*

Esto concluye los tres obstáculos principales en su conexión a la intención: *sus pensamientos, su energía y su importancia personal.* Aquí vemos cinco sugerencias para superar los obstáculos y permanecer conectados siempre con el poder de la intención.

### Cinco sugerencias para implementar las ideas en este capítulo

1.  *Supervise su lenguaje interno.* Advierta cuánto tiempo de su lenguaje interno se enfoca en lo que no tiene, en circunstancias negativas, en el pasado y en las opiniones de los demás. Mientras más pronto se convierta en un verdadero conocedor de su lenguaje interno, más pronto será capaz de cambiar justo en medio de uno de esos procesos rutinarios internos, de un pensamiento de *Estoy resentido por lo que no tengo,* a *Estoy determinado a atraer lo que deseo y a dejar de pensar en lo que no me gusta.* Ese nuevo lenguaje interno se convierte en el eslabón de enlace a su intención.

2.  *Ilumine sus momentos de duda y de depresión.* Advierta los momentos que no son parte de su naturaleza elevada. Rechace los pensamientos que apoyan la incapacidad de su parte de concordar con la intención. *Permanecer fiel a la luz* es un buen consejo. Hace poco, un amigo y maestro se enteró del sufrimiento personal que yo estaba viviendo, y me escribió estas palabras: "Recuerda Wayne, el sol está brillando detrás de las nubes." Sea fiel a la luz que siempre está ahí.

3. *Sea consciente de la baja energía.* Recuerde que todo, incluidos sus pensamientos, tienen una frecuencia energética que puede ser calibrada para determinar si lo fortalecen o lo debilitan. Cuando usted se halle pensando en asuntos de baja energía o esté inmerso en energía baja y debilitante, tome la decisión de llevar una vibración elevada a esa presencia o situación debilitante.

4. *Hable con su ego y dígale que él no tiene control sobre usted hoy.* En la habitación de mis hijos aquí en Maui, he enmarcado la siguiente oración, la cual veo cada mañana. Aunque ellos se burlan y se ríen, aprenden la lección básica y la comparten en voz alta cuando alguien (incluido yo) se enoja durante el día.

> *Buenos días,*
> *Te habla Dios.*
> *Me encargaré*
> *De todos tus*
> *Problemas hoy.*
> *No necesitaré*
> *De tu ayuda.*
> *Que tengas*
> *Un día milagroso.*

5. *Vea los obstáculos como oportunidades para circular el poder de su determinación inflexible.* Inflexible quiere decir exactamente eso. *Estoy determinado a permanecer conectado con mi Fuente y de ese modo ganar el poder de mi Fuente.* Esto quiere decir estar en paz, desapegado de las circunstancias como un observador mas que como una víctima. . . luego, entregárselo todo a su Fuente sabiendo que usted recibirá la guía y la asistencia que requiere.

\*\*\*

Usted acaba de terminar un examen completo de los tres obstáculos más importantes que impiden la conexión con el poder de la intención, así como las sugerencias para eliminarlo. En el próximo capítulo, explicaré cómo impacta usted a las personas a su alrededor cuando eleva el nivel energético a las frecuencias espirituales más elevadas, y cuando vive sus días conectado con la intención. Cuando está conectado con el poder de la intención, a donde quiera que vaya, y con quien quiera que se encuentre, es afectado por usted y por la energía que irradia. Cuando se convierte en el poder de la intención, verá sus sueños realizarse casi como por arte de magia, y se verá a sí mismo creando ondas gigantescas en los campos energéticos de los demás con tan solo su presencia.

∾ ✳ ∾ ✳ ∾

# CAPÍTULO CINCO

## EL IMPACTO QUE USTED PRODUCE EN LOS DEMÁS CUANDO SE CONECTA A LA INTENCIÓN

*"Una de las compensaciones más hermosas de
esta vida, es que ningún hombre puede tratar sinceramente
de ayudar a otro sin ayudarse a sí mismo...
Servid y seréis servidos."*

— Ralph Waldo Emerson

Cuando usted se encuentra en mayor armonía con los rostros de la intención, empieza a descubrir que está impactando a los demás con nuevas formas. La naturaleza de este impacto es profundamente importante, en su sendero hacia el uso del poder de la intención. Usted comienza a ver en los demás lo que está viendo dentro de usted mismo. Esta nueva forma de observar, hará que las personas se sientan cómodas y plácidas en su presencia, y los convierte en cómplices amorosos indirectos de su conexión con la intención.

A continuación, el poeta Hafiz dice que no desea nada, ni siquiera si la persona es "un tonto irremediable", y una víctima en potencia. Todo lo que él ve es su valor divino, que es lo mismo que usted verá en los demás, al conectarse con el poder de la intención.

## El Joyero

*Si un hombre ingenuo y desesperado*
*Le lleva una piedra preciosa*
*Al único joyero del pueblo,*
*Deseando venderla,*
*Los ojos del joyero*
*Comenzarán a jugar,*
*Como lo hacen la mayoría de los ojos de este mundo*
    *cuando te miran.*

*El rostro del joyero permanecerá calmado.*
*Ya que él no desea revelar el verdadero valor de la*
    *joya,*
*Sino más bien mantener al hombre cautivo del miedo*
    *y la ambición,*
*Mientras el hombre calcula*
*El valor de la transacción.*

*Pero tan solo un momento conmigo, querido,*
*Te mostrará que no hay nada, nada que Hafiz quiera*
    *de ti.*
*Cuando te sientas al frente de un Maestro como yo,*
*Aun si eres un tonto irremediable,*
*Mis ojos cantan de Emoción*
*Porque ven en ti tu Divino Valor.*
    — Hafiz

### Usted recibe lo que desea para los demás

Al revisar los atributos de la intención universal, y al mismo tiempo atenerse a ellos, usted comienza a notar el significado de lo que desea para los demás. Si desea paz para los demás, la recibirá. Si desea que los demás se sientan amados, será el receptor del amor. Si solo ve la belleza y el valor en los demás, recibirá lo mismo. Usted solo dará lo que tiene en su corazón, y atraerá lo mismo que está dando. Este es un asunto de gran importancia para usted. Su impacto en los demás, ya sean extraños, familiares, colegas o vecinos, es la evidencia de la fuerza de su conexión con el poder de la intención. Piense en sus relaciones en términos de sagradas o profanas.

Las relaciones sagradas facilitan el poder de la intención a un nivel de energía para todo el que esté involucrado. Las relaciones profanas mantienen la energía en los niveles más bajos y más lentos para todos los afectados. Usted conocerá su potencial de grandeza, cuando comience a ver la perfección en todas sus relaciones. Cuando reconozca lo sagrado en los demás, usted los tratará como expresiones divinas del poder de la intención, sin desear nada de ellos. La ironía es que ellos se vuelven entonces co-creadores, manifestando todos sus deseos. No espere nada de ellos, no les pida nada, no tenga ninguna expectativa, y ellos le devolverán esta bondad. Exíjales, insista en que lo complazcan, júzguelos como inferiores, véalos como sirvientes y recibirá lo mismo. Es necesario que usted esté intensamente consciente de lo que en verdad desea para los demás, y saber si está en una relación sagrada o profana con cada persona con quien esté involucrado en su vida.

**La relación sagrada.** Una verdad que he reconocido durante los años de mi propio crecimiento, es que es imposible conocer mi perfección si no soy capaz de ver y honrar la misma perfección en los demás. La habilidad de verse como una expresión temporal de la intención y verse a sí mismo en toda la humanidad, es una característica de las relaciones sagradas. Es la habilidad de celebrar y honrar en los demás, el lugar en donde todos somos uno.

En una relación profana, usted se ve separado de los demás. Se rige por el sentimiento de que los demás son útiles principalmente para satisfacer las necesidades del ego, y que las personas están ahí para ayudarlo a conseguir lo que le está haciendo falta en su vida. En cualquier tipo de relación, esta actitud de separación y de manipulación en potencia, crea una barrera entre usted y el poder de la intención. Las señales de las relaciones profanas son bastante claras. Las personas se vuelven defensivas, temerosas, hostiles, reservadas, y no desean estar en su compañía.

Al cambiar sus modelos de pensamientos para elevar sus vibraciones energéticas y reducir las demandas de su ego, usted comienza a desarrollar relaciones reverentes o sagradas con los demás. Entonces, todo el mundo es percibido como completo. Cuando puede celebrar las diferencias en los demás, como algo interesante o divertido, usted comienza a aflojar su identidad con el ego. La relación sagrada es una manera de concordar con la Fuente universal de la creación, y de alcanzar una alegría plácida. Cualquier relación — o hasta un encuentro ocasional — desde la perspectiva sagrada, es un encuentro con el aspecto personal, y un descubrimiento de la conexión estimulante con el poder de la intención.

Hace poco, en un supermercado, le pregunté a un dependiente frenético, que se hallaba detrás de la nevera de los mariscos, si sabía donde podría encontrar salmón ahumado. Me vi conectado a él, a pesar de la frustración reflejada en su comportamiento. Un hombre, que se encontraba a mi lado, escuchó mi solicitud y notó la conducta hostil del dependiente. El extraño me sonrió y se fue hacia otra área de la tienda, regresando con un paquete de salmón ahumado que me entregó. ¡Me entregó lo que yo estaba buscando! ¿Coincidencia? No lo creo. Cuando me conecto con los demás e irradio la energía de una relación sagrada, las personas reaccionan con bondad, y dejan lo que están haciendo, para asistirme en mis intenciones.

En otro ejemplo relacionado con esto, fui transferido de una aerolínea a otra, debido a un problema mecánico que terminó en una cancelación del vuelo en que debía viajar. En mi aerolínea original, la cual está en mi pueblo natal, los empleados me conocen y dejan lo que están haciendo por ayudarme. He practicado las relaciones sagradas con cada uno de ellos en todos los mostradores, en la entrega de maletas, en el avión, y así sucesivamente. En ese día en particular, me enviaron al otro extremo del aeropuerto con siete cajas de libros y cintas de audio, que tenia que entregar como equipaje. Mientras mi asistente Maya y yo, caminábamos con pesadez hacia el mostrador de la otra aerolínea, empujando un carro con equipaje y siete cajas de cartón pesadas, la agente anunció que no permitían cargar más de dos piezas de equipaje, y que tendría que dejar tres cajas de cartón. Podía llevar dos a mi nombre y dos a nombre de Maya. *Esas son las reglas.*

En estos casos es cuando una relación sagrada con un extraño, tiene más potencial de asistirlo con sus intenciones, que en una relación profana. En lugar de reclamarle a la agente, con la intención de que su labor era servir mis necesidades, opté por unirme a ella en donde somos uno. Le dejé notar que no estaba molesto en lo absoluto por esa regla, y le dije que me imaginaba cómo se sentiría teniendo que procesar a tantas personas que no estaban programadas en ese vuelo. Me sentí conectado, y le expresé mis propios sentimientos de frustración al no saber qué hacer con las tres cajas restantes, las cuales mi aerolínea original había aceptado transportar. La invité a acudir a una charla que iba dar en la ciudad al mes siguiente, como mi huésped. Toda nuestra conversación e interacción, estuvieron guiadas por mi determinación íntima de que se mantuviera como una relación sagrada.

La energía de esta interacción cambió de débil a fuerte. Nos conectamos, reconocimos nuestro *yo interior* en el otro, y aceptó transportar todas mis cajas con una alegre sonrisa. Nunca olvidaré lo que me dijo cuando me entregó los pases de abordar. "Cuando lo vi llegar con el carro lleno de cajas, estaba determinada a no permitirle llevarlas en este avión, y después de unos momentos de hablar con usted, las hubiera cargado y llevado al avión yo misma, si hubiera sido necesario. Es un placer conocerlo. Gracias por viajar con nosotros, espero que considere nuestra aerolínea en el futuro."

Estos son dos ejemplos sencillos de lo que sucede, cuando usted cambia de manera consciente sus relaciones profanas dominadas por el ego, a experimentar la conexión, a través del poder de la intención.

Le pido que establezca una relación sagrada con su Fuente, la comunidad global, sus vecinos, sus conocidos, su familia, el reino animal, nuestro planeta y usted mismo. Tal cual como mis ejemplos, primero, el del hombre entregándome el salmón ahumado que esperaba, y luego, con la agente de la aerolínea ayudando a cumplir mi deseo, usted disfrutará el poder de la intención a través de las relaciones sagradas. *Todo tiene que ver con las relaciones.*

## *Solos no podemos hacer nada*

Cuando conozcamos a alguien, tratemos el evento como un encuentro sagrado. Es a través de los demás, que nosotros encontramos o amamos nuestro *yo interior*. Porque, vea usted, nada se logra sin los demás. *Un curso de milagros* lo dice muy bien:

> *Solos no podemos hacer nada,*
> *Pero juntos nuestras mentes se fusionan en algo*
> *Cuyo poder va mucho más allá*
> *Del poder de sus partes separadas.*
> *El reino no puede fundarse solo,*
> *Y ustedes, que son el reino,*
> *No pueden encontrarse solos.*

Cuando elimina el concepto de separación de sus pensamientos, y de su conducta, comienza a sentir su conexión con todo y con todos. Usted comienza a tener un sentimiento de pertenencia, el cual le permite reírse de cualquier sentimiento de separación. Este sentimiento de conexión, se origina en usted y le ayuda a procesar todas sus interacciones, desde un punto de vista de equidad. Al reconocer a los demás como co-creadores, usted concuerda con su Fuente, y se mueve hacia un estado de gracia. Si se ve como inferior o superior, usted se desconecta del poder de la intención. Sus deseos se frustrarán, a menos que se conecte con las personas y con su apoyo.

Es importante cómo interactúa con el equipo de apoyo universal. La forma en que usted ve a los demás, es una proyección de cómo se ve a sí mismo. Si ve a los demás consistentemente como inferiores, significa que usted está erigiendo un obstáculo para sus aliados potenciales. Vea a los demás como débiles, y atraerá simultáneamente energías débiles. Ver persistentemente a los demás como deshonestos, perezosos, pecadores y así sucesivamente, quiere decir que usted tiene la necesidad de sentirse superior. Ver a los demás constantemente con ojos críticos, puede ser una forma de compensar algo que teme. Pero usted ni siquiera tiene que entender este mecanismo psicológico. Lo único que tiene que hacer es reconocer la forma en que usted ve a los demás. Si hay un patrón de ver a los demás como fracasados, este constituirá la evidencia de lo que está atrayendo a su vida.

Es de suma importancia ver las interacciones como encuentros sagrados, porque esto pone en movimiento un patrón de energía atractor. En una relación profana, el patrón atractor también existe, atrayendo bajas energías y más relaciones profanas. Al atraer mayor energía espiritual a todas las personas en su camino, usted disuelve las energías más bajas. Cuando las energías de la bondad, el amor, la receptividad y la abundancia están presentes en sus relaciones, usted lleva el elixir del amor de la Creación Espiritual justo en el medio. Ahora bien, esas fuerzas comienzan a trabajar en todas las personas a su alrededor. Las personas correctas aparecen como por arte de magia. También aparecen los materiales apropiados. El teléfono suena y alguien le da la información que había esperado por meses. Extraños le ofrecen sugerencias que tienen mucho sentido para usted. Como lo mencioné con anterioridad, estos tipos de coincidencias son ángulos matemáticos que *coinciden,* o se ajustan, a la perfección. Trate a los demás como co-creadores, y tenga expectativas divinas de ellos. No vea a nadie como ordinario, a menos, por supuesto, que usted desee que se manifieste más de lo ordinario en su mundo.

### De lo ordinario a lo extraordinario

La historia famosa de León Tolstoi llamada *La muerte de Ivan Ilyich,* es una de mis obras favoritas de literatura. Tolstoi describe a Ivan Ilyich como a un hombre que está motivado exclusivamente por las expectativas de los demás, y no es capaz de vivir sus propios sueños. La línea al comienzo del capítulo 2 de esta extraordinaria historia dice así: "La historia de la vida de Ivan Ilyich era de las más ordinarias, simples y por lo tanto terribles." En realidad, Tolstoi define la vida *ordinaria,* como terrible. ¡No podría estar más de acuerdo con él!

Si sus expectativas se centran en ser normal, tan solo llevarse bien con los demás, adaptarse al grupo, y ser una persona ordinaria, usted resonará con frecuencias ordinarias, y atraerá más de lo normal y ordinario a su vida. Más aun, su impacto en los demás, como aliados potenciales en la co-creación de sus intenciones, también se resolverá sobre lo ordinario. El poder de la intención ocurre cuando usted se sincroniza con la fuerza universal que todo lo crea, la cual es todo menos ordinaria. Es el poder responsable de toda la creación. Se expande constantemente, y piensa, y crea en términos de la abundancia ilimitada. Cuando usted se cambia a esta energía más elevada, y resuena más en armonía con la intención, se convierte en un imán para atraer más de esta energía en su mundo. Usted también tiene este tipo de impacto en todo y en las personas que entran en contacto con usted.

Una de las formas más efectivas de trascender lo *ordinario,* y moverse a los dominios de lo *extraordinario,* es diciendo *sí* con mayor frecuencia y eliminando el *no* casi por completo. Yo lo llamo *decirle sí a la vida.* Decirse sí a usted, a su familia, a sus hijos, a sus colegas y a su trabajo. Lo ordinario dice: *No, no creo que pueda hacerlo. No, eso no va a funcionar. No, ya he tratado antes y nunca ha funcionado. No, esa intención es imposible para mí.* Con la idea del *no,* usted atrae *más del no,* y su impacto en los demás, a quienes podía ayudar y en quienes podía confiar, es también un *no.* Una vez más, le insto a que adopte la actitud del poeta Hafiz.

> *Casi nunca permito que la palabra "No" se escape*
> *De mi boca*
> *Porque es tan evidente para mi alma*
> *Que Dios ha gritado, ¡Sí! ¡Sí! ¡Sí!*
> *A cada movimiento luminoso en la Existencia*

Gríteles *sí* a todos tan a menudo como pueda. Cuando alguien le pida permiso de intentar algo, antes de decir no, pregúntese si desea que esa persona se mantenga en los niveles ordinarios de la existencia. Cuando mi hijo Sands quiso probar, la semana pasada, una nueva zona para hacer *surfing,* mi primera inclinación fue decir: Demasiado *peligroso, nunca has estado ahí antes, te podrías hacer daño* y cosas por el estilo. Pero lo pensé de nuevo y lo acompañé a su nueva aventura. Mi *sí* impactó su vida y la mía, en una forma positiva.

Hacer del *sí* su mantra interno, le permite extender el *sí* hacia fuera de usted, y atraer más del *sí* a sus determinaciones personales. *Sí,* es el soplo de la creación. Piense en una gota de lluvia fundiéndose en un río, en el momento en que se convierte en río. Piense en el río, fundiéndose con el océano, en el momento en que se convierte en océano. Puede ser que esté escuchando en estos momentos el susurro del sonido del *sí* en su interior. Al fundirse con la fuerza universal de la creación, extendiendo el sí a todas las partes posibles, usted se convierte en esa fuerza misma de la creación. Esto impactará a los demás. No más *noes* ordinarios en su vida. Hacia lo extraordinario.

Lo ordinario implica quedarse estancado en una rutina, tal como Ivan Ilyich. Mientras usted vive en la rutina, atrae a los que también residen en la rutina, y su impacto mutuo, permanecerá en su rutina ordinaria — quejándose, encontrando fallas, deseando y esperando días mejores. La fuerza universal de la intención, nunca se queja; crea y ofrece sus opciones de grandeza. No juzga a nadie, y no se estanca deseando y esperando que las cosas mejoren, pues está tan ocupada creando belleza, que no le queda tiempo para involucrarse en cosas necias. Al mover su energía a niveles más altos de la mentalidad rutinaria, usted tiene un efecto edificante en las demás personas de su vida, que residen en la rutina. Aun más, usted ayuda a que ellos a su vez, impacten de manera similar a otros, creando nuevos aliados de sus propias intenciones. Sea consciente de su identificación con lo normal u ordinario, y comience a vibrar en frecuencias de energías cada vez mayores, lo cual constituye un salto hacia arriba, en las dimensiones extraordinarias de la determinación pura.

### *Cómo impactan sus energías a los demás*

Cuando se siente conectado y en armonía con la intención, siente una mayor diferencia en la forma como los demás reaccionan ante usted. Reconozca estas reacciones, porque ellas se basan directamente en sus habilidades de lograr sus intenciones individuales. Mientras más cerca resuene automáticamente a las frecuencias de la Fuente universal que todo lo crea, mayor será el impacto en los demás, y más se anularán sus bajas energías. Ellos gravitarán hacia usted trayendo paz, alegría, amor, belleza y abundancia en su vida. Lo que sigue es mi opinión sobre cómo usted impactará en los demás, cuando resuene con la intención, y lo diferente que es el impacto, cuando está dominado por la actitud separatista de su ego.

Aquí vemos algunas de las formas más significativas de impactar en los demás:

**Su presencia infunde calma.** Cuando usted coincide con la intención, su impacto en los demás tiene una influencia calmante. Las personas tienden a sentirse más en paz, menos amenazadas y más tranquilas. El poder de la intención es el poder del amor y la receptividad. No le pide nada a nadie, no juzga y anima a los demás a sentirse libres. Cuando las personas en su presencia, se sienten más calmadas, estarán inclinadas a sentirse seguras, en virtud de las frecuencias de energía que usted irradia. Sus sentimientos están estimulados por su energía de amor y su receptividad, haciendo que ellos quieran impulsarse, y alcanzarlo para estar con usted. Como dice Walt Whitman: "Convencemos con nuestra presencia."

Si en cambio, usted trae bajas calibraciones de juicio, hostilidad, ira, odio o depresión en sus interacciones, atrae ese nivel de energía, si este subyace en las personas con las cuales interactúa. Esto funciona como una fuerza contraria a esas mismas energías, si están presentes en los demás. El impacto intensifica las bajas frecuencias, a un nivel que crea un campo en el cual las demandas son colocadas, como un resultado de inferioridad u oposición.

La intención no interactúa *en contra* de nada. Es como la gravedad, que no ataca ni mueve nada en su contra. Las personas se sienten *empoderadas* por su presencia, convertidas en espíritus afines. Esto solo puede pasar, si se sienten seguras en vez de atacadas, calmadas, en vez de hostigadas.

**Su presencia hace que los demás se sientan energizados.**
Recuerdo una ocasión en que salí de una sesión de dos horas con
una maestra espiritual, y me sentía que podía conquistar el mundo
emocional y espiritualmente. Era una santa llamada Madre Meera,
quien tomó mi cabeza en sus manos, me miró fijamente a los ojos,
con su divinidad carente de ego. Me sentí tan energizado, que no
dormí en toda la noche. Quería más de lo que este ser glorioso me
había mostrado, solamente a través de su presencia.

Cuando usted trae las frecuencias de la intención en la presencia de otros, ellos se sienten energizados tan solo con estar en
su círculo inmediato. Usted no tiene que decir una sola palabra.
No tiene que actuar en una manera en particular. Su sola energía
de intención, hace que los demás a su alrededor sientan como si
hubieran sido empoderados de manera misteriosa. Al comenzar
a expresar de manera consciente los siete rostros de la intención,
descubrirá que los demás empiezan a comentar sobre el impacto
que usted causa en ellos. Desean ayudarlo a cumplir sus sueños. Se
sentirán energizados y se harán voluntarios para ayudarlo. Hasta
se ofrecerán a financiar sus sueños con sus nuevas ideas, llenas de
energía. Al crecer en mi conciencia del poder de la intención, me
han dicho que he impactado a otras personas, tan solo con mi
presencia, en una comida en un restaurante. Las personas me han
dicho que se sienten energizadas, con mayor confianza, determinación e inspiración, después de haber compartido un momento
juntos. No he hecho nada. Se sienten impactados por el campo de
alta energía compartido.

**Su presencia les permite a los demás sentirse mejor
acerca de ellos mismos.** ¿Ha notado alguna vez, que cuando
usted está en presencia de ciertas personas, se siente mejor consigo
mismo? Su energía compasiva, tiene el impacto agradable y notorio
de, sencillamente hacer, que se sienta muy bien consigo mismo.
Usted impactará a los demás con esta energía de compasión, al
desarrollar su conexión con la intención. Las personas percibirán
que usted los aprecia, los entiende y está interesado en ellos, como
individuos únicos. Con este tipo de conexión a la intención, es

menos frecuente que se enfoque la conversación en usted, y que use a los demás para consentir su ego.

Por el contrario, al estar en compañía de alguien desdeñoso o indiferente, el impacto es bastante distinto. Si ésta es la baja energía que usted transmite a los demás, es muy probable que tengan sentimientos no muy maravillosos acerca de ellos mismos, a menos que estén tan estrechamente conectados a su intención, que puedan suprimir el impacto de esta baja energía. Estos pensamientos y conductas de energía extremadamente baja, son evidentes si usa cada tema que se trae a colación, como una excusa para hablar de usted mismo. Cualquier conducta similar a ésta, demuestra la energía dominada por el ego, que impacta a los demás de manera desagradable, Aun más, hace que los demás se sientan insignificantes o poco importantes, y obviamente, se sienten peor acerca de sí mismos cuando es un patrón repetitivo, en una relación significativa.

**Su presencia hace que los demás se sientan conectados.**
El efecto de estar en la presencia de personas, que expresan altas frecuencias, es el de sentirse unidos y conectados a toda la naturaleza, a toda la humanidad, y a la intención. Al elevar sus frecuencias, su impacto en los demás los invita a pertenecer al mismo equipo. Se conectan, y desean asistirse los unos a los otros en el logro de un objetivo común.

Lo opuesto a este sentimiento de conexión, es sentirse polarizado y separado. La baja energía es exigente y siempre se mueve en contra de los demás. Por lo tanto, produce inevitablemente una condición de ganadores y perdedores. Las energías de antagonismo, juicio, odio y similares, establecen una fuerza contraria, en la cual alguien tiene que perder. Cuando usted tiene un enemigo, tiene que establecer un sistema de defensa, y defenderse se torna natural en su relación. La necesidad de alguien de moverse en contra y polarizar, pone en movimiento las condiciones para la guerra. La guerra es siempre costosa. Esto se puede evitar manteniéndose conectado a la intención, y atrayendo esa energía elevada en sus relaciones, permitiendo que aquellos con quienes se encuentra, se sientan conectados con usted, con todos los seres, con la naturaleza y con Dios.

**Su presencia infunde el sentido del propósito.** Cuando usted está en las energías espirituales elevadas, trae algo a los demás, que es casi inexplicable. Su presencia y su conducta, desde un espacio de amor, aceptación, no juicio y bondad, se convierte en un catalizador, para que los demás sientan el *propósito* en sus vidas. Al mantenerse en las energías elevadas del optimismo, el perdón, la comprensión, la reverencia, hacia el Espíritu, la creatividad, la serenidad y la placidez, usted irradia esa energía y convierte las energías más bajas, en vibraciones elevadas. Estas personas, a las cuales impacta no deliberadamente, comienzan a sentir su reverencia tranquila y su serenidad. Su propio propósito, el cual envuelve servir a los demás, y por consiguiente a Dios, se logra, y como una gratificación adicional, usted crea aliados.

Miles de personas me han dicho, que tan solo con asistir a una conferencia o a un sermón en una iglesia, en donde el mensaje principal es la esperanza, el amor y la bondad, ha sido suficiente motivo para ellos, para comprometerse con el logro de su propósito. Cuando soy el conferencista de tales eventos, siempre entro por la puerta trasera del recinto, para tomarme tiempo de embelesarme en esa energía de esperanza, optimismo y amor. Puedo, literalmente, sentir su energía colectiva. Es como una onda plácida de placer, como una ducha de agua caliente corriendo en mi interior. Es de lo que está hecha la intención, y nos motiva de manera que podamos darla a los demás, para ayudarlos a sentirse intencionados y esperanzados.

**Su presencia les permite a los demás confiar en auténticas conexiones personales.** Al llevar las cualidades de la intención a los demás, usted permite que esté presente la confianza. Notará inclinación y voluntad de parte de los demás, para abrirse y confiar en usted. Esto está relacionado a la cualidad de la confianza. En la atmósfera de energía elevada, las personas confían y desean compartir sus historias personales con usted. Al estar tan conectado a la intención, usted se parece más a Dios, y, ¿en quién confiaría usted más que en Dios para compartir sus secretos?

Hace poco, durante una expedición temprano en la mañana, de observación de ballenas, una mujer que no tenía idea de mi identidad, me contó su historia de relaciones fallidas y de lo mal que se sentía. En nuestra conversación, en un campo de energía que le permitía y la animaba a confiar en mí, se dejó llevar por el riesgo de abrirse a un extraño. (Esto me ha ocurrido con frecuencia, desde que estoy viviendo los principios de los siete rostros de la intención.) Tal como lo dijo San Francisco de Asís, "No tiene sentido caminar para ir a predicar, a menos que prediquemos con nuestros propios pasos." Al final de cuentas, usted descubrirá que, al llevar consigo esta energía de la intención, hasta las personas extrañas harán lo que puedan para servirlo y ayudarlo a lograr sus propias intenciones.

Los resultados opuestos son aparentes, cuando usted emite frecuencias de energías bajas. Si su energía recelosa se exhibe en forma de ansiedad, crítica, despotismo, superioridad o exigencias, los demás se sienten retraídos a ayudarlo en lo que usted desea. La verdad es que la emoción de baja energía, a menudo deja a los demás con el deseo de interferir en contra de sus propias intenciones. ¿Por qué? Porque sus bajas energías le ayudan a crear una fuerza contraria, surgen los conflictos, es necesario que haya ganadores y perdedores, y se crean enemigos — y todo eso por su renuencia a permanecer conectado a los siete rostros de la intención.

**Su presencia inspira a los demás a la grandeza.** Cuando usted está conectado al Espíritu y refleja con serenidad su conciencia, se convierte en una fuente de inspiración para los demás. En un sentido, esto es uno de los efectos más poderosos que se transmiten, al conectarse a la intención. La palabra *inspiración* significa "en-espíritu." El hecho de que usted esté por sobre todo en-espíritu, quiere decir que inspira, en vez de informar, con su presencia. Usted no inspira a los demás insistiendo a gritos, o exigiendo que los demás escuchen su punto de vista.

En todos los años que he estado enseñando, escribiendo, dando conferencias, y produciendo cintas de audio y de video, he notado un doble proceso en acción. Me siento en mi propósito, inspirado y conectado al Espíritu universal en todos mis trabajos, y muchos miles, o quizás millones de personas, se han sentido inspiradas como resultado de mi propia inspiración. El segundo factor es el gran número de personas que me han ayudado en mi trabajo. Me han enviado materiales, me han escrito historias emocionantes que he usado y han sido literalmente mis co-creadores. Cuando inspira a otros con su presencia, está utilizando el poder creador de la intención, para el beneficio de todos aquellos con quien usted entra en contacto, incluso usted mismo. Respaldo sin reservas esta manera de ser, y sé, sin lugar a dudas, que usted también puede ser una presencia que inspire a los demás.

**Su presencia alinea a los demás con la belleza.** Cuando usted está conectado a la intención, ve la belleza en todas partes y en todo, porque irradia la calidad de la belleza. Su mundo perceptivo cambia en forma dramática. En la energía elevada de la intención, ve belleza en todos, jóvenes y viejos, ricos y pobres, oscuros o claros, sin distinciones. Todo es percibido desde una perspectiva de apreciación, en vez de juicio. Al traer este sentimiento de apreciación de la belleza, a la presencia de los demás, las personas se inclinan a verse a sí mismos como usted los ve. Al circular esa energía de belleza, se sienten atractivos y mejores acerca de sí mismos. Cuando las personas se sienten hermosas, actúan de manera hermosa. Su percepción de la belleza impacta a los demás, en el sentido de que ven el mundo que los rodea de la misma forma. El beneficio, una vez más, es doble. Primero, usted está ayudando a los demás a que aprecien la vida, y a que sean más felices, en virtud de su inmersión en un mundo de belleza. Segundo, sus propias intenciones reciben la asistencia de esas personas, que han adquirido una nueva y mejorada auto-estima. La belleza prolifera en los demás, en virtud tan solo de su presencia, cuando usted está conectado a la intención.

**Su presencia infunde salud en vez de enfermedad.** Su conexión con su Fuente, lo mantiene enfocado en lo que desea manifestar en su vida, sin dar energía a lo que no desea. El enfoque interno no le permite quejarse de dolencias, o pensar en enfermedades, dolor o en dificultades físicas. Su energía está siempre en crear amor, y expandir la perfección de la cual usted se originó. Esto incluye su cuerpo y todas sus creencias acerca de su físico. Usted sabe, en su corazón, que su cuerpo es un sistema de milagros. Siente gran respeto por su increíble capacidad de curarse por sí solo, y de funcionar por sí mismo, sin su interferencia. Usted sabe que su cuerpo físico es inspirado por una fuerza divina, que hace latir su corazón, digerir su comida, crecer sus uñas, y que la misma fuerza es receptiva a la salud ilimitada y abundante.

Cuando trae, en presencia de los demás, un aprecio saludable por el milagro que representa su cuerpo, usted desactiva sus esfuerzos por permanecer en la enfermedad, en las afecciones, en la deterioración. De hecho, mientras más elevado resuene su campo de energía, mayor será su impacto en los demás, usando su propia energía curativa. (Vea el capítulo 13 para un tratamiento completo de sanación en intención.) Sea consciente de su propia y asombrosa capacidad, para afectar la sanación y la salud de aquellos a su alrededor, tan solo con la presencia silenciosa de la energía elevada, de su conexión a la intención. Esta es una energía literal que emana de usted.

* * *

Con la esperanza de que reconozca la importancia de elevar su nivel de energía, voy a concluir este capítulo, dando una breve mirada a la manera en que toda nuestra civilización es impactada, cuando los niveles de energía están sincronizados con la Fuente de nuestra creación. Esto requiere una mente abierta, y un poquito de expansión de su parte; sin embargo, es algo que sé que es cierto, y me sentiría negligente si lo dejara a un lado. Puede parecer peculiar o hasta estrambótico a cualquiera que no pueda ver la forma en que todos, en este planeta, estamos conectados, y como nos impactamos los unos a los otros, desde distancias no discernibles por nuestros sentidos.

### *Su impacto en la conciencia de toda la humanidad*

Hace ya muchos años, estaba acompañando a una de mis hijas, a tomar un largo curso en el campo, para ayudarla a lidiar de manera más efectiva, con algunos de sus dilemas de la adolescencia.

Lo último que le dijo el consejero del campamento fue: "Recuerda siempre que todo lo que tú piensas y todo lo que tú haces, afecta a las demás personas." Esto es cierto, aun más allá del impacto que tenemos sobre nuestros amigos, familia, vecinos y colegas. Creo que impactamos a *toda* la humanidad. Por consiguiente, al leer esta sección, recuerde que *lo que usted piensa y lo que usted hace, afecta a las demás personas.*

En *El poder contra la fuerza,* el doctor David Hawkins escribe: "En este universo interconectado, cada progreso que logramos en nuestro mundo privado, mejora al mundo en general, para todos. Todos flotamos en el nivel colectivo de la conciencia de la humanidad, para que cualquier incremento que añadamos nos sea devuelto. Todos le sumamos alegría a nuestras vidas, por medio de los esfuerzos en beneficiarla. Es un hecho científico que lo que es bueno para mí, es bueno para ti". El doctor Hawkins respalda sus comentarios y conclusiones con 29 años de investigaciones exhaustivas, las cuales le invito a examinar. Voy a resumir brevemente, algunas de sus conclusiones y la manera como ellas se relacionan con el impacto que usted tiene en los demás, cuando está conectado a la intención.

En esencia, cada persona, así como cada grupo de personas, pueden ser calibrados en sus niveles de energía. Hablando en términos generales, las personas de baja energía no pueden distinguir la verdad de la falsedad. Se les puede decir cómo pensar, a quien odiar, a quien matar, y pueden ser llevados como un rebaño hacia una mentalidad de pensamiento grupal, basada en detalles triviales tales como el lado del río del cual nacieron, o lo que creían sus padres y abuelos, la forma de sus ojos, y cientos de factores más que tienen que ver con su apariencia, y con la identificación total con su mundo material. El doctor Hawkins nos dice que aproximadamente 87 por ciento de la humanidad, calibra en un nivel colectivo de energía que los debilita. Al subir de frecuencia en la escala de vibración, encontramos cada vez menos personas en cada uno de esos niveles. Los niveles más elevados están representados por personas realmente grandiosas, que dieron origen a los patrones espirituales que han seguido multitudes, a través de las épocas. Ellos, están asociados con la divinidad, y han puesto en movimiento los campos energéticos atractores, que influencian toda la humanidad.

Justo antes del nivel de energía de la iluminación pura, están los niveles de energía asociados con la experiencia, designada como la autorrealización, trascendencia o conciencia divina. Aquí es donde residen los llamados santos. Justo antes de este nivel, está el espacio de la alegría pura, y la característica de este estado es la compasión. Aquellos que logran este nivel, sienten más el deseo de usar su conciencia para el beneficio de la vida misma, más que para individuos particulares.

Por debajo de estos niveles supremamente elevados, a los cuales muy pocas personas logran llegar de forma permanente, están los niveles del amor incondicional, la bondad, la aceptación de todos, la apreciación de la belleza y en una forma más limitada, pero no menos profunda, los siete rostros de la intención descritos en los primeros capítulos de este libro. Bajo los niveles de energía que nos fortalecen, están los niveles de baja energía de la ira, el temor, el sufrimiento, la apatía, la culpa, el odio, la crítica y la vergüenza, — todos los cuales nos debilitan y nos impactan de manera que inhiben nuestra conexión, con el nivel de energía de la intención.

Lo que me gustaría que usted hiciera ahora, es que abra su corazón y su mente a lo que le voy a decir, mientras le presento algunas de las conclusiones del doctor Hawkins, de su segundo libro llamado The *Eye of the I (El ojo del yo)*. A través de sus pruebas kinesiológicas muy precisas de la verdad versus la falsedad, él ha calibrado la cantidad aproximada de personas, cuya energía está al nivel o por debajo del nivel que debilita. Me gustaría que considerara sus descubrimientos y conclusiones, relacionadas al impacto en la civilización. El doctor Hawkins sugiere, que es crucial para cada uno de nosotros, estar conscientes del significado de elevar nuestra frecuencia de vibración, al nivel en donde empieza a concordar con la energía de la Fuente universal, o en otras palabras, conectarnos con el poder de la intención.

Uno de los aspectos más fascinantes de esta investigación, es la idea del contrapeso. Las personas de energía elevada, contrarrestan el efecto negativo de las personas de energía baja. Pero esto no sucede en uno por uno, debido a ese 87 por ciento que está en las frecuencias debilitantes más bajas. Una persona conectada a la intención, tal como lo he descrito aquí en este libro, puede tener un impacto enorme en muchas personas, en los patrones de energía más bajos. Al ascender la escala, moviéndose hacia el ser de luz iluminado y conocedor de la conciencia divina, más energías vibrando negativamente, pueden ser contrarrestadas por usted. Aquí vemos algunas cifras fascinantes de las investigaciones del doctor Hawkins, para que las contemple mientras revisa el impacto que usted tiene en la humanidad, tan solo permaneciendo en los escalones más altos, de la escalera a la intención:

- *Un individuo que vive y vibra en la energía del optimismo, y en la voluntad de no criticar a los demás, contrarresta la negatividad de 90.000 individuos, que calibren en niveles más bajos debilitantes.*

- *Un individuo que viva y vibre en la energía del puro amor y de la reverencia por la vida, contrarresta la negatividad de 750.000 individuos, que calibren en niveles más bajos debilitantes.*

- *Un individuo que viva y vibre en la energía de la iluminación, el éxtasis y la paz infinita, contrarresta la negatividad de diez millones de personas, que calibren en niveles más bajos debilitantes (aproximadamente 22 sabios de este tipo viven hoy en día).*

- *Un individuo que viva y vibre en la energía de gracia, del espíritu puro más allá del cuerpo, en un mundo de no dualidad o de unidad total, contrarresta la negatividad de 70 millones de personas, que calibren en niveles más bajos debilitantes (aproximadamente 10 sabios de este tipo viven hoy en día).*

Aquí encontramos dos estadísticas impresionantes, ofrecidas por el doctor Hawkins en sus 29 años de estudios, sobre los determinantes ocultos de la conducta humana:

1. Un solo avatar viviendo en los niveles más avanzados de conciencia, en este periodo de la historia, a quien es apropiado

aplicarle el título de *Señor*, tal como el Señor Krishna, el Señor Buda y el Señor Jesucristo, podría contrarrestar la negatividad colectiva de *toda la humanidad*, en el mundo moderno.

2. La negatividad de toda la población humana la auto-destruiría, si no fuera por los efectos que contrarrestan esos campos elevados de energía.

Las implicaciones de estas cifras son inmensas, para descubrir formas de mejorar la conciencia humana, y elevarnos hacia donde estemos en concordancia con la misma energía de intención, de la cual nos originamos. Al elevar nuestra frecuencia de vibración ligeramente, donde usted practique con regularidad la bondad, el amor y la receptividad, y donde vea la belleza y el potencial ilimitado de bondad en los demás, así como en sí mismo, usted contrarresta a 90.000 personas, en algún lugar de este planeta, que estén viviendo en los niveles más bajos de energía, de la vergüenza, la ira, la culpa, el desespero, la depresión y similares.

No puedo dejar de pensar en la manera como John F. Kennedy, manejó la crisis de los misiles cubanos en los años sesenta. Estaba rodeado de consejeros que le urgían el uso de bombas nucleares, si era necesario. Sin embargo, su propia energía y la de unos cuantos colegas de confianza, que estaban convencidos del potencial hacia una resolución pacífica, sirvió para contrarrestar la vasta mayoría de aquellos que propugnaban por un ataque y una actitud belicosa. Una persona con una energía espiritual muy alta, colocó la posibilidad de la guerra en una categoría de último recurso. Esto es cierto, en su propia vida. Lleve la energía de la intención, en presencia del conflicto, aun en los asuntos familiares, y usted puede anular y convertir la energía antagonista más baja, con tan solo su presencia.

He hecho esto en un trasfondo hostil donde había jóvenes, bajo el efecto del alcohol y las drogas, cuadrándose para comenzar una pelea, mientras la multitud los incitaba. En una ocasión, caminé sencillamente entre dos combatientes potenciales, tarareando la canción: "Con seguridad la presencia de Dios está aquí en este lugar," y esa energía sola, logró suavizar la atmósfera, elevando el nivel de energía a la paz.

En otro caso, me acerqué a una mujer que estaba inmersa en una pelea con su hijo de dos años, en una tienda de alimentos, y le gritaba odiosos epítetos. Me moví con discreción, dentro de su campo de energía. No dije nada, solo irradié mi deseo de una energía elevada de amor, anulando la baja energía del odio. Considere la importancia, de darse cuenta del impacto que tiene en los demás, y recuerde, que al elevar su propio nivel de energía, al sitio donde está en armonía con la intención, usted se convierte en un instrumento, o un canal de paz. Esto funciona en todas partes, así es que, sea parte de esos seres que contrarrestan la negatividad humana, que usted encuentra en su vida.

### Cinco sugerencias para implementar las ideas propuestas en este capítulo

1. *Sea consciente de la importancia de convertir en divinas, todas sus relaciones.* La relación sagrada no se basa en ninguna religión. La relación sagrada hace énfasis en el desarrollo del Espíritu, en todo el mundo. Sus hijos son seres espirituales que han venido *a través suyo*, no *por* usted. Su relación amorosa puede enfocarse en desear para su compañero, lo que desea para usted. Si desea libertad, deséela para todos los que ama. Si desea abundancia, deséela primero para los demás. Si desea felicidad, deséela más para los demás y déjeselo saber. Mientras más sagradas sean sus relaciones en su núcleo, más podrá usted conectarse a la intención.

2. *Cuando surja una pregunta moral en relación a cómo debería actuar usted hacia los demás, sencillamente pregúntese, ¿Qué haría el Mesías?* Esta pregunta interna le devuelve la tranquilidad de la intención. El Mesías representa los siete rostros de la intención, manifestados todos en un ser espiritual, teniendo una experiencia humana. De esta manera, está honrando el Cristo que está en usted, así como en todos los demás. Practique desear para los demás lo que desea para

usted, siendo más como Cristo que como cristiano, más como Mahoma que como musulmán, y más como Buda que como budista.

3. *Esté al tanto de las críticas que usted dirige a los demás o a usted mismo.* Haga un esfuerzo consciente de cambiar hacia pensamientos y sentimientos de compasión. Ofrézcales una oración silenciosa a los mendigos, en vez de decir que son perezosos, o que son una carga económica para la sociedad. Sus pensamientos de compasión elevan su nivel de energía, y le facilitan que permanezca conectado a la intención. Sea compasivo hacia todas las personas que conozca, hacia toda la humanidad, hacia todo el reino animal, nuestro planeta y el cosmos. En retorno, la Fuente universal de toda la vida, le otorgará a usted compasión, ayudándolo a manifestar su propia intención individual. Es la ley de la atracción. Envíe compasión y atráigala de vuelta, envíe hostilidad y juicios, y atráigalos de vuelta. Observe sus pensamientos, y cuando no sean compasivos, ¡cámbielos!

4. *Lo que los demás deseen, deséelo para ellos, tan fuertemente, que disperse esta energía hacia fuera y actúe desde este nivel de conciencia espiritual.* Trate de sentir lo que haría felices y realizados a los demás. Luego, envíe esta energía elevada de la intención a ese sentimiento, y concéntrese en proyectar esa energía hacia fuera, en particular, cuando esté en presencia de ellos. Esto los ayudará a crear un campo elevado al doble de tales intenciones, para que se manifiesten.

5. *Esté siempre alerta al hecho de que tan solo pensar y sentir en armonía con los siete rostros de la intención, usted va a contrarrestar la negatividad colectiva de por lo menos 90.000 personas, y tal vez millones.* No hay que hacer nada más. No hay que convertir a nadie. No hay metas que cumplir. Tan solo elevar su propio nivel de energía hacia las frecuencias de la creatividad, el amor, la bondad, la belleza, la expansión permanente, la abundancia ilimitada, y la receptividad de

todo, sin juicio. Estas actitudes internas elevarán su nivel, para que su presencia impacte a la humanidad, en una manera positiva. En *Autobiografía de un Yoghi,* Swami Sri Yukteswar le dice a Paramahansa Yogananda: "Mientras más profunda sea la realización personal de un hombre, mayor influencia tendrá en todo el universo por sus sutiles vibraciones espirituales, y menos será afectado por el flujo descomunal." Usted tiene la responsabilidad, hacia toda la familia humana, de permanecer conectado a la intención. En caso contrario, ¡usted podría estar causando una depresión en alguien en Bulgaria, en este momento!

\* \* \*

Con estas palabras, Mahatma Gandhi resume este capítulo sobre cómo podemos impactar el mundo, permaneciendo conectados con aquello para lo que fuimos creados en primer lugar: "Debemos ser el cambio que deseamos ver en el mundo." Al serlo, nos conectamos a la parte eterna de nosotros que origina el infinito. Esta idea del infinito, de involucrarse profundamente en la manera como afecta su habilidad para conocer y emplear el poder de la intención, es inmensamente misteriosa. Es el tema del capítulo final, de la primera parte de este libro. Exploraremos el infinito, desde un cuerpo y una mente que comienza y termina en el tiempo, aunque de alguna manera sabe que el *yo* que está ahí, siempre ha sido y siempre será.

❦ \* ❦ \* ❦

# CAPÍTULO SEIS

# INTENCIÓN
# E
# INFINITO

*"La eternidad no está en el más allá. . . está en el ahora.
Si no la tienes ahora, no la tendrás nunca."*

— Joseph Campbell

Por favor, permítame sugerirle que realice un pequeño ejercicio donde esté, y ahora mismo. Deje la lectura de este libro y diga la siguiente frase en voz alta: *Yo no soy de aquí.* Deje que el significado de este enunciado quede claro para usted. Lo que quieren decir estas palabras es que usted está *en* este mundo, pero no es *de* este mundo. Se le ha enseñado que usted es un cuerpo con su nombre, constituido por moléculas, huesos, tejidos, oxígeno, hidrógeno y nitrógeno. Usted se conoce como la persona que tiene un nombre en particular, y se identifica como la persona con las posesiones y los logros que ha acumulado. Este *yo interior* también posee alguna información aterradora. Sabe que *si tiene suerte*, está destinado a envejecer, enfermarse y perder todo lo que ha aprendido a amar. Luego morirá. Esta es una versión corta de lo que el mundo le ha ofrecido, lo cual lo deja casi seguro, desconcertado y sobrecogido, ante el absurdo de esta cosa llamada vida. En este cuadro poco prometedor, el cual le inspira miedo y terror, me gustaría presentarle un concepto que eliminará el terror. Quiero que usted sepa que no tiene que atenerse a la idea de que es tan solo esa colección de huesos y tejidos, destinado a ser aniquilado en el proceso del envejecimiento.

Usted ha surgido de un campo universal de la Creación, al cual he estado llamando *intención*. En cierto sentido, esta mente universal es totalmente impersonal. Es amor puro, afecto, belleza y creatividad, siempre en expansión, y con abundancia ilimitada. Usted surgió de esta mente universal. Y como le he venido diciendo, *universal quiere decir que está en todas partes y en todo momento*. En otras palabras, *infinito*. Siempre y cuando sus deseos estén alineados con el movimiento hacia delante de este principio perpetuo, no hay nada en la naturaleza que lo restrinja para lograr cumplir esos deseos. Es solo cuando opta por dejar que el ego se oponga al movimiento hacia delante, siempre en expansión y receptivo de la mente infinita de la intención, que la realización de sus deseos no se puede cumplir. La vida por sí misma es eterna, y usted brota de esta *no cosa* infinita llamada vida. Su habilidad para conectarse a la eternidad, y vivir en el aquí y en el ahora, determinará si permanece o no conectado a la intención.

### La vida es eterna

Todos vivimos en una fase donde se juntan muchos infinitos. Esta noche tan solo eche una mirada al exterior y contemple el espacio infinito. Hay estrellas tan distantes de nosotros que se miden en la distancia que viaja la luz en un año terrenal. Más allá de esas estrellas que usted puede ver, hay infinidad de galaxias, que llegan hasta lo que llamamos eternidad. De hecho, el espacio que usted ocupa es infinito. Su vastedad es demasiado extensa, para que la podamos ver. Estamos en un universo infinito, sin final y sin comienzo.

Ahora, ponga mucha atención a la siguiente frase. *Si la vida es infinita, entonces esto no es vida.* Lea esta frase de nuevo, y considere que la vida es en verdad infinita. Podemos apreciar esto en todo lo que observamos escrupulosamente. Por consiguiente, debemos concluir que la vida, en términos de nuestro cuerpo, y de todos sus logros y posesiones, la cual comienza y termina en polvo, no es vida de por sí. Capturar el sentido de la verdadera esencia de la vida, podría cambiar para bien *su vida* de manera radical. Este es un giro interno y enorme, que elimina el miedo a la muerte (¿cómo puede temerle a algo que no existe?) y lo conecta permanentemente con la Fuente infinita de la Creación, que *determina* todo desde el mundo del Espíritu infinito, hacia un mundo finito. Aprenda a familiarizarse con el concepto de infinidad, y considérese a sí mismo como un ser infinito.

Mientras estamos en este mundo finito de comienzos y finales, el poder de la intención mantiene su naturaleza infinita, porque es eterno. Todo lo que experimente, que no sea eterno, simplemente no es vida. Es una ilusión creada por su ego, el cual lucha por mantener una dirección, y una identidad separadas de su Fuente infinita. Este giro hacia verse como un ser espiritual infinito, teniendo una experiencia humana, en vez de lo opuesto, o sea, un ser humano teniendo a veces experiencias espirituales, está cargado de miedo para la mayoría de las personas. Le pido que observe estos miedos, y los enfrente ahora mismo directamente; el resultado será una conexión permanente a la abundancia, y a la receptividad de la Fuente universal, que ha determinado toda la creación, en forma temporal.

## Su miedo al infinito

Todos estamos dentro de cuerpos que van a morir. Todos lo sabemos, sin embargo, no podemos imaginarlo (para *nosotros mismos),* así es que actuamos como si no fuera cierto. Es como si dijéramos, *Todo el mundo muere, menos yo.* Esto es atribuible a lo que Freud observó. Nuestra muerte es inimaginable, por eso, sencillamente, la negamos, y, por el terror que esta nos infunde, vivimos como si no fuéramos a morir. Mientras escribo este capítulo, le decía a un amigo, que mi meta era dejar en el lector la ausencia total del miedo a la muerte. Dígame si esta lectura lo impacta de esa manera, aun en un grado leve.

Cuando tenía siete años, vivía con mi hermano mayor, David, en una casa de custodia del gobierno, mi dirección era 231 Town-hall Road, en la ciudad de Mt. Clemens, del estado de Michigan. Las personas que nos cuidaban, mientras mi madre trabajaba para reunir a su familia, se llamaban el señor y la señora Scarf. Recuerdo todo esto como si hubiera ocurrido ayer. David y yo estábamos sentados en el pórtico de la parte trasera de nuestra casa, y la señora Scarf salió con dos bananos en sus manos, y con lágrimas en sus mejillas. Nos dio un banano a cada uno diciendo, "El señor Scarf murió esta mañana." Era la primera vez que experimentaba el concepto de la muerte conectada a un ser humano. En mi ingenuidad propia de los siete años, le pregunté, tratando de aliviar su evidente dolor, "¿Cuándo estará de regreso?" La señora Scarf respondió con una palabra que nunca he olvidado: "Nunca", dijo solamente.

Me fui al segundo piso, a mi cama camarote, pelé mi banano, y me quedé ahí tratando de comprender el concepto de *nunca*. ¿Qué significa realmente, morir para siempre? Hubiera podido concebir mil años, o aun mil millones de años luz, pero la idea de *nunca* me seguía pareciendo tan arrolladora, con su no final, y más aún, que casi me enfermo del estómago. ¿Qué hice para manejar esta idea tan incomprensible de nunca? Muy sencillo, lo olvidé y seguí mi vida normal de un niño de siete años, en un hogar de custodia. Esto es lo que Castaneda quiso decir cuando afirmó que todos estamos en un cuerpo camino a la muerte, pero que nos comportamos como si no fuera así, y ésta es nuestra mayor perdición.

**Su propia muerte.** En esencia: hay dos puntos de vista con relación al dilema de nuestra propia muerte. El primero dice que somos cuerpos físicos que nacemos y vivimos por un tiempo determinado; luego, eventualmente, nos deterioramos; nuestra carne se desgasta, y morimos, y permanecemos muertos para siempre. La primera perspectiva, si usted la adopta de forma consciente o inconsciente, es aterradora, desde nuestro punto de vista de seres vivos. A menos que adopte el segundo punto de vista, su miedo a la muerte es totalmente comprensible. O puede darle la bienvenida, si es que odia la vida o le teme. El segundo punto de vista dice sencillamente que usted es eterno, un alma infinita en una expresión temporal de carne. Esta segunda perspectiva dice que solamente nuestro cuerpo físico muere, que usted estaba completo y perfecto tal como fue creado, y que sus cualidades físicas surgen de la mente universal de la intención. Esa mente universal era, y es amorfa, es la energía pura del amor, la belleza, la bondad y la creatividad, y no puede morir, ya que no hay formas involucradas, ni muerte, ni fronteras, ni deterioro, ni carne, ni posibilidades de desgaste.

Ahora bien, ¿cuál de estos dos puntos de vista le ofrece mayor sosiego? ¿Cuál está asociado con la paz y el amor? ¿Cuál invoca miedo y ansiedad? Es obvio que la idea de su ser interior infinito, lo mantiene en términos amistosos con la infinidad. Saber que usted es ante todo un ser infinito conectado de manera consciente con su Fuente, la cual es eterna y omnipresente, es con toda seguridad el prospecto más reconfortante. Debido a su naturaleza infinita, está en todas partes, y por lo tanto, el Espíritu debe estar presente en cada punto del espacio al mismo momento.

Por esta razón, el Espíritu está presente en su totalidad, en todas partes, incluyéndolo a usted. Usted nunca puede estar separado de él. Aprenderá a reír ante la absurda idea de que pudiera estar separado de la mente universal. Es su Fuente. Usted es ella. Dios es la mente a través de la cual usted piensa y existe. Está siempre conectado a usted, aunque no lo crea. Hasta un ateo, quien niega la existencia de Dios, puede experimentar a Dios. La cuestión entonces no es, si su cuerpo va a morir o no, sino más bien, en qué parte del infinito desea vivir. Por lo tanto, tiene dos opciones: decidir vivir en el lado *inactivo* o en *el lado activo del infinito*. En cualquiera de los dos casos, usted tiene una cita con el infinito, y no hay manera de evitarlo.

**Su cita con el infinito.** Lea de nuevo la cita de Joseph Campbell al principio de este capítulo. ¡La eternidad es ahora! Ahora mismo, aquí mismo, usted es un ser infinito. Una vez que supere el miedo a la muerte, como supuesto final, usted se funde con el infinito, y siente el alivio, y el consuelo que brinda este conocimiento. Nos identificamos con todas las cosas en este mundo material, a través de un continuo espacio tiempo. Sin embargo, el infinito no tiene preferencia por el tiempo o el espacio. Usted no es los elementos que componen su cuerpo, sino que tan solo hace uso de esos elementos. Va más allá del espacio y del tiempo, fundiéndose con la mente universal infinita. Si no lo ha reconocido, es por miedo. Usted puede mantener su cita con el infinito, mientras se encuentra en su cuerpo temporal, con su adherencia servil al tiempo y al espacio. Mi objetivo en este capítulo es ayudarlo a darse cuenta de esto, y lograr en usted fundirse con la mente universal infinita. Le aseguro que vivirá la vida sin temor a la muerte.

Demos una mirada a los dos elementos de la prisión del espacio tiempo, en la cual encontramos nuestros cuerpos materiales y todos sus tesoros. El factor del espacio quiere decir que todos experimentamos la separación de los demás, y de todas las cosas. Este es *mi espacio,* tal como lo definen mis fronteras; aquellos son *sus* espacios. Aun su alma gemela más querida, vive en un mundo separado del suyo. No importa qué tan cerca se encuentren en el espacio, las fronteras están separadas. En el espacio, siempre estamos separados. Tratar de imaginar un mundo infinito, sin espacio y separación, es en extremo difícil, hasta que hacemos nuestra cita con el infinito.

El tiempo también es un factor de separación. Estamos separados de todos los eventos, y las memorias de nuestro pasado. Todo lo que ha sucedido, está separado de lo que está sucediendo ahora. El futuro también está separado, del aquí y del ahora, que estamos viviendo. No podemos saber el futuro, el pasado se ha perdido para nosotros. Por consiguiente, estamos separados de todo lo que fue o será, por una misteriosa ilusión que llamamos tiempo.

Cuando nuestra alma infinita deja el cuerpo, ya no está sujeta a las restricciones del tiempo y del espacio. La separación ya no puede interferir con usted. Así es que la pregunta que le hago, no es si cree o no que tiene una cita con el infinito, es cuándo va a concretar esa cita inevitable. Puede hacerlo mientras está vivo en su cuerpo, en la ilusión del tiempo y del espacio, o puede hacerlo cuando muera. Si decide hacer su cita con el infinito mientras está vivo y respira, es como aprender a morir mientras está vivo. Una vez que ha hecho esta transición al lado activo del infinito, su miedo a la muerte se disuelve, y usted se ríe ante la locura de la muerte.

Comprenda su verdadera esencia, mire a la muerte frente a frente, y rompa las cadenas de la esclavitud a ese miedo. *Usted* no muere. Proclámelo. Medítelo. Mírelo desde este ángulo: *Si usted no es un ser infinito, ¿cuál sería el propósito de su vida?* Con seguridad que no es nacer, trabajar, acumular, perderlo todo, enfermarse y morir. Al despertarse a su esencia infinita, y permanecer en contacto con los siete rostros de la intención, comienza a liberarse de las limitaciones que su ego ha colocado en usted. Pone en movimiento la guía y la asistencia de la mente universal infinita, para que trabaje con usted. Y por encima de todo, siente la paz que lo impregna cuando expele el miedo a la muerte y a la mortalidad. Me siento impactado con las historias de los grandes maestros espirituales que han dejado este plano terrestre sin miedo alguno, y en éxtasis. Ellos borraron toda duda, liberaron todos los miedos y se encontraron con la infinidad, frente a frente, y en la gracia. Aquí encontramos las palabras finales de unas cuantas de las personas que he admirado por mucho tiempo:

> *Ha llegado la hora que tanto he anhelado.*
> — Teresa de Ávila

> *Seamos más amables los unos a los otros.*
> — Aldous Huxley

> *Si esto es la muerte, es más fácil que la vida.*
> — Robert Louis Stevenson

> *¡Esto es lo último en la tierra! Estoy contento.*
> — John Quincy Adams

> *En el cielo voy a poder oír.*
> — Ludwig van Beethoven

*Luz, luz, el mundo necesita más luz.*
— Johann Wolfgang von Goethe

*Voy a ese país que toda mi vida anhelé ver.*
— William Blake

*Es muy hermoso por allá.*
— Thomas Edison

*Ram, Ram, Ram* [Dios, Dios, Dios].
— Mahatma Gandhi

¿Por qué no escribe ahora sus propias palabras finales, y hace su transición hacia un ser infinito, mientras todavía ocupa su cuerpo? Considere su cita con el infinito y mire la forma como la mayoría de nosotros vivimos nuestras vidas. Sabemos que estamos en un *cuerpo* que va a morir, pero nos comportamos como si no fuera a sucedernos. Este punto de vista es del lado inactivo del infinito, donde no vemos nuestra conexión a la intención, y nuestra habilidad de permanecer en armonía con nuestro espíritu creativo. Examinemos la diferencia esencial entre realizar su cita con el infinito, ahora, o en el momento de su muerte. En un caso, está en el lado activo del infinito, y en el otro, lo evita, estando en el lado inactivo.

### El lado activo versus el lado inactivo del infinito

En el lado activo del infinito, está totalmente al tanto de que usted está en un cuerpo que va a morir. Más aun, su conocimiento interior es, que usted no es ese cuerpo, su mente o sus logros y posesiones. En este lado activo del infinito, está agarrado con firmeza a las correas del tranvía descrito con anterioridad, que lo conecta a la intención, y usted es un observador de todas sus experiencias sensoriales. Puede que esto no suene como algo trascendental; sin embargo, le aseguro, que una vez que usted mueve su percepción interna hacia el lado activo del infinito, comienza a notar sucesos milagrosos en su vida diaria. En este lado activo del infinito, usted es primero y antes que todo, un ser espiritual infinito, teniendo una experiencia humana temporal, y vive toda su vida y sus relaciones desde esta perspectiva. En el lado inactivo del infinito, su experiencia de la vida es exactamente lo opuesto. Aquí, usted es primero y antes que todo un ser humano que tiene experiencias espirituales ocasionales. Su vida es guiada por el miedo a la muerte, la separación de los demás, un estilo competitivo, y la necesidad de dominar y de ser un ganador. El lado inactivo del infinito, lo separa del poder de la intención.

Aquí vemos algunas distinciones entre aquellos que están en el lado activo del infinito, y aquellos que niegan su naturaleza eterna, y optan por el lado inactivo del infinito:

**Un sentimiento de destino.** En el lado activo del infinito, su conexión con la intención no se verá como una opción, sino como una llamada que tiene que atender. El lado inactivo del infinito lo lleva a ver la vida como caótica, sin sentido y sin propósito, mientras que su posición en el lado activo del infinito, lo lleva a cumplir un destino que siente muy dentro de usted.

Cuando miro mi vida hacia atrás, me doy cuenta de que mi sentido del destino estaba dirigiéndome desde temprana edad. Desde que era un niño, he sabido que podía manifestar la abundancia en mi vida. Mientras estaba en la secundaria y en la universidad, donde me aburría hasta la muerte escuchando profesores que, en sus lúgubres presentaciones, transmitían su falta de pasión, soñaba con hablar ante grandes audiencias. Me juré en esos días de juventud, que viviría mi pasión, y de alguna manera sabía que estaba aquí por una razón. No podía seguir permitiendo, que nada ni nadie, me estorbara en mi camino. Siempre he sentido que soy un alma infinita, disfrazada en varias ocasiones como esposo, padre, escritor, conferencista, y hombre estadounidense, que mide más de un metro noventa. Como vivo en el lado activo del infinito, tengo un sentido del destino, que no permite que me muera sin haber antes expresado todo lo que tengo dentro de mí.

Usted puede tomar el mismo tipo de decisiones. Tan solo olvídese de la idea de que es un cuerpo destinado a morir, y más bien, busque la conciencia de su ser interior inmortal. En el lado activo del infinito, usted encontrará su yo interior grandioso, del cual una pequeña parte se ha materializado como es su cuerpo. Le garantizo, que tan solo reconociéndose como un ser infinito, y por lo tanto indestructible, su conexión a la intención, y la habilidad de manifestar todo lo que desea dentro de los confines de su Fuente universal, se volverá realidad. No puede ser de otra manera.

Su sentido del destino le deja saber, que usted está practicando este juego de la vida desde el lado activo del infinito. Antes de acceder a su sentido del destino, su motivación era lo que deseaba de la vida y lo que desearía hacer. En el lado activo del infinito, se da cuenta de que es hora de hacer lo que su destino tiene preparado para que usted haga. Divagar por ahí esperando que las cosas funcionen, esperar que cambie su suerte, y que los demás hagan las cosas por usted, ya no se siente bien. Su sentido del destino le permite darse cuenta de que *Yo soy eterno, y eso quiere decir que he surgido de la infinitud de la intención espiritual, para cumplir con un destino que debo llevar a cabo.* Usted comienza a declarar sus objetivos en el lenguaje de la intención, sabiendo que ellos se materializarán. Emplea el poder de la intención para mantenerlo en su camino. No puede fallar porque en el infinito, no hay errores.

Este poema del siglo XIII puede inspirarlo a saber que usted tiene *su* destino:

*Naciste con potencial.*
*Naciste con bondad y confianza.*
*Naciste con ideales y sueños.*
*Naciste con grandeza.*
*Naciste con alas.*
*No estás supuesto a arrastrarte, entonces no lo hagas.*
*Tienes alas.*
*Aprende a usarlas y vuela.*

— Rumi

Si Rumi hubiera escrito este poema del lado inactivo del infinito, sus palabras hubieran sido más como las siguientes.

*Eres un accidente de la naturaleza.*
*Estás sujeto a las leyes de la suerte y el azar.*
*Puedes ser oprimido fácilmente.*
*Tus sueños no tienen sentido.*
*Naciste para una vida ordinaria.*
*No tienes alas.*
*Así es que olvídate de volar y quédate firme en la tierra.*

**Un sentimiento de posibilidad.** La creación actúa basada en la eterna *posibilidad* de que todo lo que se piensa, puede ser. Considere algunos de los numerosos inventos más grandiosos, las cosas que consideramos normales hoy en día: aviones, bombillos eléctricos, teléfonos, televisiones, facsímiles, computadoras. Todos son el resultado de ideas creativas de individuos que ignoraron el ridículo que tendrían que enfrentar, mientras se mantenían enfocados en lo posible, en vez de lo imposible. En otras palabras, un sentimiento de lo posible crece en el fértil terreno del lado activo del infinito.

Tengo aquí en mi espacio de escritura, las maravillosas historias de cuatro niños que se rehusaron a aceptar la palabra *imposible* en sus corazones. Eddie nació sin manos ni pies. A la edad de cinco años, fue a Sudáfrica y vio una montaña que quería escalar; la escaló en tres horas. A la edad de trece años, decidió que quería tocar un trombón. No vio ninguna razón para no lograr lo que había decidido hacer. Vive del lado activo del infinito, consultando ese mundo de posibilidades infinitas.

Abby estaba desesperadamente enferma y necesitaba un transplante de corazón. Cuando vio llorar a su madre, le dijo, "No llores mami, me voy a mejorar." A las once de la mañana, un corazón apareció como de milagro, y Abby *está* mejor. La intención de Abby vino de ese mundo de posibilidades infinitas. Es en el lado activo del infinito donde se manifiestan las intenciones.

Stephanie tenía cinco años cuando le dio meningitis, y tuvieron que amputarle las dos piernas. Hoy, a los doce años, monta en su propia bicicleta, y tiene sueños que van más allá de los sueños de la mayoría de los adolescentes, que tienen sus dos piernas. Su lema es: *Impúlsate hasta el límite.*

Después de dos cirugías de corazón, cuando era una niña que apenas empezaba a caminar, los doctores les dijeron a los padres de la pequeña Frankie, que no había nada más que ellos pudieran hacer por ella. Frankie vivía sola porque estaba conectada a una máquina de soporte vital. Cuando recomendaron a sus padres que apagaran la máquina, porque Frankie no podría sobrevivir y solo sufriría, ellos finalmente lo hicieron. Y Frankie sobrevivió. Ella estaba de alguna manera, en el lado activo del mundo de las posibilidades infinitas. La leyenda bajo su fotografía lo dice todo: *Ustedes no pensaban que podrían deshacerse de mí con tanta facilidad, ¿no es cierto?*

El poder de la intención, trata de permanecer en el lado activo de las posibilidades infinitas. Se dice que George Bernard Shaw, quien seguía creando a sus noventa y tantos años, decía, "Ustedes ven las cosas como son, y dicen, '¿Por qué?' Pero yo veo cosas que nunca existieron, y digo '¿Por qué no?'" Piense en las palabras de Shaw, mientras practica estar en el lado activo del infinito, y vea las posibilidades infinitas que están disponibles para todos nosotros.

**Un sentimiento de asombro.** Usted tiene que admitir que tan solo el concepto del infinito es sorprendente. No hay comienzos. Ni finales. En todas partes al mismo tiempo. No hay tiempo. Y todo es aquí y ahora. El hecho de que sea parte de este universo infinito, y de que afloró en lo finito, es asombroso. Desafía la descripción. El lado activo del infinito, inspira un sentimiento de asombro. Cuando usted está en un estado de asombro, persiste en un estado de gratitud. Tal vez, el camino más seguro hacia la felicidad y la realización de su vida, es agradecer y alabar a su Fuente por *todo* lo que le sucede. Entonces, aun cuando surge una calamidad, puede estar seguro de que se convertirá en una bendición.

En el lado inactivo del infinito, usted asume que solo está ahí de forma temporal, y por lo tanto, no tiene obligaciones con el universo, con el planeta o sus habitantes. Al negar su naturaleza infinita, pasa por la vida asumiendo los milagros diarios como algo normal. Al familiarizarse con su naturaleza eterna, tiene un punto de vista muy diferente. Usted está en un estado persistente de gratitud, por todo lo que se manifiesta. Este estado es el secreto para realizar sus propias intenciones humanas individuales, y sin él, todos sus esfuerzos más sinceros equivaldrán a cero.

En realidad, estar en un estado de gratitud crea magnetismo, y por supuesto, un imán atrae las cosas hacia él. Al dar las gracias con autenticidad por todo lo bueno que tiene, así como por los desafíos, a través de este magnetismo, usted comienza a fluir más de las cosas buenas en su vida. Cada persona exitosa que conozco, está agradecida por *todo* lo que tiene. Este proceso de dar las gracias, abre las puertas para que llegue más. Así funciona estar en el infinito activo. Su sentimiento de asombro, ante todos los milagros que ve a su alrededor, le permite pensar, ver y vivir más de esos sucesos milagrosos. En contraste, un estado de ingratitud detiene el flujo de abundancia y salud. Las puertas se cierran.

**Un sentimiento de humildad.** El lado activo del infinito fomenta un sentimiento de humildad. Cuando la humildad entra en su alma, usted sabe que no está solo en este mundo, porque siente el corazón del poder de la intención, el cual está en cada uno de nosotros. Para citar el Talmud, "Aun si usted es por lo demás perfecto, fracasará sin humildad." Cuando adopta el lado activo del infinito, está viendo algo tan enorme, que en el proceso, su pequeño ego se minimiza. Está viendo hacia fuera *por siempre*, y su pequeña vida solo es un pequeño paréntesis en la eternidad.

Una de las razones de tanta depresión y tedio en estos tiempos, es la incapacidad de vernos conectados a algo más grande y más importante, que nuestros propios egos insignificantes. Los jóvenes que se enfocan principalmente en sus posesiones, su apariencia y su reputación ante sus compañeros, en breve, en sus propios egos, tienen muy poco sentimiento de humildad. Cuando la única cosa en que tiene que pensar es en usted mismo, y en la manera en que se muestra ante los demás, se aleja del poder de la intención. Si quiere sentirse conectado con su propio propósito, sepa con seguridad que: *Solo encontrará su propósito en el servicio a los demás, y en estar conectado a algo más grande que su cuerpo, su mente y su ego.*

Siempre les digo a mis clientes jóvenes en terapia, que están desesperados por la aprobación de sus compañeros, que mientras más busquen su aprobación, más los rechazarán, porque nadie quiere estar cerca de aquellos que imploran ser aprobados. Las personas que reciben mayor aprobación, están totalmente despreocupadas por obtenerla. Entonces, si en verdad desea aprobación, deje de pensar en usted, y enfóquese en ayudar a los demás. El lado activo del infinito, lo mantiene humilde. El lado inactivo del infinito, lo mantiene enfocado en yo, yo, yo, y en última instancia, es un obstáculo en su conexión a la intención.

Wilhelm Stekel hizo un notable comentario sobre la importancia de la humildad (el cual fue citado por J. D. Salinger en *El guardián entre el centeno*). Stekel escribió: "Lo que distingue al hombre sensato del insensato, es que el primero ansía morir orgullosamente por una causa, mientras que el segundo, aspira a vivir humildemente por ella."

**Un sentimiento de generosidad.** Si se hiciera la pregunta, *¿Por qué nos proporcionas luz y calor?*, creo que el sol contestaría: Hacerlo *es mi naturaleza*. Debemos ser como el sol: hallar y otorgar nuestra propia naturaleza. Cuando usted está del lado activo del infinito, su naturaleza es dar.

Mientras más dé de sí mismo, no importa qué tan poco, más se abrirá la puerta para que entre la vida. Esto no solo compensa sus ofrendas, sino que también incrementa el deseo de dar y, por consiguiente, también la habilidad de recibir. Cuando está del lado inactivo del infinito, usted ve la vida en términos de carencias, y acumular se convierte en su medio de vida. La generosidad, así como la inclinación hacia el logro de sus intenciones, se pierde cuando piensa en esos términos. Si usted no puede ver un universo infinito, con infinitas provisiones, y un tiempo infinito y una Fuente infinita, se sentirá inclinado a acumular y a ser mezquino. El poder de la intención se experimenta, paradójicamente, a través de lo que está dispuesto a darle a los demás. La intención es un campo de energía, del cual emana una fuente infinita. ¿Qué puede dar si no tiene dinero? Me encanta la sugerencia de Swami Sivananda, y lo exhorto para que la considere en este momento. Todo lo que él sugiere, usted lo posee en cantidades infinitas.

*Lo mejor que le puedes dar*
*a tu enemigo es, perdón;*
*a un adversario, tolerancia;*
*a un amigo, tu corazón;*
*a tu hijo, un buen ejemplo;*
*a tu padre, veneración;*
*a tu madre, una conducta que la haga sentirse orgullosa de ti;*
*a ti mismo, respeto;*
*a todos los hombres, caridad.*

Haga del dar, su forma de vida. Esto es, después de todo, lo que la Fuente y la naturaleza hacen eternamente. He escuchado decir de la naturaleza, que los árboles se doblan con las frutas maduras; que las nubes se bajan con el peso de la lluvia; que los hombres nobles se inclinan con gracia. Esta es la manera de actuar de la generosidad.

**Un sentimiento de sabiduría.** Su Fuente infinita de intención no tiene dudas. Sabe y actúa en consecuencia, según su sabiduría. Esto es lo que le sucederá, cuando viva del lado activo del infinito. Todas las dudas se alejarán de su corazón, para siempre. Como un ser infinito, en una forma temporal humana, usted se identificará principalmente con su naturaleza espiritual.

Este sentimiento de sabiduría, que proviene del lado activo del infinito, significa que ya no piensa en términos limitantes. *Usted* es la Fuente. La Fuente es ilimitada. No sabe de fronteras; se expande sin cesar, y es eternamente abundante. Esto es lo que usted es también. Descartar la duda es una decisión para reconectarse con su ser original. Esto es típico de las personas que viven sus vidas actualizándose constantemente. Ellos piensan que no hay límites, todo es infinito. Una de las cualidades del pensamiento ilimitado, es la habilidad de pensar y actuar como si lo que desearan tener ya hubiera sucedido. Este es otro de mis diez secretos para conseguir el éxito y la paz interior, del libro del mismo título. El poder de la intención adolece tanto de dudas, que cuando usted está conectado a él, su sentimiento de sabiduría ve lo que desea tener como ya existente. No hay opiniones contrarias de ningún tipo.

Esta es mi sugerencia, para que tenga acceso al poder de la intención: Permanezca del lado activo del infinito, donde toda la energía de la creación existe en forma ilimitada. Sueñe con lo que desea tener y ser de noche y de día, y esos sueños van a interpretar sus intenciones. No deje que entre la duda en sus sueños e intenciones. Los soñadores son los salvadores del mundo. Así como el mundo visible es sostenido por el invisible, así también las manifestaciones del hombre, encuentran alimento en las visiones de los soñadores solitarios. Sea uno de esos soñadores.

**Un sentimiento de pasión.** Los griegos nos han legado una de las palabras más bellas de nuestro lenguaje: *entusiasmo*. La palabra *entusiasmo* quiere decir "un dios interno." Dentro de usted hay un alma de pasión infinita que desea expresarse. Es el Dios interno que le implora, que logre percibir el sentimiento profundo de lo que usted está designado a ser. Todos nuestros actos se miden por la inspiración de la cual se originaron. Cuando sus actos reflejan los rostros de la intención, ellos emanan de un Dios que reside en su interior. Esto es el entusiasmo. Cuando usted emula el poder de la intención, ahí es cuando siente la pasión que fue destinado a sentir y a vivir.

La belleza de sentirse apasionado y entusiasmado, es el sentimiento glorioso de alegría y buen humor que llega al mismo tiempo. Nada me brinda más alegría que sentarme aquí y escribirles desde mi corazón. Me permito, con entusiasmo, que estas enseñanzas vengan a través de mí, desde la Fuente de toda la intención, la mente universal de toda la creatividad. En palabras sencillas, me siento bien, estoy de buen humor, y mi inspiración me llena de alegría. Si usted quiere sentirse bien, mire el espejo y dígale a su imagen, *Yo soy eterno, esta imagen se desvanecerá, pero yo soy infinito. Estoy aquí temporalmente por una razón. Haré todo apasionadamente.* Entonces, advierta cómo se siente mientras mira fijamente su reflejo. Sentirse alegre es un beneficio lateral maravilloso del entusiasmo. Viene de estar en el lado activo del infinito, donde no hay absolutamente nada que nos haga sentir mal.

**Un sentimiento de pertenencia.** En un mundo que perdura para siempre, usted ¡definitivamente quiere pertenecer a él! El lado activo del infinito inspira no solo un fuerte sentimiento de pertenencia, sino también un fuerte sentimiento de conexión con todos y todo en el cosmos. Es imposible que usted no pertenezca a él, porque tan solo su presencia aquí es evidencia de que hay una Fuente universal divina, que tuvo la intención de crearlo. Sin embargo, cuando usted vive en el lado inactivo del infinito, se siente alienado de los demás. Su idea de que todo esto es temporal y de que no es parte de la perfección infinita de Dios, lo conduce a dudar de usted mismo, a la ansiedad, el autorrechazo, la depresión y tantas otras de esas energías bajas, de las cuales he estado hablando a lo largo de este libro. Todo lo que se necesita es cambiar a la conciencia infinita, para dejar ese sentimiento de miseria. Tal como Sivananda le enseñó a sus devotos:

*Toda la vida es una. El mundo es un solo hogar.*
*Todos somos miembros de una familia humana.*
*Toda la creación es un todo orgánico.*
*Ningún hombre es independiente de este todo.*
*El hombre se vuelve por sí mismo miserable al separarse*
*de los demás. La separación es la muerte.*
*La unidad es la vida eterna.*

\* \* \*

Esto concluye mis ideas sobre el lado activo y el lado inactivo del infinito. Le pido que recuerde cada día, tan frecuentemente como le sea posible, su naturaleza infinita. Puede sonar como un simple giro intelectual de pocas consecuencias, pero le aseguro, que permanecer del lado activo del infinito y recordarlo con regularidad, lo colocará en la posición para manifestar sus deseos. De todas las citas que he leído sobre este tema, sobresale esta observación de William Blake: "Si se purificaran las puertas de la percepción, todas las cosas aparecerían ante el hombre como son: infinitas." Recuerde, estamos tratando de purificar el eslabón que nos conecta con el campo de la intención.

## Cinco sugerencias para implementar
## las ideas en este capítulo

1. *Como usted ya sabe que tiene una cita con el infinito y que usted dejará eventualmente este mundo físico, tome la decisión de hacerlo más pronto, en vez de más tarde.* De hecho hoy, ahora mismo, es el momento perfecto para llevar a cabo esa cita, y salir de eso de una vez por todas. Haga este sencillo anuncio, *No me vuelvo a identificar con este cuerpo ni con esta mente, y rechazo esta etiqueta a partir de este momento. Soy el infinito. Soy uno con toda la humanidad. Soy uno con mi Fuente, y así es como decido verme de hoy en adelante.*

2. *Repita este mantra cada día, mientras recuerda que Dios no querría ni podría crear algo que no dure para siempre: Existiré por toda la eternidad. Así como el amor es eterno, así es mi verdadera naturaleza. Nunca más sentiré temor, porque existiré por siempre.* Esta clase de afirmaciones internas, lo alinean con el lado activo del infinito, y borran las dudas sobre su auténtica identidad elevada.

3. *En estado de meditación, considere las dos opciones de creencias de este concepto del infinito.* Usted es en su verdadera esencia, como lo he dicho con anterioridad, ya sea un ser humano teniendo ocasionales experiencias espirituales, o un ser espiritual infinito, teniendo una experiencia humana temporal. ¿Cuál de estas dos opciones le inspira un sentimiento de amor? ¿Y cuál le inspira temor? Ahora bien, ya que el amor es nuestra verdadera naturaleza y la Fuente de todo, nada que infunda temor puede ser real. Tal como ve, el sentimiento de amor está asociado con usted como un ser infinito. Entonces, puede confiar en este sentimiento que le dice la verdad. Al colocarse en el lado activo del infinito, se asegura un sentimiento de seguridad, amor y conexión permanente a la intención.

4. *En cualquier momento en que se encuentre teniendo pensamientos de baja energía, relacionados con temor, desespero, preocupación, tristeza, ansiedad, culpa y similares, tan solo por un momento, deténgase a considerar si eso tiene algún sentido desde la perspectiva del lado activo del infinito.* Saber que usted está aquí por siempre, y siempre conectado a su Fuente, le brindará una perspectiva totalmente distinta. En el contexto del infinito, vivir cualquier momento de su vida de otra forma, que bajo la apreciación y el amor, es un desperdicio de energía de su vida. Usted puede rápidamente disipar esas bajas energías y, al mismo tiempo, conectarse al poder de la intención, purificando aquellos lentes de percepción, y viendo todo como es, — *infinito,* tal como lo sugiere William Blake.

5. *Tómese unos momentos para reflejarse en las personas cercanas, y a las cuales usted ha amado y que ahora están muertas.* Estando consciente de su naturaleza infinita y permaneciendo en el lado activo del infinito, permítase sentir la presencia de esas almas, que no pueden morir y no han muerto. En el libro de sabiduría celta de John O'Donohue llamado *Anam Cara,* encontramos estas palabras con las cuales no solo coincido, sino que además las he comprobado en mi propia experiencia personal:

> Creo que nuestros amigos fallecidos realmente nos cuidan y nos protegen. . . podríamos ser capaces de comunicarnos en una manera muy creativa con nuestros amigos del mundo invisible. No debemos llorar la pérdida de nuestros seres queridos. ¿Por qué sufrir por ellos? Ellos están ahora en un lugar donde no hay más sombras, oscuridad, soledad, aislamiento ni dolor. Ellos están en el hogar. Están con Dios, de quien provienen.
>
> Usted no puede tan solo comunicarse con aquellos que han fallecido y sentir su presencia, también puede morir mientras está vivo, y salir de las sombras y de la oscuridad, viviendo del lado activo del infinito.

\* \* \*

Así concluye la primera parte de *El poder de la Intención*. En la segunda parte, encontraremos una serie de ocho capítulos cortos, que describen la manera de poner en acción esta nueva conexión a la intención, para que funcione en una variedad de formas en su vida. Así como con la primera parte, siga leyendo con la mente, no solamente abierta a la posibilidad de que puede lograr todo lo que se imagine, sino también sabiendo que en el lado activo del infinito, todas las cosas son posibles.

¡Ahora, dígame usted, si esto no lo incluye absolutamente todo!

⌐ \* ⌐ \* ⌐

# SEGUNDA PARTE

# PONER EN ACCIÓN A LA INTENCIÓN

*"Siempre hemos sido uno y nos imaginamos que no lo somos. Y lo que tenemos que recuperar es nuestra unidad original. Lo que sea que tenemos que ser es lo que somos."*

— Thomas Merton

# CAPÍTULO SIETE

## *Mi intención es:* RESPETARME EN TODO MOMENTO

*"Un hombre no puede sentirse bien sin su propia aprobación."*
— Mark Twain

Este enunciado es una sencilla verdad, y con ésta comenzamos este capítulo: Usted no surgió de una partícula material, como le han hecho creer. Su concepción, en el momento de la comunión gloriosa de sus padres, no fue su comienzo. Usted no tiene comienzo. Esa partícula, surgió del campo de energía universal de la intención, al igual que lo hacen todas las partículas. Usted es un pedazo de esa mente universal de la Creación, debe ver a Dios en su interior, y como una creación divina, con el fin de tener acceso al poder de la intención en su vida.

Ponga mucha atención a esta idea — en este preciso momento — mientras lee estas palabras. Contemple la enormidad de lo que está leyendo. Usted es una parte de Dios. Es un ser viviente que vive y respira, emanado de la mente universal, de la Fuente que todo lo crea. Usted y Dios son lo mismo. En palabras muy sencillas, cuando se ama y confía en sí mismo, está amando y confiando en la sabiduría que lo creó; y cuando deja de amarse y de confiar en sí mismo, está negando la sabiduría infinita a favor de su propio ego. Es importante recordar aquí, que en cada momento de su vida, tiene la opción de ser el anfitrión de Dios o el rehén de su ego.

### ¿Anfitrión o rehén?

Su ego es el conjunto de creencias, planteadas anteriormente en este libro, las cuales lo definen por sus logros, y por las cosas acumuladas en el sentido material. Su ego, es el único responsable de los sentimientos de falta de confianza, y repudio personal que pueda sentir. Cuando intenta vivir, según los estándares de bajo nivel de su ego, se convierte en un rehén de ese mismo ego. Su valor como persona, se mide por sus adquisiciones y logros. Si tiene menos cosas, es menos valioso, y por lo tanto, indigno del respeto ajeno. Si los demás no lo respetan, y su valor depende de la forma en que lo ven los demás, entonces, es imposible que logre respetarse. Usted se convierte en un rehén de esta baja energía del ego, que lo mantiene en una constante lucha, por encontrar el respeto propio a través de los demás.

La convicción de su ego, de que usted está separado de todo el mundo, separado de lo que le hace falta en su vida y, aun más aberrante, separado de Dios, entorpece más su habilidad para vivir de acuerdo a la intención de respetarse. La idea de la separación del ego es fomentar su sensación de competencia con todo el mundo, y evaluar su valor basado en las veces que surja como ganador. Como un rehén de su ego, el respeto propio no está disponible, ya que usted se siente juzgado por sus errores. De este desolador panorama, producido por su ego, surge el autorrechazo. Lo captura y lo hace su propio rehén, sin permitirle que juegue el papel de anfitrión, de aquello que lo originó.

Ser un anfitrión de Dios, quiere decir ver siempre su conexión auténtica con su Fuente. Es saber que es imposible desconectarse de la Fuente, de la cual proviene. Personalmente, me encanta ser un anfitrión de Dios. Al escribir aquí, cada mañana, siento que recibo las palabras y las ideas desde el poder de la intención, la cual me permite escribirlas en este libro. Confío en esta Fuente para que me proporcione las palabras, por lo tanto, confío en la Fuente que me trajo a este mundo físico. Estoy conectado a esta Fuente eternamente.

Esta percepción, sencillamente, no incluye faltarle al respeto a mi intención de concretar este libro. La conclusión a la cual he llegado, es que soy merecedor de mi intención de escribir este libro, de publicarlo, y de colocarlo hoy en sus manos. En otras palabras, respeto el hecho de que soy una parte de Dios. Me conecto con el poder de la intención, y mi sentimiento de respeto por ese poder, incrementa mi respeto propio.

Por esa razón, al amarse y respetarse, usted está siendo un anfitrión de Dios, *e* invitando la energía de la creación a su conciencia y a su vida diaria, al conectarse con el poder de la intención.

**La energía de la intención y el respeto propio.** Si usted no cree ser digno de la realización de sus intenciones de salud, prosperidad o amor, entonces, está creando un obstáculo que va a inhibir el flujo de la energía creativa en su vida diaria. Recuerde, que todo en el universo es energía, moviéndose a diversas frecuencias. A más alta la frecuencia, más cerca está de la energía espiritual. En las frecuencias más bajas, encuentra escasez y problemas. La intención de por sí, es un campo de energía unificada que todo lo crea. Este campo es donde residen las leyes de la naturaleza, y es el dominio interno de todo ser humano. Este es el *campo de todas las posibilidades,* y es suyo en virtud de su existencia.

Mantener un sistema de creencias, que nieguen su conexión a la intención, es la única forma de que sea incapaz de tener acceso al poder de la intención, desde el campo infinito. Si está convencido de que es indigno de la alegría proporcionada por este campo de todas las posibilidades, entonces va a irradiar este mismo tipo de baja energía. De hecho, este será su patrón atractor de energía, y le enviará mensajes al universo, de que es indigno de recibir la abundancia ilimitada del Espíritu creador. Muy pronto, estará actuando basado en esta convicción interna de irrespeto propio. Se ve a sí mismo, como separado de la posibilidad de recibir el apoyo amoroso, del campo creador de la intención, y detiene el flujo de esa energía en su vida. ¿Por que? Porque se ve a sí mismo como indigno. Esta falta de respeto es suficiente para impedirle que concrete sus intenciones en su vida.

La ley de atracción atrae irrespeto, cuando afirma que es indigno de respeto. Envíe el mensaje al creador de que es indigno, y es, como si le dijera literalmente a la Fuente universal, *Detén el flujo de todo lo que deseo, y que viene ya en mi dirección, porque no creo merecerlo*. La Fuente universal responderá deteniendo este flujo, haciendo que confirme su convicción interna de ser indigno, y así atraer aún más irrespeto en todo tipo de formas. Usted irrespeta su cuerpo al comer en exceso, y al envenenarlo con sustancias tóxicas. Usted demuestra su irrespeto en la forma en que se comporta, se viste, deja de ejercitarse, trata a los demás... y en una variedad de situaciones.

El antídoto para este desolado panorama, es hacer un compromiso interno de respeto propio, y de sentirse merecedor de todo lo que el universo tiene para ofrecerle. Si *cualquier persona* tiene derecho al éxito y a la felicidad, *todo el mundo* lo tiene, debido a que todos estamos siempre conectados a la intención. En palabras más sencillas, al faltarse al respeto, no solo se irrespeta a una de las creaciones más grandes de Dios, se irrespeta también a Dios. Cuando irrespeta a su Fuente, se está negando ante ella, y se está alejando del poder de la intención. Esto detiene el flujo de energía que le permite poner en práctica su determinación inflexible. No le servirán todos los pensamientos positivos del mundo, si estos no emanan del respeto de su conexión a la intención. La *fuente* de sus pensamientos debe ser celebrada y amada, y esto quiere decir, sentir el respeto propio, que está en armonía con la Fuente omnisciente de la inteligencia. ¿Cuál es la fuente de sus pensamientos? Su *esencia del ser*. Su esencia del ser es el lugar del cual emanan esos pensamientos y esas acciones. Cuando irrespeta su ser, pone en movimiento una reacción en cadena, que culmina en intenciones no realizadas.

El respeto propio debe ser su estado natural, así como lo es en todo el reino animal. No existen zorrillos que se crean indignos de lo que está designado para ellos. Si así fuera, el zorrillo, simplemente moriría, basado en su convicción de que es indigno de alimento o de abrigo, o de cualquier otra cosa que un zorrillo pudiera desear. Él sabe que es respetable, nunca encuentra una razón para repudiarse, y vive su vida de zorrillo en un orden perfecto. El universo le provee y, en su mundo, el atrae esas provisiones.

## Lo que piensa acerca de usted es lo que piensa sobre el mundo

¿Cómo ve el mundo en el que vive? ¿Cómo piensa que son en realidad, las personas en general? ¿Cree que el mal triunfa sobre el bien? ¿Está el mundo lleno de personas egocéntricas y egoístas? ¿Es posible para una persona promedio salir adelante? ¿Son las entidades gubernamentales y sus representantes, corruptos e indignos de confianza? ¿Es injusta la vida? ¿Es imposible salir adelante si no se tienen conexiones?

Todas estas actitudes surgen de su propia evaluación, sobre su interacción personal con la vida. Si sus pensamientos reflejan una visión pesimista del mundo, entonces, así es como se ve. Si sus pensamientos reflejan una visión optimista del mundo, entonces, *así* es como se siente acerca de su vida. La actitud que tenga sobre el mundo en general, es un buen indicio del respeto que tiene por sus habilidades, para poner en práctica en este mundo, lo que desea. El pesimismo sugiere fuertemente que no cree en la idea, de que puede tener acceso al poder de la intención, para ayudarlo a crear su propia y gloriosa realidad.

Recuerdo haber escuchado la siguiente conversación, después de los eventos del 11 de septiembre, en la ciudad de Nueva York. Un abuelo estaba hablando con su nieto y le decía, "Tengo dos lobos ladrando dentro de mí. El primero está lleno de rabia, odio, amargura, y mucha venganza. El segundo lobo en mi interior, está lleno de amor, bondad, compasión y mucho perdón."

"¿Cuál lobo crees que va a ganar?" pregunto el niño.

El abuelo le contestó, "El que yo decida alimentar."

Siempre hay dos maneras de ver las condiciones de nuestro mundo. Podemos ver odio, prejuicios, maltrato, hambruna, pobreza y crimen, y concluir que este es un mundo horrible. Podemos alimentar este lobo que aúlla, y ver cada vez más lo que despreciamos. Pero, esto tan solo nos llena de lo mismo que encontramos malvado. O, podemos ver el mundo desde una posición de amor y respeto propios, y ver los progresos que hemos logrado en las relaciones raciales en el transcurso de nuestras vidas: la caída de tantos dictadores, la disminución en las tasas de crímenes, la disolución de atroces sistemas de segregación racial, y el deseo de parte de tantas personas, de deshacernos de armas nucleares y de instrumentos de destrucción masiva. También, podemos recordarnos de que por cada acto de maldad, hay millones de actos de bondad, y podemos alimentar el segundo lobo, que aúlla desde su posición de esperanza para la humanidad. Si se ve como una creación divina, esa será su visión del mundo, y las personas lúgubres y negativas no tendrán ningún impacto sobre usted, o sobre su propio respeto.

En su concepto del mundo, cuando ve un panorama lúgubre, no está receptivo a la ayuda potencial que está disponible para ayudarlo con sus intenciones individuales. ¿Por qué vendría alguien a ayudarlo si usted lo desdeña? ¿Por qué se sentiría atraída la fuerza universal a aquello que la repele? ¿Cómo puede un mundo tan corrupto, ayudar a alguien con nobles intenciones? Las respuestas a estas preguntas son obvias. Usted atrae en su vida lo que siente por dentro. Si se siente indigno del respeto de los demás, atraerá su falta de respeto. Este respeto propio débil es el resultado de una conexión con su campo de la intención, que se encuentra en completo estado de deterioro. Esta conexión debe ser depurada y purificada, y este proceso tiene lugar en su propia mente.

He seleccionado específicamente el *respeto propio*, como el primer capítulo de la segunda parte, acerca de cómo poner en práctica la intención, porque sin auto-estima, usted clausura todo el proceso de la intención. Sin un persistente respeto propio, el proceso de la intención funciona a los niveles más bajos. El campo universal de la intención es amor, bondad y belleza, el cual tiene todo esto de sobra, para todos los seres que crea en el mundo material. Aquellos, que deseen replicar las obras de la mente creadora universal, deben estar en armonía con los atributos del amor, de la bondad y la belleza. Si irrespeta a alguien o a algo que Dios haya creado, irrespeta esa fuerza creativa. Usted es una de esas creaciones. Si se ve de forma irrespetuosa, se abandona a sí mismo, se desecha, o como mínimo, mancilla su conexión con el poder de la intención.

Es importante reconocer, que toda su visión del mundo está basada en lo mucho que se respeta. Crea en las posibilidades infinitas, y estará votando por sus propias posibilidades. Mantenga firme su creencia en el potencial del ser humano para vivir en paz, esté abierto a todo, y vivirá en paz y abierto a las posibilidades de la vida. Sepa que el universo está lleno de abundancia y prosperidad disponibles para todos y, si acude a su lado para recibirlas, serán evidentes también en su vida. Su nivel de auto-estima surge del conocimiento de su conexión sagrada. No deje que nada perturbe ese principio básico divino. De esa manera, su conexión a la intención se purifica, y siempre sabrá que el respeto propio es una decisión personal. No tiene nada que ver con lo que los demás piensen acerca de usted. Su respeto propio, proviene de su ser interior y de nadie más.

**El *ser* del respeto propio.** Quizás el mayor error que cometemos, el cual es el motivo de la pérdida del respeto propio, es que nos parezca más importante la opinión que tienen los demás sobre nosotros que la nuestra. El respeto propio significa exactamente eso, respetar nuestro ser. Este *ser* que fue creado en un campo universal de la intención, que determinó su existencia desde el estado sin forma infinito, a un ser de moléculas y sustancia física. Si no se respeta, está menospreciando el proceso de la creación.

Nunca faltarán las opiniones ajenas. Si permite que esas opiniones menoscaben su respeto propio, está sobreponiendo el respeto de los demás al propio, y está renunciando al suyo. Luego, está tratando de reconectarse al campo de la intención, con actitudes de baja energía, tales como la crítica, la hostilidad y la ansiedad. Entonces, entra en un círculo vicioso de vibraciones de baja energía que, sencillamente, lo harán atraer a su vida más y más de esas bajas energías. Recuerde, que la energía elevada anula y convierte las energías más bajas. La luz erradica la oscuridad, el amor disuelve el odio. Si ha permitido que algunos de estos pensamientos y opiniones negativas, sienten las bases para crear una imagen de sí mismo, le está pidiendo a la mente universal que haga lo mismo. ¿Por qué? Porque en las frecuencias elevadas, la Fuente universal de la intención, es creatividad pura, amor, bondad, belleza y abundancia. *El respeto propio, atrae la energía elevada.* La falta de respeto, atrae la baja. Es el único camino posible.

Los puntos de vista negativos de los demás, representan su *ego de baja energía* actuando en usted. Es muy sencillo, en el momento que juzga a alguien, no lo está amando. Las críticas que le hacen, tampoco vienen del amor, pero no tienen nada que ver con su respeto propio. La crítica ajena (así como la suya), lo aleja de su Fuente y, por consiguiente, del poder de la intención. Tal como lo señala mi colega y amigo Gerald Jampolsky, "Cuando soy capaz de resistir la tentación de juzgar a los demás, puedo verlos como maestros del perdón en mi vida, recordándome que solo puedo tener paz cuando perdono, en lugar de cuando juzgo."

Esta es la forma de volver al *ser* en el respeto propio. En vez de juzgar a aquellos que lo juzgan, reduciendo de este modo su respeto propio, les envía una bendición silenciosa de perdón, y los imagina haciendo lo mismo respecto a usted. Se conecta a la intención, y garantiza su respeto eterno por su divinidad. Despeja el sendero para ser capaz de disfrutar del gran poder que es suyo, cuando está en el campo de la intención.

### *Haciendo realidad su intención*

En esta sección final, encontraremos diez métodos para propiciar la intención del respeto propio en todo momento.

**Paso 1: Mírese al espejo, observe los ojos de su ser interno, y diga *"me quiero"* tantas veces al día como le sea posible.** *Me quiero:* Estas dos palabras mágicas le ayudan a mantener el respeto propio. Ahora bien, tenga en cuenta que al principio puede ser difícil decir estas palabras, debido a las condiciones a las cuales ha estado expuesto toda su vida y, porque estas palabras pueden traer a la superficie, vestigios de irrespeto que su ego no quiere soltar.

Su impulso inmediato podría ser el de ver esto como una expresión del deseo de su ego, de sentirse superior a los demás. Pero esta no es, en lo absoluto, una declaración de su ego, — es una afirmación de respeto propio. Trascienda esta mentalidad del ego, afirme su amor propio y su conexión al Espíritu de Dios. Esto no lo hace superior a nadie, lo hace igual a todos, y confirma que es una parte de Dios. Afírmelo por su respeto propio. Afírmelo, para mostrarle respeto a la intención que lo creó. Afírmelo, porque es la forma de mantenerse conectado con su Fuente, y retomar el poder de la intención. *Me quiero.* Dígalo sin perturbarse. Dígalo con dignidad, sea esa imagen de amor y respeto propio.

**Paso 2: Escriba esta afirmación y repítala sin cesar: *¡Fui creado íntegro y perfecto, y lo sigo siendo!*** Lleve este pensamiento adonde quiera que vaya. Hágalo laminar y colóquelo en su bolsillo, en la consola de su automóvil, en su refrigerador o en su mesita de noche, — permita que estas palabras se conviertan en una fuente de energía elevada y respeto propio. Por el solo hecho de llevar estas palabras, y de estar en el mismo espacio que ellas, su energía fluirá en su dirección.

El respeto propio surge del hecho de que respeta la Fuente de la cual proviene, y de que ha tomado la decisión de reconectarse a esa Fuente, sin importar lo que alguien pueda pensar. Es muy importante recordar siempre, que merece el respeto infinito de la Fuente, en la cual siempre puede confiar, el pedazo de la energía de Dios que lo define. Recordar esto, hará maravillas por su respeto propio, y por lo tanto, por su habilidad de usar el poder de la intención en su vida. Una y otra vez, recuerde: *No soy mi cuerpo. No soy lo que tengo. No soy mis logros. No soy mi reputación. ¡Fui creado íntegro y perfecto, y lo sigo siendo!*

**Paso 3: Respete más a todos y a todo en la vida.** Quizás el secreto más grande de la auto-estima es apreciar más a los demás.

La forma más fácil de hacer esto es verlos como parte de Dios. Mire más allá de la apariencia, los errores, los éxitos, su clase social, su dinero o la ausencia de él. . . y aprecie y ame la Fuente de la cual ellos proceden. Todos somos hijos de Dios — ¡todos! Intente ver esto aun en las personas que actúan con maldad. Sepa, que al enviarles su amor y su respeto, puede cambiar esa energía para que retorne a su Fuente, en vez de alejarla de ella. En breve, respete a los demás, porque eso es lo que tiene para dar. Emita juicios y bajas energías, y eso es lo que recibirá de regreso. Recuerde, cuando juzga a los demás, no está definiéndolos, se define a sí mismo como alguien que necesita juzgar. Lo mismo aplica a los juicios que le son dirigidos.

**Paso 4: Afirme ante usted y ante los demás, *¡Este es mi lugar!*** Uno de los grandes atributos de la pirámide de realización personal de Abraham Maslow, es el sentido de pertenencia (la cual explico al comienzo del siguiente capítulo). Sentir que no pertenece a un lugar o que está en el lugar equivocado, puede deberse a la falta de respeto propio. Respétese y respete su divinidad, sabiendo que todo el mundo pertenece a este lugar. Esto no debería ser cuestionable jamás. Nadie decide si usted pertenece a este lugar. Su presencia en el universo, es la única prueba de que está en su lugar. Ningún gobierno determina, si algunas personas deben estar aquí y otras no. Usted forma parte de un sistema inteligente. La sabiduría de la creación dispuso su presencia aquí, en este lugar, en esta familia, con estos hermanos y estos padres, ocupando este precioso espacio. Así es que dígalo, y afírmelo cada vez que sea necesario: *¡Este es mi lugar!* Y el de todo el mundo. ¡Nadie está aquí por accidente!

**Paso 5: Recuerde que nunca está solo.** Mi respeto propio permanece intacto siempre y cuando sepa que es imposible que esté solo. Tengo un *"socio mayoritario"* que nunca me ha abandonado, y que no me deja ni un segundo solo, aun en los momentos en que parezco haber desertado de mi Fuente. Percibo que si la mente universal siente suficiente respeto, como para permitirme venir aquí, trabajar a través de mí, y protegerme en los momentos en que me he desviado hacia terrenos no espirituales, entonces, esta sociedad merece mi respeto recíproco. Recuerdo a mi amigo Pat McMahon, un presentador de radio en la emisora KTAR de Fénix, Arizona, cuando me contaba su encuentro con la Madre Teresa en su estudio, antes de entrevistarla para su programa. Le imploraba que le permitiera hacer algo por ella. "Lo que sea" le suplicó. "Me gustaría ayudar en alguna manera." Ella lo miró y le dijo, "Mañana en la mañana, levántese a las 4:00 A.M. y salga a las calles de Fénix. Busque a alguien que viva en la calle, que crea que está solo, y convénzalo de que no lo está." Excelente consejo, porque todo aquel que se revuelve en la duda o parece perdido. . . ha perdido su respeto propio, porque ha olvidado que no está solo.

**Paso 6: ¡Respete su cuerpo!** Usted está dotado de un cuerpo perfecto, para albergar su ser interior invisible, por unos breves momentos en la eternidad. Sin importar su tamaño, su forma, su color o cualquier enfermedad imaginable, es una creación perfecta, para el propósito al que está determinado. No tiene que trabajar para estar saludable; la salud es algo que su cuerpo ya tiene, si no lo perturba. Puede haber alterado su cuerpo por comer en exceso, por no hacer ejercicio, y por estimularlo demasiado con toxinas o drogas que lo enferman, lo fatigan, lo tensan, lo desasosiegan, lo deprimen, lo hinchan, lo irritan o un sinfín de enfermedades. Puede comenzar la realización de la intención de vivir una vida de respeto propio, al honrar el templo que lo abriga. Usted sabe lo que tiene que hacer. No necesita otra dieta, ni un manual de hacer ejercicios, ni un entrenador personal. Vaya a su interior, escuche a su cuerpo, trátelo con toda la dignidad, y el amor que le exige su respeto propio.

**Paso 7: Medite para permanecer en contacto consciente con su Fuente, la cual siempre lo respeta.** No puedo dejar de repetirlo: La meditación es la forma de experimentar lo que los cinco sentidos no pueden detectar. Cuando se conecta al campo de la intención, está conectado con su sabiduría interior. Esa sabiduría divina siente un gran respeto hacia usted y lo aprecia mucho. La meditación es la manera de asegurarse que está en un estado de respeto propio. Sin importar lo que suceda a su alrededor, cuando entra en ese espacio sagrado de la meditación, se disuelven todas sus dudas sobre su valor como una preciosa creación. Surge de la solemnidad de la meditación sintiéndose conectado a su Fuente y disfrutando del respeto hacia todos los seres, en especial hacia usted.

**Paso 8: Reconcíliese con sus adversarios.** El acto de reconciliarse envía una señal de respeto a sus adversarios. Al irradiar hacia el exterior esa energía misericordiosa, encontrará esa misma clase de energía positiva de respeto, fluyendo de regreso. Al ser lo suficientemente grande como para reconciliarse y reemplazar la energía de la ira, el resentimiento y la tensión por la bondad — aun si sigue insistiendo en que tiene la razón — se respetará mucho más que antes de realizar su acto de perdón. Si está lleno de rabia hacia alguien, hay una gran parte de su ser que resiente la presencia de esta energía debilitante. Tómese un momento, ahora y aquí mismo, para mirar el rostro de esa persona que se destaca en su mente, como alguien a quien ha herido o que le ha hecho daño, y dígale que le gustaría hacer las paces. Notará que se siente mucho mejor. Ese sentimiento bueno de haber purificado el aire es respeto propio. Se necesita mucho más coraje, fortaleza de carácter y convicción interna para reconciliarse con alguien, que para aferrarse a los sentimientos de baja energía.

**Paso 9: Siempre recuerde el *ser* del respeto propio.** Para lograr esto, debe reconocer que las opiniones ajenas no son hechos, son solo opiniones. Cuando hablo ante una audiencia de 500 personas sé, que al final de la tarde, hay 500 opiniones sobre mí en la sala. No soy ninguna de esas opiniones. No puedo ser responsable por la forma en que me ven. Solo puedo ser responsable por mi propio carácter, y esto es cierto para cada uno de nosotros. Si me respeto, entonces confío en el *ser* de mi respeto propio. Si tengo dudas sobre mí, o si me castigo, no solo pierdo mi respeto personal, también continuaré atrayendo más y más dudas, y opiniones de baja energía para seguir castigándome. No puede seguir conectado a la mente universal, la cual nos ha determinado a todos aquí, si no confía en su ser para el respeto personal.

**Paso 10: Permanezca en un estado de gratitud.** Descubrirá que la gratitud es el paso final de cada capítulo exitoso. Aprecie, en vez de menospreciar, todo lo que aparece en su vida. Cuando dice, *Gracias Dios mío por todo,* y cuando expresa gratitud por su vida, y por todo lo que ve y experimenta, está respetando a la creación. Ese respeto está en su interior, y solo se puede dar lo que uno tiene por dentro. Estar en un estado de gratitud es igual que estar en un estado de respeto — respeto propio — que usted ofrece sin restricciones, y que le es regresado multiplicado por diez.

Cierro este capítulo con las palabras de Jesús de Nazaret, hablando a través de su apóstol San Mateo (Mateo 5:48): "Sed perfectos como nuestro Padre Celestial es perfecto." Reconéctese a la perfección de la cual surgió.

¡No puede haber mayor respeto propio que ese!

✻ ✻

# CAPÍTULO OCHO

## MI INTENCIÓN ES: TENER UN PROPÓSITO EN MI VIDA

*"Aquellos que no han logrado trabajar en el camino a la verdad, no han logrado tener un propósito en sus vidas."*

— Buda

*"Su único interés en la vida debe ser lograr la realización de su divinidad. Todo lo demás es inútil y sin valor."*

— Sivananda

El sentido de tener un propósito, está en la cima de la pirámide de la realización personal, creada por Abraham Maslow, hace más de 50 años. A través de sus investigaciones, el doctor Maslow descubrió que aquellos que tienen un propósito en sus vidas, están viviendo la más alta calidad de vida, que puede ofrecer la humanidad. Durante todos mis años de experiencia en los campos del desarrollo humano, de la motivación y de la conciencia espiritual, este es el tópico acerca del cual la mayoría de las personas hacen más preguntas. Escucho, con mucha frecuencia, preguntas tales como: *¿Cómo descubro mi propósito? ¿En verdad existe algo así? ¿Por qué no conozco mi propósito en la vida?* Vivir con un propósito es lo que logran la mayoría de las personas que logran la realización personal a lo largo de sus vidas. Pero, muchos individuos tienen muy poca conciencia de un propósito, y pueden hasta *dudar* de que lo tengan en la vida.

### Propósito e intención

El tema de este libro es que la intención es una fuerza en el universo, y que todos y todo, estamos conectados a esta fuerza invisible. Como todos formamos parte de un sistema inteligente, y todo lo que llega aquí proviene de esa inteligencia, es fácil concluir, que si no estuviera supuesto a estar aquí, no lo estaría. Y si está aquí, entonces, se supone que debería estarlo, y eso es suficiente para mí. El solo hecho de su existencia, indica que usted tiene un propósito. Tal como lo mencioné, la pregunta clave para la mayoría de nosotros es: "¿Cuál es mi propósito?" Y he escuchado esa pregunta en tantas versiones como personas la formulan: *¿Qué se supone que debo estar haciendo? ¿Debería ser un arquitecto, un florista o un veterinario? ¿Debo ayudar a las personas o reparar automóviles? ¿Se supone que tenga una familia o que esté en la selva salvando chimpancés?* Estamos aturdidos por el número infinito de opciones disponibles, y nos preguntamos si estamos haciendo lo correcto.

En este capítulo, le suplico que se olvide de estas preguntas. Muévase, mas bien, hacia la fe y la confianza de la mente universal de la intención, recordando que ha sido creado de esa mente, y que, en todo momento, es una parte de ella.

La intención y el propósito están ligados, de manera tan hermosa y natural, como la doble hélice de su ADN. No hay accidentes. Usted está aquí para el propósito que acordó, antes de entrar en este mundo de partículas y forma. Muchas de las cosas a las cuales se refiere como problemas, son el resultado del hecho de que está desconectado de la intención y, por lo tanto, inconsciente de su verdadera identidad espiritual. El proceso de afinar ese enlace conector y reconectarse, es básico para su intención de tener un propósito en su vida. Al purificar este enlace, descubre dos cosas muy importantes. Primero, que su propósito no tiene que ver con lo que hace, sino con lo que siente. Segundo, que ese sentimiento de tener un propósito, activa su poder de la intención, para crear todo lo que es consistente con los siete rostros de la intención.

**Sentir que se tiene un propósito.** Respondiendo a la pregunta *¿Qué debo hacer con mi vida?*, sugiero que solo hay una cosa que *puede* hacer, ya que llegó a esta vida sin nada y saldrá sin nada: *Puede entregarla.* Entiende mejor su propósito, cuando entrega su vida al servicio de los demás. Cuando se entrega a los demás, a su planeta y a su Fuente, está viviendo con un propósito. Sea lo que sea que decida hacer, si está motivado para servir a los demás, sin apegarse a los resultados, se siente con un propósito, sin importar qué tanta abundancia fluya de regreso.

Así es que su intención es: tener un propósito en su vida. ¿Pero cómo actúa la Fuente espiritual al respecto? Está perpetuamente en el proceso de ofrecer su fuerza vital, para crear algo de la nada. Cuando usted hace lo mismo, sin importar lo que está dando o creando, está en armonía con la intención. Entonces, tiene un propósito en su vida, tal como la mente universal está siempre actuando con un propósito.

Vaya aun más lejos. ¿Piensa la Fuente universal en lo que está haciendo con sus poderes? ¿Se preocupa por crear gacelas o ciempiés? ¿Le preocupa en dónde vive o lo que crea? No. Su Fuente está tan solo ocupada en expresarse, a través de los siete rostros de la intención. Los detalles ocurren de forma automática. De igual manera, su sentimiento de tener un propósito en su vida, fluye a través de la expresión de los siete rostros de la intención.

Permítase estar en el lugar, donde sus sentimientos internos están despreocupados por cosas tales como: sus opciones vocacionales, o por hacer las cosas que está destinado a hacer. Cuando vive al servicio de los demás, o extiende su bondad más allá de sus fronteras, se siente conectado a su Fuente. Se siente feliz y contento, sabiendo que está haciendo lo correcto.

Tengo esa sensación de realización y felicidad total, que me permite saber que estoy viviendo mi propósito, cuando leo mi correo, o escucho con bastante frecuencia esta clase de comentarios, cuando voy caminando por los aeropuertos, o estoy en un restaurante: *Usted cambió mi vida, Wayne Dyer. Estuvo conmigo cuando me sentí perdido.* No es lo mismo que recibir un pago por derechos de autor o una excelente crítica literaria, los cuales también disfruto. Las expresiones de gratitud personales, son las que mantienen mi fe en mi propósito.

Fuera de mi profesión, me siento bien intencionado a diario, en un sin fin de formas. Cuando ayudo a alguien necesitado, cuando me tomo el tiempo de animar a un empleado disgustado en un restaurante o en una tienda, cuando hago sonreír a un niño pequeño ignorado en su cochecito, o hasta cuando recojo basura del piso y la boto en un basurero, siento que me entrego, y de esa forma me siento bien dirigido en mi propósito.

En esencia, lo que quiero decir es: Mantenga un propósito en su vida expresando los siete rostros de la intención, y los detalles se irán manifestando. Nunca tendrá que preguntarse cuál es su propósito o cómo lo puede encontrar.

**Su propósito aparecerá en su vida.** En un capítulo previo, revisé los obstáculos para la conexión a la intención, y señalé que nuestros pensamientos son el principal bloqueo. Enfaticé en el hecho de que a lo largo del día, nos convertimos en lo que pensamos. ¿En qué *piensa,* que lo inhibe de sentir el propósito de su vida? Por ejemplo, si siente que está separado de su propósito y que está vagando sin rumbo fijo en su vida, entonces, eso es precisamente lo que atraerá.

Suponga, en cambio, que sabe que este es un universo bien dirigido, donde sus pensamientos, emociones y acciones, son una parte de su libre albedrío, y que, también, están conectados al poder de la intención. Suponga que sus pensamientos de no tener en su vida un propósito, ni un objetivo, también forman realmente *parte* de su propósito. Así como el pensamiento de perder a alguien a quien ama, hace que lo ame aun más, o como una enfermedad hace que aprecie más la salud, suponga que es necesario pensar en su intrascendencia para comprender su valor.

Cuando está lo suficientemente despierto, como para cuestionarse su propósito y, preguntarse, cómo se conecta con él, está siendo impulsado por el poder de la intención. El mismo acto de cuestionarse por qué está aquí, indica que sus pensamientos lo están guiando, para que se reconecte con el campo de la intención. ¿Cuál es la fuente de sus pensamientos acerca de su propósito? ¿Por qué desea sentir que tiene un propósito en su vida? ¿Por qué se considera que el sentimiento de tener un propósito en la vida, es el mayor atributo de una persona, que lleva una vida plena? La fuente del pensamiento es una reserva infinita de energía y de inteligencia. En un sentido, *los pensamientos acerca de su propósito son, en realidad, la manera como su propósito intenta reconectarse con usted.* Esta reserva infinita de amor, bondad, creatividad y energía abundante, es el resultado de la inteligencia creadora, y lo estimula para que exprese esta mente universal en su propia manera única y original.

Lea de nuevo las dos citas al comienzo de este capítulo. Buda se refiere a *la verdad,* y Sivananda sugiere, que nuestro verdadero propósito es la *realización de nuestra divinidad.* Todo este libro está dedicado a conectarse al poder de la intención, y a deshacerse del ego, el cual intenta hacernos creer que estamos separados de nuestra Fuente divina creadora, y trata de separarnos de la consecución de la máxima verdad. La máxima verdad es la fuente de sus pensamientos.

Esa esencia del ser interior sabe su razón de estar aquí, pero su ego lo impulsa a perseguir el dinero, el prestigio, la popularidad, los placeres sensuales, y *pasa por alto el propósito de su vida.* Usted se puede sentir saciado, y lograr obtener una buena reputación, pero, por dentro, tiene ese sentimiento que lo carcome, caracterizado por la vieja canción de Peggy Lee, "¿Es eso todo?" Enfocarnos en las exigencias del ego, nos deja vacíos. Muy dentro de nosotros, en el nivel del ser, se encuentra lo que estamos destinados a convertirnos, a lograr, a ser. En ese lugar interno, fuera del espacio, está conectado al poder de la intención. Lo encontrará. Haga un esfuerzo consciente por contactarlo y escucharlo. Practique ser lo que es, en la fuente de su alma. Vaya al nivel de su alma, en donde se funden la intención y el propósito, de manera tan perfecta, que se logra la epifanía de saber, simplemente, *que eso es.*

**Su conocimiento sereno interno.** El afamado psicólogo y filósofo William James escribió una vez: "En el tenue trasfondo de nuestra mente, sabemos lo que deberíamos estar haciendo mientras tanto. . . Pero de algún modo no logramos comenzar a hacerlo. . . Cada momento esperamos romper el hechizo. . . pero seguimos igual, latido tras latido, y flotamos con él. . ."

En mi experiencia, como terapeuta, y como conferencista, hablando ante miles de personas sobre sus vidas, he llegado a la misma conclusión. En algún lugar, enterrado muy profundo dentro de cada uno de nosotros, hay un llamado al propósito. No siempre es racional, no siempre está claramente delineado, y a veces es absurdo en apariencia, pero, sabemos que está ahí. Hay algo sereno en nuestro interior, que lo *anima* a expresarse. Ese algo es su alma, diciéndole que escuche y se conecte, a través del amor, la bondad y la receptividad, al poder de la intención. Ese sereno conocimiento interno, jamás lo deja solo. Puede tratar de ignorarlo, y pretender que no existe, pero en los momentos honestos de soledad y comunión contemplativa, con su ser interior, siente el vacío, esperando ser llenado con su música. Quiere que tome los riesgos involucrados, que ignore su ego y los egos de los demás, quienes le dicen, que es mejor tomar el camino más fácil, más seguro o menos riesgoso.

Irónicamente, no se detiene en realizar una tarea específica, o una cierta ocupación, o vivir en un lugar en particular. Se trata de participar en la vida, de forma creativa y bondadosa, usando los talentos e intereses que le son inherentes. Puede implicar cualquier actividad: bailar, escribir, curar, trabajar en el jardín, cocinar, criar hijos, enseñar, componer, cantar, hacer surfing, lo que sea. No hay límites en esta lista. Pero, todas las cosas de esta lista pueden ser realizadas, ya sea *para inflar su ego* o *para servir a los demás*. Satisfacer su ego, a la larga, lo deja vacío y cuestionándose su propósito. Esto es debido a que su Fuente no tiene ego, y usted está tratando de conectarse a su Fuente, donde se origina su propósito. Si las actividades de la lista se hacen con el fin de servir a los demás, se siente el gozo de tener un propósito, atrayendo, paradójicamente, más de lo que le gustaría tener en su vida.

Mi hija Skye es un ejemplo de esto. Skye supo, desde que empezó a hablar, que quería cantar. Fue casi como si hubiera aparecido en el mundo, con el destino de cantar para los demás. A través de los años, ha cantado en mis presentaciones en público, primero, cuando tenía cuatro años y, luego, a todas las edades hasta ahora, a sus 21 años. También ha cantado en mis presentaciones especiales para la televisión, y la reacción a sus canciones siempre ha sido gratificante.

Siendo estudiante de música en una importante universidad, Skye estudiaba las perspectivas académicas y teóricas. Un día, mientras estaba en su segundo año, tuvimos una conversación acerca de su propósito, y de ese sereno conocimiento interior que ella siempre ha tenido. "¿Se molestarían?," preguntó, "¿si dejo la universidad?" Siento que ya no puedo seguir haciendo lo que sé que tengo que hacer, mientras estoy sentada en un salón de clases, estudiando teoría musical. Tan solo deseo componer mis propios temas y cantar. Es en lo único que pienso, pero no quiero desilusionarlos a ti y a mamá."

¿Como podría, yo que les digo a mis lectores, que no deben morir sin haber expresado la música que llevan por dentro, decirle a mi hija de 21 años, que siga en la universidad porque eso es lo correcto, y es lo que yo hice? La apoyé para que escuchara ese conocimiento sereno, del cual he tenido evidencia desde que ella era tan solo un bebé, y que siguiera el llamado de su corazón. Tal como dijo Gandhi una vez: "Dar nuestro corazón, es darlo todo." Ahí es, donde Dios existe en Skye. . . y en usted.

Lo que sí le pedí a Skye fue que hiciera un esfuerzo supremo por vivir su propósito, sirviendo a aquellos que escucharan su música, en vez de enfocarse en ser famosa o en ganar dinero. "Deja que el universo se encargue de esos detalles". Le recordé. "Tú escribes y cantas porque tienes que expresar lo que tienes dentro de tu hermoso corazón." Luego, le pedí que pensara desde el final, y que actuara como si todo lo que deseaba crear para ella ya fuera realidad, como si estuviera ahí esperando que ella se conectara.

Hace poco, mostró desaliento por no haber logrado sacar al aire su propio disco compacto, y estaba actuando con el pensamiento de *no haber sacado al aire un disco compacto.* En consecuencia, ausencia de disco compacto y mucha frustración. La exhorté fuertemente para que empezara a pensar desde el final, viendo el estudio disponible, los músicos listos para colaborar con ella, el disco compacto como un producto terminado, y, su intención, como una realidad. Le di una fecha límite para tener listo su disco compacto, para poder ofrecerlo en mis conferencias. Le dije, que podría cantarle a estas audiencias, tal como ya lo había hecho en algunas ocasiones, así como en mis programas en los canales públicos de televisión, destinados a recoger fondos.

Al pensar desde el final, ella logró materializar todo lo que le hacía falta, y el Espíritu universal comenzó a trabajar con ella, en su determinación inflexible. Encontró el estudio, los músicos aparecieron como por arte de magia, y un productor aceptó producir el disco compacto.

Skye trabajó día y noche sin descansar, cantando sus canciones favoritas, así como varias otras que yo quería que ella cantara en mis conferencias, incluyendo "Amazing Grace," "The Prayer of St. Francis," "It's in Every One of Us", y una de su propia autoría, "Lavender Fields," la cual canta con profundo orgullo y pasión. Y dicho y hecho, hoy día, ya salió al aire su disco compacto, *This Skye Has No Limits* (Este "cielo" no tiene límites), y se ofrece al público en mis conferencias en las cuales ella canta.

La presencia de Skye en el escenario a mi lado, brinda mucha alegría y amor a la presentación, porque ella está alineada de manera tan estrecha con esos siete rostros de la intención, como ningún otro ser humano que yo haya conocido. Por eso, no es un secreto que este libro está también dedicado a ella, uno de mis ángeles de la intención espiritual.

### Inspiración y propósito

Cuando usted está inspirado por un gran propósito, todo empieza a funcionar con ese fin. Llega la inspiración al moverse hacia el Espíritu, y al conectarse a los siete rostros de la intención. Cuando se siente inspirado, lo que aparece arriesgado se convierte en un camino, al cual se siente impulsado a seguir. Los riesgos se desvanecen, porque está siguiendo su inspiración, la cual es la verdad en su interior. Esto es, en realidad, el amor actuando en armonía con su intención. En esencia, si no siente amor, no siente la verdad, y su verdad está completamente en sintonía con su conexión al Espíritu. Por eso es que la inspiración es clave para la realización de su intención, de tener un propósito en su vida.

Cuando abandoné ese trabajo que ya no me inspiraba, cada detalle por el cual me había preocupado, se fue solucionando como por arte de magia. Pasé varios meses trabajando para una empresa muy grande, donde me pagaban un salario que era el triple de lo que ganaba como maestro, pero no estaba inspirado en el Espíritu. Ese conocimiento interior me aguijoneaba con su frase, *Haz lo que viniste a hacer,* y así fue como mi propósito diario se manifestó siendo maestro y consejero.

Cuando renuncié a la cátedra en una importante universidad para escribir y dar conferencias, no estaba corriendo riesgos, era algo que sabía que tenía que hacer porque no me sentiría feliz conmigo mismo, si no seguía el llamado de mi corazón. El universo se encargó de los detalles, porque yo sentía amor por lo que estaba haciendo y, en consecuencia, estaba viviendo mi verdad. Al enseñar amor, ese mismo amor me guiaba en mi propósito, y las remuneraciones financieras, fluían en mi dirección con esa misma energía de amor. No podía entender cómo iban a funcionar las cosas, ¡pero seguí mi conocimiento interno y jamás me he arrepentido de haberlo hecho!

Usted podría creer que es demasiado arriesgado renunciar a un salario, a una pensión, a la seguridad de un trabajo, al ambiente conocido, debido a una lucecita de noche que tiene en su mente, que lo atrae para que perciba por qué está encendida. Le sugiero que comprenda que no hay absolutamente, ningún riesgo, en ponerle atención a esa luz, porque ella es su conocimiento. Combine su conocimiento certero con la fe, en que el Espíritu proveerá y pondrá en acción el poder de la intención. Todo lo que se necesita es, que confíe en este conocimiento interno. Yo lo llamo *fe,* no el tipo de fe en que un dios externo le proveerá un propósito, sino la fe en el llamado que escucha, desde el centro de su ser. Usted es una creación divina e infinita, tomando la decisión de tener un propósito, y de conectarse al poder de la intención. Todo gira alrededor de su ser, conectado en armonía a su Fuente. La fe elimina el riesgo, cuando opta por confiar en ese conocimiento interno sobre su propósito, y convertirse en un canal para el poder de la intención.

### *Hacer realidad su intención*

A continuación, encontramos diez formas de practicar la realización de su intención de tener un propósito en su vida, a partir de este instante:

**Paso 1: Declare que en un sistema inteligente, nadie aparece por accidente, incluso usted.** La mente universal de la intención es responsable de toda la creación. Sabe lo que hace. Usted proviene de esa mente y está conectado infinitamente a ella. Su existencia tiene un significado y usted tiene la capacidad de vivir, desde una perspectiva de un propósito. El primer paso, es saber que está aquí a propósito. Esto no es lo mismo que saber lo que está supuesto a hacer. A lo largo de su vida, podrá cambiar y alternar lo que hace. De hecho, esos cambios ocurren cada hora, cada día de su vida. Su propósito no está relacionado con lo que hace, está relacionado con la esencia de su ser, con ese lugar de donde surgen sus pensamientos. ¡Por eso es que usted es llamado un *ser humano* y no un *hacer humano!* Declare con sus propias palabras, tanto por escrito como en sus pensamientos, que usted está aquí a propósito, y determine vivir su vida con esta conciencia en todo momento.

**Paso 2: Aproveche cada oportunidad, no importa lo insignificante que sea, para prestar servicio en su vida.** Deje que su ego se aleje de su intención, de tener un propósito en su vida. Sea lo que sea que haga en su vida, convierta la motivación principal de sus esfuerzos en algo o en alguien, en vez del deseo de recibir gratificación o recompensa.

Lo irónico es que sus recompensas personales se multiplicarán, cuando se enfoque en dar en vez de recibir. Enamórese de lo que hace, y deje que ese amor venga, desde la morada más profunda e intensa del Espíritu. Luego, venda ese sentimiento de amor, entusiasmo y alegría generado por sus esfuerzos. Si su propósito se siente siendo una madre extraordinaria, entonces, coloque su energía y su fuero interno al servicio de sus hijos. Si se siente escribiendo poemas o enderezando dentaduras, entonces, aleje su ego del camino y haga lo que ama hacer. Hágalo desde la perspectiva de lograr impactar la vida de alguien, o por alguna causa, y deje que el universo se encargue de los detalles de sus recompensas personales. Viva su propósito haciendo lo que hace con puro amor, entonces, co-creará con el poder de la mente universal de la intención, que es, finalmente, el responsable de toda la creación.

**Paso 3: Alinee su propósito con el campo de la intención.** Esto es lo más importante que puede hacer para realizar sus intenciones. Alinearse con el campo universal quiere decir, tener fe en que su Creador sabe porqué está aquí, aun si usted no lo sabe. Quiere decir, someter la mente pequeña a la mente grande, y recordar que su propósito le será revelado en la misma forma en que *usted* fue revelado. El propósito también nació de la creatividad, de la bondad, del amor y de la receptividad, a un mundo infinitamente abundante. Mantenga pura esta conexión, y será guiado en todas sus acciones.

No es fatalista decir que *si está supuesto a suceder, no podrá ser detenido.* Esto es tener fe en el poder de la intención, de lo cual usted se origina, y está en su interior. Cuando se alinea con su Fuente creadora, entonces, esta misma Fuente lo asistirá en la creación de la vida que desea. Luego, lo que sucede, se siente exactamente como lo que estaba supuesto a suceder. ¡Y es porque así lo es! Usted siempre tiene la opción de alinearse. Si permanece enfocado en hacerle exigencias al universo, sentirá que estas exigencias son colocadas en su vida. Manténgase enfocado en preguntar amorosamente, *¿Cómo puedo usar mis talentos innatos y mi deseo de servir?* y el universo le responderá con idéntica energía, preguntándole, *¿En qué puedo servirle?*

**Paso 4: Ignore lo que todos le digan sobre su propósito.** Sin tener en cuenta lo que cualquier persona le pueda decir, la verdad acerca de sentir que tiene un propósito es que solamente *usted* puede saberlo, y si no lo siente en ese sitio interno, donde residen sus deseos más ardientes, entonces, no es su propósito. Sus familiares y amigos pueden tratar de convencerlo de lo que *ellos* sienten, que es *su* destino. Pueden ver talentos que consideran que pueden servirle para ganar mucho dinero, o pueden desear que usted siga sus pasos, porque piensan que será feliz haciendo lo que ellos han hecho toda su vida. Sus habilidades para las matemáticas, o para la decoración, o para la reparación de equipos electrónicos, podría indicar una gran aptitud para una determinada ocupación pero, al final de cuentas, si no lo siente, nada logrará que resuene con usted.

Su propósito es entre usted y su Fuente, y mientras más se acerque a la manera en que ve y actúa ese campo de la intención, más se convencerá de que está siendo guiado en su propósito. Podría tener cero aptitudes y habilidades mesurables en un área dada, y aun así, sentirse íntimamente atraído a hacerlo. Olvídese de los resultados de las pruebas de aptitud, olvídese de la ausencia de talentos o conocimientos, y, lo más importante, ignore las opiniones de los demás y *escuche a su corazón*.

**Paso 5: Recuerde que el campo creador de la intención se pondrá de su parte.** Dicen que Albert Einstein opinaba, que la decisión más importante que tenemos que tomar es decidir, si creemos que vivimos en un universo acogedor, o en un universo hostil. Es imperativo saber, que el campo creador de la intención es acogedor, y se pondrá de su parte siempre y cuando lo vea así. El universo apoya la vida; fluye libremente para todos, y su abundancia es infinita. ¿Por qué optar por verlo de otra manera? Todos los problemas que enfrentamos, son creados por nuestra creencia, de que estamos separados de Dios y de los demás, llevándonos esto a un estado de conflicto. Este estado de conflicto crea una fuerza contraria, que causa que millones de seres humanos se confundan en su propósito. Sepa, que el universo trabaja siempre para usted, se pone de su parte, y éste siempre es acogedor, y no hostil.

**Paso 6: Analice e imite la vida de las personas que usted conoce, que conocen su propósito.** ¿Quién es la persona a la que usted más admira? Le sugiero que lea las biografías de esas personas y explore cómo vivieron, y qué los motivaba a permanecer en su propósito, cuando afloraban obstáculos. Siempre me ha fascinado Saulo de Tarso (llamado luego San Pablo), cuyas letras y enseñanzas se convirtieron en la fuente de una gran parte del Nuevo Testamento. Taylor Caldwell escribió un relato ficticio de la vida de San Pablo llamado *El gran león de Dios,* el cual me ha inspirado en sobremanera. También me ha impactado, profundamente, la manera en que San Francisco de Asís vivía su propósito en su vida, tal como lo ejemplificada la novela *San Francisco* por Nikos Kazantzakis. Para mí, es importante usar mi tiempo libre leyendo acerca de aquellas personas, que son un modelo de vivir la vida con un propósito, y le sugiero que haga lo mismo.

**Paso 7: Actúe como si estuviera viviendo la vida que desea vivir, aun si se siente confuso acerca de esa cosa llamada propósito.** Invite, a su vida diaria, lo que sea que pueda hacerlo sentir más cerca de Dios, y que le brinde un sentimiento de gozo. Vea los eventos que considera obstáculos, como oportunidades perfectas, para poner a prueba su determinación y encontrar su propósito. Trate de ver todo lo que le suceda, desde una uña rota hasta una enfermedad, o la pérdida de un trabajo, o la mudanza de ciudad o de país, como una oportunidad para cambiar su rutina familiar, y moverse hacia su propósito. Al actuar, como si ya tuviera un propósito, y al tratar los obstáculos, como amables recordatorios de que debe confiar en lo que siente muy profundamente en su interior, logrará realizar su propia intención de ser una persona que tiene un propósito en su vida.

**Paso 8: Medite para mantener su propósito.** Use la técnica de Japa, que mencioné con anterioridad, y enfoque su atención interna en pedirle a la Fuente que lo guíe, en la realización de su destino. Esta carta de Matthew McQuaid, describe los increíbles resultados de la meditación para mantener su propósito:

*Apreciado doctor Dyer,*

*Mi esposa Michelle quedó embarazada por un milagro, un milagro manifestado desde el Espíritu usando todas sus sugerencias. Durante cinco años Michelle y yo luchamos contra la infertilidad. Tratamos todas las opciones disponibles, pero ninguno de los tratamientos costosos y sofisticados funcionó. Los doctores se dieron por vencidos. Nuestra propia fe fue puesta a prueba una y otra vez cada vez que un tratamiento fracasaba. Nuestro* doctor logró congelar embriones de previos ciclos de tratamientos. A través de los años, se transfirieron más de 50 embriones al útero de Michelle. Las probabilidades de que un embrión congelado iniciara en nuestro caso con éxito un embarazo, eran de casi cero. Como usted sabe, la palabra cero no se encuentra en el vocabulario espiritual. Un precioso embrión congelado, sobrevivió a menos 250 grados F y se implantó en el vientre de Michelle como en un nuevo hogar. Está ahora en su segundo trimestre de embarazo.

Bueno, "Y qué," usted podría decir. "Recibo cartas como esta cada día." Sin embargo, esta carta lleva una prueba divina. Una minúscula gota de protoplasma, tal como usted lo ha escrito de forma tan elocuente en muchas ocasiones. Una masa física de células vivas con el potencial de convertirse en un ser humano, se encendió en un laboratorio, luego se apagó en un congelador. Todos los movimientos moleculares y los procesos bioquímicas se detuvieron, quedaron suspendidos. Sin embargo, la esencia del ser ya existía antes de ser congelado. ¿A dónde se va la esencia espiritual, mientras está congelado? Las células se encendieron y luego se apagaron, pero la esencia espiritual se mantuvo a pesar del estado físico de las células. La frecuencia vibratoria de las células congeladas era baja, pero la frecuencia vibratoria de su Espíritu debe ser inconmensurable. La esencia del ser, tiene que residir fuera del plano físico o de la masa de células. No podría ir a ningún lado, excepto al reino del Espíritu, en donde estaba en espera. Esperó hasta que se descongeló, y se manifestó en el ser que siempre ha sido. Espero que le parezca esta historia tan fascinante como a mí, y nada menos que un milagro. Un ejemplo del Espíritu en un cuerpo, en vez de un cuerpo con un Espíritu.

Y ahora, la pregunta del millón de dólares. ¿Podría este embrión sobrevivir tales condiciones de congelamiento y aun así, manifestarse, porque practiqué la meditación Japa? ¿Tan solo porque abrí mi boca y dije, "Aaaahhh"? Yo lo presentía, no tenía ninguna duda al respecto. La meditación Japa y mi entrega a la paciencia infinita, son prácticas diarias. Durante mis momentos en silencio, podía oler ese bebé. Michelle me agradecía por mi convicción y mi fe durante esas horas oscuras. Alabo su trabajo *al guiarme. Gracias. Ahora, nada es imposible para mí. Cuando comparo lo que he manifestado ahora, en el vientre de Michelle con todo lo demás que puedo desear, el proceso no requiere de esfuerzo. Después de que se entrega verdaderamente, todo lo que podría haber deseado aparece justo a tiempo. La siguiente manifestación maravillosa, será ayudar a otras parejas infértiles a cumplir sus sueños. De alguna manera, podré ayudar a aquellos que no han perdido todas las esperanzas.*

*Sinceramente,*
*Matthew McQuaid*

Muchas personas me han escrito contándome sobre sus éxitos, al mantenerse en su propósito a través de la práctica de la meditación Japa. Me siento profundamente impactado por el poder de la intención, cuando leo sobre las personas que usan Japa para ayudar a concebir un bebé, sintiendo que esa era su misión divina. Me gusta en particular la decisión de Matthew de usar esta experiencia, para ayudar a otras parejas infértiles.

**Paso 9: Mantenga sus pensamientos y sentimientos en armonía con sus acciones.** La forma más segura de lograr su propósito es, eliminando cualquier conflicto o disonancia que existe, entre lo que piensa y siente, y en cómo vive sus días. Si está en discordia, su actitud activada por el ego y dominada por el miedo al fracaso, o por desilusionar a los demás, lo aleja de su propósito. Sus acciones, tienen que estar en armonía con sus pensamientos. Confíe en los pensamientos que lo armonizan, y esté dispuesto a actuar en base a ellos. Rechace verse como alguien poco auténtico o cobarde, porque esos pensamientos le impiden tomar acción, sobre lo que sabe que está supuesto a ser. Dé pasos diarios para armonizar los pensamientos y sentimientos, relacionados con su gran misión heroica, con sus actividades diarias, y, por supuesto, con ese campo de la intención siempre presente. Estar en armonía con la voluntad de Dios, es el estado más alto de propósito que se puede alcanzar.

**Paso 10: Permanezca en estado de gratitud.** Agradezca hasta el hecho de poder contemplar su propósito. Agradezca el maravilloso don de ser capaz de servir la humanidad, su planeta y su Dios. Agradezca los obstáculos aparentes a su propósito. Recuerde, tal como nos dice Gandhi: "La guía divina llega a menudo cuando el horizonte está más oscuro." Observe todo el calidoscopio de su vida, incluyendo a todas las personas que se hayan cruzado en su camino. Observe todos los empleos, los triunfos, los fracasos aparentes, las posesiones, las pérdidas, las ganancias — todo — desde una perspectiva de gratitud. Usted está aquí por una razón; esa es la clave para sentir que tiene un propósito. Agradezca la oportunidad de vivir su vida teniendo un propósito, en sintonía con la voluntad de la Fuente que todo lo crea. Tenemos muchas razones para estar agradecidos.

Me parece que la búsqueda de nuestro propósito es similar a la búsqueda de la felicidad. No hay un camino hacia la felicidad, la felicidad es el camino. Y así sucede cuando tiene un propósito en su vida. No es algo que se encuentra; es cómo vive su vida, sirviendo a los demás y teniendo un propósito para todo lo que hace. Esa es, precisamente, la forma de realizar la intención, que es el título de este capítulo. Cuando tiene un propósito en su vida, reside en el amor. Cuando no reside en el amor, no tiene un propósito. Esto es cierto para individuos, instituciones, empresas y también para nuestros gobiernos. Cuando un gobierno les cobra a sus ciudadanos impuestos excesivos por cualquier servicio, no está siguiendo su propósito. Cuando un gobierno usa la violencia como un medio para resolver conflictos, no está alineado con su propósito, independientemente de la forma en que justifique sus acciones. Cuando una empresa cobra en exceso, comete estafas o manipula con el fin de producir utilidades, está alejada de su propósito. Cuando las religiones permiten los prejuicios y el odio, o maltratan a sus feligreses, están alejadas de su propósito. Y también es cierto en su caso.

Su objetivo de tener acceso al poder de la intención es regresar a su Fuente y vivir desde esa conciencia, replicando las acciones de la intención. Esa Fuente es amor. Por lo tanto, el método más rápido para comprender y vivir su propósito, es preguntarse si está pensando en forma amorosa. ¿Fluyen sus pensamientos desde una Fuente de amor en su interior? ¿Está usted actuando en base a esos pensamientos amorosos? Si la respuesta a estas dos preguntas es sí, entonces, usted tiene un propósito y lo está viviendo. ¡No tengo nada más que añadir!

∽ ✳ ∽ ✳ ∽

# CAPÍTULO NUEVE

## *Mi intención es:* SER AUTÉNTICO Y ESTAR EN PAZ CON TODA MI FAMILIA

*"¡Sus amigos son la manera en que Dios le pide perdón por sus familiares!"*

— Wayne W. Dyer

De alguna manera permitimos que las expectativas y las exigencias de nuestros parientes sean la fuente de tanta infelicidad y estrés, cuando, en realidad, lo que deseamos es ser auténticos y estar en paz con ellos. Con gran frecuencia, el conflicto parece estar entre ser auténtico, lo cual significa no estar en paz con ciertos parientes, o estar en paz, pagando el precio de no ser auténtico. Conectarse al poder de la intención, mientras está rodeado de sus parientes, puede sonarle como una contradicción, pero no lo es. Estar en paz y ser auténtico puede definir su relación con su familia. Sin embargo, primero debe examinar su relación con el pariente más cercano: usted. Descubrirá que la manera como lo tratan los demás, tiene mucho que ver con el hecho de cómo se trata a sí mismo, y, eventualmente, de cómo está enseñando a los demás a tratarlo a usted.

### Usted recibe el tratamiento que les enseña a los demás

En un capítulo anterior, le pedí que le pusiera atención a su diálogo interior. Uno de los obstáculos más grandes para conectarse a la intención, son los pensamientos de lo que los demás esperan de usted. Cuanto más se enfoque en lo molesto que es que su familia no lo entienda o lo aprecie, más atraerá su incomprensión o su falta de aprecio. ¿Por qué? Porque lo que piensa se expande, aun cuando piensa en algo que le parece enervante, y aun cuando piensa en lo que no desea en su vida.

Si está atraído a esta intención, entonces lo más probable es que ya sepa cuales son los parientes que más lo alteran. Si siente que está demasiado influenciado por sus expectativas, o si es una víctima de la forma de ser de ellos, debe comenzar a cambiar sus pensamientos de lo que *ellos están haciendo*, por lo que *usted está pensando*. Dígase a sí mismo: *Le he enseñado a todas estas personas cómo deben tratarme, como resultado de mi disposición por darle mayor importancia a sus opiniones que a las mías.* Podría decir enfáticamente, *¡Y es mi intención enseñarles en este momento, la forma en que deseo ser tratado de ahora en adelante!* Asumir la responsabilidad por la manera en que los miembros de su familia lo tratan, le ayuda a crear el tipo de relación con todos sus parientes, que concuerda con la mente universal de la intención.

Puede estar preguntándose, cómo es posible que pueda ser responsable de enseñarles a las personas a tratarlo. La respuesta es, en gran parte, debido a su disposición, no solamente a no dejar de escuchar las presiones familiares — algunas de las cuales son tradiciones que llevan ya generaciones — sino, también al permitir que se desconecte de su Fuente divina, y sucumba a las emociones de baja energía de humillación, culpa, desesperación, remordimientos, ansiedad y hasta odio. Usted, y nadie más que usted, le ha enseñado a sus parientes a tratarlo, a través de su disposición a aceptar los comentarios de críticas, de esa bien intencionada, pero a menudo, entrometida y fastidiosa, tribu.

**Sus relaciones familiares están en su mente.** Cuando cierra sus ojos, su familia desaparece. ¿A dónde se fueron? A ninguna parte, pero hacer este ejercicio le ayuda a reconocer que sus familiares están presentes en su mente. Y recuerde, que Dios es la mente con la cual usted está pensando. ¿Está usando su mente, para procesar a sus familiares en armonía con la intención? ¿O se ha abandonado o separado en su mente al observar a su familia, en formas contrarias a la Fuente universal de la intención? Sus parientes son ideas en su mente. Cualquiera que sea el poder que tienen, usted se los ha dado. Lo que siente que está mal o carente en estas relaciones, es una indicación de que algo está fallando en su interior, porque, en términos generales, todo lo que ve en los demás es un reflejo de algún aspecto suyo — de lo contrario no se molestaría, porque primero que todo, ni siquiera lo notaría.

Para poder cambiar la naturaleza de las relaciones familiares, tiene que cambiar su manera de pensar respecto a ellos, y dar un salto gigantesco hacia lo inconcebible. ¿Y qué es lo inconcebible? Es la idea de que en sus relaciones, *usted es una fuente de angustia*, en vez de esa persona que considera la más ofensiva, despreciable o exasperante. A través de los años, todas esas personas lo han tratado exactamente, como usted lo ha permitido con sus reacciones y sus conductas. Todos ellos existen como ideas en su mente, que lo han separado de su fuente de la intención. Esto puede cambiar milagrosamente cuando decida estar en paz con todas las personas en su vida, en particular, con sus parientes.

Si el enfoque de su diálogo interior sobre los miembros de su familia, es acerca de lo que ellos están haciendo mal, esa es precisamente la manera en que experimentará su relación. Si su lenguaje interno se centra en lo que le molesta de ellos, eso es lo que notará. Por mucho que quiera culparlos de sus disgustos, la culpa es suya y proviene de sus pensamientos. Si toma la decisión de colocar su atención interior, la energía de su vida, en algo bastante diferente, su relación cambiará. En sus pensamientos, donde su familia existe, ya no se sentirá molesto, enojado, ofendido o deprimido. Si está pensando, *Mi intención es ser auténtico y estar en paz con este pariente,* entonces ésa será su experiencia, aun si esa persona continúa actuando de la misma manera en que siempre lo ha hecho.

**Cambiar su mente es cambiar sus relaciones.** Ser auténtico y estar en paz con sus parientes es tan solo cuestión de pensamientos. Puede aprender a cambiar sus pensamientos, teniendo la intención de crear sentimientos auténticos y apacibles en su interior. Nadie es capaz de disgustarlo sin su permiso, y ha dado demasiados permisos en el pasado. Cuando comienza a practicar la intención de ser auténtico y estar en paz, retira su consentimiento de estar en la energía más baja. Se conecta con la paz misma, y decide traer paz a sus familiares, ganando, por consiguiente, el poder inmediato de cambiar la energía en sus reuniones familiares.

Piense en los familiares a quienes ha culpado por sus sentimientos de ansiedad, disgusto o depresión. Se ha enfocado en lo que le molesta de ellos, o en la forma en que ellos lo tratan, y su relación ha sido siempre cortante. Ahora, imagínese haciendo esto desde un punto de vista diferente: En vez de reaccionar a su baja energía de hostilidad, o de jactarse con una reacción hostil, o de jactancia de su parte, bajando el campo de energía de todas las personas involucradas, lleve en cambio su intención de paz a la relación. Recuerde, es la alta energía de amor, la que puede disolver todas las bajas energías. Cuando reacciona a la baja energía con más de lo mismo, no está siendo pacíficamente auténtico, y no está conectado al poder de la intención. En la baja energía, dice o piensa frases como, *Te irrespeto por ser tan irrespetuoso. Estoy molesto contigo por estar tan enojado con el mundo. Me disgustas por ser tan arrogante.*

Al poner su atención en lo que desea manifestar, en vez de ponerla en la misma baja energía que encuentra, toma la decisión de conectarse a la intención y traer los atributos de la Fuente universal a la presencia de esa baja energía. Intente imaginarse a Jesús de Nazaret diciéndole a sus seguidores, "Desprecio a aquellos que me desprecian y no quiero tener nada que ver con ellos." O, "Me enfurece mucho cuando las personas me juzgan. ¿Cómo puedo sentirme en paz cuando hay tantas personas hostiles a mi alrededor?" Esto es absurdo, porque Jesús representa la más elevada energía de amor en el universo. Eso es precisamente lo que él trajo a la presencia de la duda, de las personas hostiles, y su presencia por sí sola podía elevar la energía de aquellos a su alrededor. Ahora bien, yo sé que usted no es Jesucristo, pero sí tiene que aprender de nuestros grandes maestros, algunas lecciones espirituales muy importantes. Si tiene la intención de llevar paz a una situación, y está viviendo en el nivel de la intención, dejará esa situación sintiéndose en paz. Hace muchos años que aprendí esta lección con mi familia política.

Antes de mi despertar al poder de la intención, las visitas familiares eran eventos que me causaban consternación, debido a las actitudes y comportamientos de algunos de los familiares de mi esposa. Me preparaba para una visita de un domingo en la tarde, poniéndome ansioso y molesto por lo que suponía iba a ser una experiencia irritable y miserable. ¡Y casi nunca me defraudaba! Enfocaba mis pensamientos en lo que no me gustaba, y definía mi relación con mi familia política de esta manera. Poco a poco, al comenzar a entender el poder de la intención y alejar a mi ego, sustituí la bondad, la receptividad, el amor y hasta la belleza, por mis antiguas valoraciones de fastidio y enojo.

Antes de las reuniones familiares, me recordaba que soy lo que decido ser en todas las circunstancias, y decidí ser auténtico, estar en paz y disfrutar. En respuesta a algo que antes me molestaba, le decía a mi suegra en forma amorosa, "Nunca lo había visto desde ese punto de vista, me gustaría saber más al respecto." En respuesta a lo que antes consideraba como un comentario ignorante, ahora respondía, "Ese es un punto de vista interesante, ¿cuándo te enteraste de esto por primera vez?" En otras palabras, estaba llevando mi propia intención de paz a este encuentro, y me rehusaba a juzgarlos.

Empezó a suceder la cosa más sorprendente: Comencé a desear tener esas reuniones familiares en nuestro hogar. Comencé a verlos más iluminados de lo que pensaba con anterioridad. En realidad, disfrutaba nuestro tiempo juntos, y cada vez que sucedía algo que me había molestado en el pasado, lo pasaba por alto y respondía a cambio con amor y bondad. En una etapa más temprana de mi vida, las expresiones de prejuicios raciales o religiosos, estimulaban mi ira y mi rencor. Ahora, respondo con tranquilidad, recordando con amabilidad y gentileza mis propias opiniones, y sencillamente, ignoro el tema. A través de los años, he descubierto, no solamente que los comentarios de intolerancia racial o religiosos han disminuido hasta cero, sino que también he notado que mi familia política estaba demostrando tolerancia — y hasta amor — hacia las minorías, así como hacia aquellos que practicaban religiones distintas a la de ellos.

Aunque mi intención principal era la de permanecer en paz, descubrí que al no fundirme con las bajas energías de mi familia política, no solamente estaba más en paz toda la familia, sino que se desarrollaban conversaciones más amenas y enriquecedoras. Tenía tanto que aprender de ellos como enseñarles. Aun cuando opinara completamente opuesto a ellos, en referencia a un comentario dirigido a mí, recordaba mi intención de tener una relación pacífica con ellos, y tan solo eso era capaz de hacer. Ya no pensaba en lo que me disgustaba, en lo que me hacía falta, o en lo que siempre había sucedido. Me mantenía enfocado en divertirme en esas reuniones, en que estuvieran llenas de amor y, lo más importante para mí, que sucedieran en paz.

*** 

Demos un vistazo a los pasos que debe tomar, con el fin de hacer realidad la intención señalada en este capítulo y de todas las intenciones sucesivas.

**Paso 1: Identificar su intención verbalmente y por escrito, y desarrollar un profundo anhelo por conseguirla.** Cuando desea con fervor experimentar una vida familiar llena de paz, todo comienza a suceder para realizar este anhelo de forma espontánea y natural. En vez de pedirle a un santo o a Dios un milagro, pida por el milagro del despertar interior, el cual jamás lo abandonará. El despertar de esa luz interior, una vez logrado, se convertirá en su compañero inseparable, independientemente de su compañía o del sitio donde se encuentre. La fuerza dinámica está en su interior. Esta fuerza recorre su cuerpo y se siente una gran dicha. En última instancia, sus pensamientos se vuelven sublimes, y su mundo interior y exterior se funden. Anhele el despertar de esta luz interior, y desee con fervor que su intención se manifieste.

**Paso 2: Desee para toda su familia lo que desea para usted.** Cuando alguien critica, juzga, actúa con enojo, expresa odio u opina que usted está equivocado, quiere decir que no está en paz consigo. Desee esta paz para ellos, aun más de lo que la desea para usted. Al tener esta clase de intención para ellos, quita el enfoque de su propia persona. Esto no requiere que exprese ninguna palabra o tome acción alguna. Solo tiene que imaginarse al miembro de su familia con quien no está en paz, y sentir la paz que tanto anhela para usted. Su lenguaje interior cambiará, y comenzará a experimentar la autenticidad de la paz en sus dos seres.

**Paso 3: Sea la paz que busca en los demás.** Si es paz lo que le hace falta en sus relaciones con su familia, quiere decir que tiene un espacio en su interior ocupado por la falta de paz. Puede estar lleno de ansiedad, temor, ira, depresión, culpa o cualquier emoción de baja energía. En lugar de intentar deshacerse de esos sentimientos de una vez por todas, trátelos igual que lo hace con sus familiares. Salude con un amistoso *Hola,* a la falta de paz y déjelo ir. Le está enviando un sentimiento de paz, al sentimiento de falta de paz. Las energías más bajas que está experimentando, se reforzarán con su *Hola* lleno de paz y, al crecer la divinidad en su interior, se disolverán con el tiempo. El camino hacia esta paz es a través de cualquier forma de meditación y silencio que funcionen en su caso. Aunque sea un descanso de dos minutos, durante el cual se mantiene en silencio, concentrándose en el nombre de la divinidad, o repitiendo el sonido "Aaahh" como un mantra interno.

**Paso 4: Practique la concordancia con los siete rostros de la intención.** Si ya se le olvidó cómo luce la mente universal de la intención, recuerde que es creativa, bondadosa, amorosa, hermosa, siempre en expansión, con abundancia infinita y receptiva para toda la vida. Practique el juego de la concordancia, que les presento al comienzo de este libro, y con tranquilidad y determinación inflexible, lleve el rostro de la Fuente universal a la presencia de todos aquellos, con quienes siente que su paz se altera o se disminuye. Este tipo de energía espiritual lo transforma, no solamente a usted, sino también a sus familiares. Su intención de estar en paz con todas sus relaciones toma forma ahora, primero, en su mente, luego, en su corazón y por último, se materializa.

**Paso 5: Revise todos los obstáculos que se hayan interpuesto en su camino hacia la paz familiar.** Preste atención a cualquier diálogo interno, que se enfoque en su resentimiento por las expectativas de los demás. Recuerde que cuando piensa en lo que resiente, actúa basado en lo que piensa, mientras que atrae al mismo tiempo más de lo mismo. Examine su nivel de energía, en relación a su tendencia a reaccionar a las energías más bajas con más de lo mismo, y en esas relaciones, recuérdele a su ego que no volverá a decidir sentirse ofendido, o a necesitar tener la razón.

**Paso 6: Actúe *como si*.** Comience el proceso de actuar *como si lo que desea lograr ya fuera cierto*. Vea en cada miembro de su familia, el amor y la luz de su verdadera identidad. Cuando alguien le preguntó una vez a Baba Muktananda, un gran santo de la India, "Baba, ¿qué ves cuando me miras?" Baba decía, "Veo la luz en ti." La persona replicaba, "¿Cómo puede ser, Baba? Soy una persona colérica. Soy terrible. Tienes que ver todo eso." Baba decía, "No, veo luz." (Esta historia es contada por Swami Chidvilasananda Gurumayi en *Enciende mi corazón.)*

Entonces, vea la luz en todas *esas personas,* y trátelos *como si* eso fuera todo lo que ve.

**Paso 7: Desapéguese del resultado final.** No permita que su actitud auténtica y pacífica dependa de la conducta de sus familiares. Siempre y cuando se mantenga conectado a la intención, e irradie la energía elevada, habrá conseguido su paz. No es su posición, ni su propósito, hacer que todos en su familia piensen, sientan o crean como usted. Es bastante probable que vea cambios dramáticos en sus familiares al enseñarles, con su propia actitud, cómo desea ser tratado. Pero si ellos no cambian, y si continúan con sus actitudes no pacíficas, olvídese de su necesidad de transformarlos. Todo funciona en orden divino, y es útil que recuerde ahora el refrán: *entrégate y deja actuar a Dios.* Al entregarse, garantiza su paz, e incrementa dramáticamente las posibilidades de ayudar a los demás, a que hagan lo mismo.

**Paso 8: Afirme: *Solo atraigo paz a mi vida.*** Me recuerdo esta afirmación muchas veces al día, en particular con mis hijos y con otros parientes más lejanos. También practico esto en los supermercados, cuando saludo a los auxiliares de vuelos, cuando voy al correo y mientras conduzco mi automóvil. Me repito en silencio esta verdad absoluta, con determinación inflexible, y me funciona todo el tiempo. Las personas me responden con sonrisas, reconocimientos, gestos amistosos y saludos amables durante todo el día. También, me recuerdo la poderosa observación de *Un curso en milagros,* cuando me siento todo menos en paz, en un momento dado con mi familia: *En vez de esto, puedo optar por la paz.*

**Paso 9: No sea rencoroso y practique el perdón.** La clave para sentir paz en todas sus relaciones familiares, es el perdón. Todos sus parientes están haciendo, sencillamente, lo que aprendieron durante toda la vida, y las vidas de sus ancestros. Báñelos con comprensión y perdón desde su corazón.

Este pasaje de *Un curso en milagros,* ofrece mucha claridad para la realización de esta intención:

> *¿Deseas paz? El perdón te la ofrece.*
> *¿Deseas felicidad, una mente tranquila,*
> *la certeza de un propósito,*
> *y una sensación de mérito y belleza*
> *que trascienda el mundo?*
> *¿Deseas un sosiego que no pueda ser alterado,*
> *una apacibilidad que no pueda ser lastimada,*
> *un consuelo profundo y perdurable,*
> *y un descanso tan perfecto que jamás pueda ser perturbado?*
> *Todo esto te lo ofrece el perdón.*

**Paso 10: Permanezca en un estado de gratitud.** En vez de estar en un estado de no paz en relación a sus parientes, haga una oración de gratitud por su presencia en su vida, y por todo lo que han venido a enseñarle.

* * *

Estos diez pasos pueden practicarse a diario. Al trabajar hacia el conocimiento absoluto, de que esta intención se manifestará para usted, recuerde a diario que nunca se puede remediar una mala relación, condenándola.

✵ * ✵ * ✵

# CAPÍTULO DIEZ

## MI INTENCIÓN ES: SENTIRME UN TRIUNFADOR Y ATRAER ABUNDANCIA A MI VIDA

*"Dios es capaz de proporcionarte bendiciones en abundancia"*

— San Pablo

*"Cuando te das cuenta de que no careces de nada, el mundo entero te pertenece."*

— Lao Tzu

Uno de mis secretos para sentirme un triunfador y atraer la abundancia en mi vida, ha sido un axioma interno que uso virtualmente cada día de mi vida. Dice así: *Cambie la manera de ver las cosas y cambiarán las cosas que ve.* Esto siempre me ha funcionado.

En realidad, la verdad de esta pequeña máxima se encuentra en el campo de la física cuántica, la cual, según algunos, es un tema que no solo es más raro de lo que piensa, es más raro aun que usted pueda *pensarlo*. Resulta ser que al nivel subatómico más diminuto, el hecho real de observar una partícula, cambia la partícula. La manera en que observamos esos elementos fundamentales de vida, infinitamente pequeños, es un factor determinante en lo que al final se convertirán. Si extendemos esta metáfora a partículas cada vez mayores, y comenzamos a observarnos como partículas en un cuerpo más grande llamado humanidad, o aun mayor, la vida misma, entonces, no es una exageración demasiado grande imaginar, que la *manera* en que observamos el mundo en que vivimos, afecta ese mundo. Se ha dicho en repetidas ocasiones, en diversas formas: *Tal como es el microcosmos, es el macrocosmos.* Al leer este capítulo, recuerde esta pequeña jornada en la física quántica, como una metáfora para su vida.

Siendo este el caso, su intención de sentirse un triunfador, y experimentar prosperidad y abundancia, depende de la manera en que se ve a sí mismo, al universo y, aun más importante, al campo de la intención de donde provienen el éxito y la abundancia. Mi pequeña máxima sobre cambiar la manera en que se ven las cosas, es una herramienta en extremo poderosa, que le permitirá llevar la intención de este capítulo en su vida. Primero, examine la manera en que *usted* ve las cosas, y luego, cómo el espíritu de la intención hace lo mismo.

### ¿Cómo ve la vida?

La manera en que ve la vida es en esencia un barómetro de sus expectativas, según lo que le han enseñado que es merecedor y capaz de lograr. En gran parte, estas expectativas han sido impuestas, por influencias externas tales como la familia, la comunidad y las instituciones, pero, también han sido influenciadas por su compañero interno siempre presente: su ego. Estas fuentes de sus expectativas se apoyan, principalmente, en creencias de limitaciones, carencias y pesimismo, acerca de lo que es posible para usted. Si ve la vida en base a estas creencias, entonces, esta percepción del mundo es lo que espera de sí mismo. Es imposible atraer abundancia, prosperidad y éxito de estos limitantes puntos de vista.

En mi corazón, sé que atraer abundancia y sentirme un triunfador es posible, porque, como lo dije antes, al comienzo de mi vida *tuve* unas carencias enormes. Viví en hogares de custodia del gobierno, lejos de mi madre y de mi padre ausente, alcohólico y a menudo preso. Sé que estas verdades pueden funcionar en su caso, porque si lo han hecho para uno de nosotros, pueden hacerlo para *todos*, ya que todos compartimos la misma fuerza divina de abundancia, y emanamos del mismo campo de la intención.

Haga un inventario de la manera en que ve el mundo, pregúntese qué porcentaje de la energía de su vida se enfoca en justificar con habilidad los puntos de vista optimistas en potencia, al preferir ver las desigualdades y las inconsistencias, en la premisa de que la abundancia es para todos. ¿Puede cambiar la manera de ver las cosas? ¿Puede ver el potencial de prosperidad donde siempre ha visto escasez? ¿Puede cambiar lo *que es,* cambiando sencillamente la manera como lo ve? Mi respuesta a estas preguntas es un rotundo *sí.* Y la manera de cambiar las cosas que ve, es observar detenidamente algo que puede no haber considerado con anterioridad.

### ¿Cómo ve la vida el campo creador universal de la intención?

El campo de la intención, el cual es responsable de toda la creación, está en constante entrega. De hecho, su entrega no conoce límites. Tan solo persiste en su afán de convertir puro espíritu sin forma, en un sinfín de formas materiales. Aun más, este campo de la intención *da* de manera ilimitada. No existe el concepto de escasez o de carencia, cuando se trata de la Fuente creadora. Así es que estamos mirando dos conceptos considerables, cuando pensamos en la abundancia natural de la mente universal. El primero es la entrega perpetua y, el segundo, que esta entrega es infinita.

El poder de la intención está en entrega permanente, o sea, que parece obvio que debe adoptar estos dos atributos si desea lograr su propia intención personal de ser un triunfador, y atraer la abundancia en su vida. ¿Cuál debe ser su mensaje de respuesta al universo si desea *ser* abundante y tener éxito, en vez de luchar por conseguirlo? Su Fuente es abundante y usted es su Fuente; por consiguiente, debe comunicar esto de regreso. Ya que su Fuente está siempre prestando servicio y entregándose, y usted es su Fuente, entonces, debe estar siempre en un estado de servicio y entrega. *¡Esta Fuente puede funcionar con usted solamente cuando está en armonía con ella!*

Un mensaje al campo de la intención que dice, *Por favor envíame más dinero,* se interpreta como viéndose en un estado de escasez, pero esta Fuente no tiene el concepto de la escasez. Ni siquiera sabe lo que quiere decir no tener suficiente dinero. Por lo tanto, la respuesta de su fuente será, *Aquí hay un estado de necesidad de más dinero porque esa es tu manera de pensar, y como yo soy la mente con la cual tu piensas, aquí te envío más de lo que no quieres y no tienes.* Su respuesta dominada por el ego será, *¡Mis deseos son negados!* Pero la verdad es que la Fuente universal solo conoce la abundancia y la entrega, y le responderá con flujo de dinero si su intención es, *Tengo suficiente dinero y permito que fluya hacia mí eso que ya tengo suficiente.*

Ahora bien, todo esto puede parecer pura tontería y nada más que palabras distorsionadas, pero le aseguro, que esa es la manera exacta como funciona la mente universal. Cuanto más logre engranarse con lo que desee aquí, más verá de esa abundancia ilimitada. Deseche el concepto de escasez, porque Dios no tiene ni idea de esas cosas. La Fuente creadora reacciona a su creencia de escasez con el cumplimiento de su creencia.

Ahora, piense de nuevo en mi observación al principio de este capítulo: *Cambie la manera de ver las cosas y cambiarán las cosas que ve.* Puedo garantizarle, que la mente universal solo fluye en armonía con su propia naturaleza, la cual le provee abundancia ilimitada. Permanezca en armonía con esta naturaleza y todo sus deseos *tienen* que manifestarse, pues el universo no sabe hacer otra cosa distinta. Si le dice a la mente universal lo que desea, le responderá dejándolo en un estado de ansiedad, nunca satisfecho, y siempre deseando más. Si, en cambio, siente que lo que desea manifestar ya se ha logrado, se funde con su intención. Nunca permita un momento de duda, ni escuche a las personas negativas, así estará en presencia de ese campo creador de la intención.

Usted no puede provenir de la escasez, no puede provenir de la carencia, y no puede provenir de la deficiencia. Debe venir de los mismos atributos de aquello que todo lo permite. Esta es la palabra clave, *permitir.* Echemos un vistazo a la forma en que a menudo ignoramos el hecho de *permitir,* en nuestros intentos de manifestar el sentimiento de éxito, y atraer abundancia.

## El arte de permitir

La mente universal de la creación está en estado de suministro constante. Nunca se detiene, no toma vacaciones, no tiene días libres y siempre se está manifestando. Todo y todos, sin excepción, emanamos de esta mente universal llamada intención. Entonces, si todo proviene de este campo infinito de energía invisible, ¿por qué algunos participan de él mientras otros están separados? Si siempre se está manifestando en una corriente infinita de abundancia, y está experimentando escasez o carencias, de alguna manera debe estar ofreciendo resistencia a dejarlo entrar en su vida.

Dejar que esta Fuente, que todo lo da, entre en su vida, significa estar consciente de la resistencia que pueda estar teniendo en el paso de la abundancia, que siempre se ofrece. Si el universo está basado en energía y atracción, significa que todo está vibrando a frecuencias particulares. Cuando la frecuencia con la cual está vibrando, está en contradicción con la frecuencia de la oferta universal, está creando resistencia, inhibiendo el flujo de abundancia, en el espacio de su vida. Sus vibraciones individuales, son la clave para entender el arte de permitir. Las vibraciones que no son armoniosas están en gran parte en sus pensamientos y sentimientos. Los pensamientos que enfatizan que es indigno, contradicen la energía. Esa contradicción detiene la conexión a energías idénticas, creando así un campo de prohibición. Recuerde, se trata de estar siempre en armonía con su Fuente. Sus pensamientos pueden surgir, ya sea de la esencia del ser, que está en relación con la intención, o de la que la contradice.

Recuerde, usted es una parte de la mente universal, y que si se ve en armonía con los siete rostros de la intención, la mente universal no puede hacer otra cosa más que trabajar en armonía con usted. Por ejemplo, supongamos que quiere un mejor empleo, con un salario más alto. Imagínese que ya lo tiene, sepa en sus pensamientos que lo merece, no tenga dudas de que va a aparecer en cualquier instante, porque ya lo puede ver en su interior. La mente universal no tiene opción ahora al respecto, ya que usted es una parte de la mente que todo lo crea, y no hay contradicción vibratoria. ¿Entonces, qué puede salir mal? El arte de permitir se entorpece, por su costumbre de prohibir.

Hay una larga historia de una infinidad pensamientos que han formado un campo de resistencia, al permitir el libre flujo de abundancia. Esta costumbre de prohibir, surgió del sistema de creencias que cultivó durante años y en el cual se ha apoyado. Aun más, ha permitido que la resistencia de los demás entre en este cuadro, y se rodea por la necesidad de recibir la aprobación ajena. Solicita sus opiniones resistentes, lee artículos en el periódico sobre aquellos que no han logrado manifestar los empleos deseados, examina informes del gobierno sobre los prospectos de disminución en los empleos y la pobre economía, mira los reportajes televisivos pormenorizando el lamentable estado de las cosas en el mundo, y su resistencia se establece con más fuerza aun. Se alinea con los abogados de la prohibición.

Lo que tiene que hacer es ver este sistema de creencias, y todos los factores que siguen apoyándolo y decir, *Es un trabajo demasiado grande como para cambiar todo. Por el contrario, voy a empezar a cambiar los pensamientos que activan la prohibición aquí y ahora.* No importa lo que haya pensado antes, o por cuánto tiempo lo haya hecho, o qué tanta presión tenga para mantener su resistencia. En vez de eso, deje de activar los pensamientos prohibitivos hoy, uno por uno. Puede hacer eso afirmando, *Me siento un triunfador, deseo sentir la abundancia que está aquí, ahora.* Repita estas palabras o cree sus propias frases, las cuales inundarán continuamente sus pensamientos durante las horas de vigilia, con una nueva creencia, de ser siempre un triunfador y vivir en la abundancia. Cuando activa estos pensamientos, con la suficiente frecuencia, se convierte en su manera habitual de pensar, y habrá tomado los pasos necesarios para eliminar su resistencia a permitir.

Entonces, esos pensamientos se convierten en sus palabras silenciosas, como oraciones personales: *Soy un triunfador; soy abundancia.* Cuando se convierte en el éxito mismo, cuando usted es la misma abundancia, está en armonía con la Fuente que todo lo crea, y hará lo único que sabe hacer. Estará siempre abierto y en actitud de entrega, con lo que no ofrece resistencia, es decir, usted. Ya no está vibrando con la escasez; su propia expresión vibratoria individual está en concierto con lo que invoca de su Fuente. Usted y su fuente, son uno en sus pensamientos. Ha decidido identificar esos pensamientos de resistencia y, al mismo tiempo, ha decidido seguir su camino ininterrumpidamente.

Al practicar la permisión, y vivir en la creencia de la menor resistencia, ya el éxito no es algo que escoge, es lo que usted es. La abundancia ya no lo elude. Usted es la abundancia. Fluye sin impedimentos, más allá de su resistencia. Aquí yace otra clave para que la abundancia fluya en libertad.: *Debe evitar el apego o el atesoramiento de lo que se manifieste en su vida.*

### La abundancia, el desapego y sus sentimientos

Aunque es crucial que concuerde con una firme vibración, con la abundancia que todo lo crea de la intención, es igualmente crucial que sepa que no se puede aferrar o poseer nada de lo que la abundancia le traiga. Esto es debido a que esa parte suya, que desea aferrarse y apegarse a su éxito y a sus riquezas, no es realmente usted, es ese molesto ego suyo. No es lo que tiene, ni lo que hace; es un ser divino e infinito disfrazado como un triunfador, que ha acumulado cierta cantidad de cosas. *Usted no es esas cosas.* Por eso es que de cualquier forma debe evitar apegarse a ellas.

El desapego viene del conocimiento, de que su verdadera esencia es una pieza del campo infinitamente divino, de la intención. Es entonces, cuando se vuelve consciente de la importancia de sus sentimientos. Sentirse bien se vuelve más valioso que pulir sus joyas. Sentirse abundante, sobrepasa la cantidad de dinero en su cuenta bancaria y trasciende lo que los demás puedan pensar de usted. Sentirse genuinamente abundante y exitoso, es posible cuando se desapega de las cosas que desea, y deja que fluyan hacia usted; e, igualmente importante, *a través* suyo. Cualquier cosa que inhibe el flujo de energía, detiene el proceso creativo de la intención, en el mismo lugar donde fue erigido el obstáculo.

El apego es uno de esos obstáculos. Cuando se aferra a lo que le llega, en lugar de permitir que se mueva a través suyo, detiene el flujo. Lo atesora, o decide poseerlo, y el flujo se detiene. Debe mantenerlo en circulación, sabiendo siempre que nada puede evitar, que siga llegando a su vida, excepto la resistencia que le ponga en su camino. Sus sentimientos y emociones, son los barómetros para detectar la resistencia, y evaluar su habilidad de experimentar éxito y abundancia.

**Poner atención a sus sentimientos.** Sus emociones son las experiencias internas que le dicen, qué tanto de su energía divina está invocando la manifestación de sus deseos. Los sentimientos pueden ser herramientas para medir el calibre de sus acciones, en el proceso de manifestación. Una respuesta emocional excepcionalmente positiva indica que está invocando su energía divina de la intención, y permitiendo que fluya sin resistencia. Los sentimientos de pasión, pura gloria, reverencia, optimismo absoluto, certeza incuestionable, y aun la iluminación, indican, por ejemplo, que su deseo de manifestar éxito y abundancia, tienen un poder de atracción extremadamente fuerte, de la Fuente universal hacia usted. Debe aprender a poner mucha atención a la presencia de estos sentimientos. Estas emociones no son solamente facetas de su vida carentes de energía, son agentes, y están a cargo de limpiar y purificar el enlace conector a la intención. En ese momento, estas emociones le dicen, precisamente, cuánta fuerza vital está invocando, y cuánto *poder atrayente* está trabajando para usted.

La abundancia es el estado natural de la intención. Su deseo de abundancia debe fluir libre de resistencias. Cualquier discrepancia entre su intención individual y su deseo, en referencia a la posibilidad de invocarlo en su vida, crea resistencia. Si la desea, pero cree que es imposible tenerla o que es indigno de ella, o que no tiene las aptitudes o perseverancia, entonces, crea resistencia y la prohíbe en su vida. Sus sentimientos indican qué tan bien está atrayendo la energía necesaria, para la realización de su deseo. Sentimientos fuertes de desespero, ansiedad, culpa, odio, miedo, vergüenza e ira están enviándole el mensaje de que desea éxito y abundancia, pero que no cree que sea posible tenerla. Estos sentimientos negativos, son las claves para actuar y equilibrar sus deseos con los de la mente universal de la intención, la cual es la única fuente de eso que desea. Las emociones negativas le indican, que el poder que está atrayendo de la intención, es débil o aun inexistente. Las emociones positivas le dicen que se está conectando y teniendo acceso al poder de la intención.

En relación a la abundancia, una de las formas más efectivas de incrementar el poder atrayente de la intención es retirar el enfoque en el dinero, y colocarlo en crear abundancia en amistad, seguridad, felicidad, salud y energía elevada. Es aquí que comenzará a sentir esas emociones elevadas, las cuales le harán saber que está de regreso en el juego de la concordancia con la Fuente que todo lo crea. Al enfocarse en tener abundancia en felicidad, salud, seguridad y amistades, fluirán hacia usted los medios para adquirir todo esto. El dinero es uno de esos medios y mientras más rápido irradia a su alrededor su energía vibratoria, más dinero se manifestará en cantidades significativas. Estos sentimientos positivos, como indicadores de su poder atrayente de éxito y abundancia, lo colocarán en un modo activo para co-crear sus intenciones.

No estoy sugiriendo que tan solo espere que todo caiga en el debido sitio. Estoy sugiriendo que al declarar, *Estoy determinado a ser un triunfador y atraer prosperidad*, su energía emocional cambiará y actuará como si su deseo ya se hubiera realizado. Sus acciones estarán en armonía con los rostros de la intención, y le será ofrecido lo que usted *es,* en vez de intentar que le sea ofrecido lo que le falta.

En este punto de mi vida, me rehúso a participar en cualquier deseo, a menos que tenga un conocimiento total y sin resistencia de que puedo hacerlo, y lo manifestaré en mi vida desde la Fuente que todo lo crea de la intención. Mis deseos de indicadores personales de abundancia, se han manifestado todos, practicando lo que he escrito aquí, y en el programa de diez pasos que sigue a continuación. He logrado *permitir* retirando la resistencia y conectándome a mi Fuente original que todo lo crea. Confío en ella por completo. A lo largo de los años, he aprendido que cuando he deseado algo que me parece imposible, obtengo sentimientos tristes como resultado. Luego pensé que debía desear menos, pero todo lo que logré fue alejarme aun más del poder ilimitado de la intención. Seguía en *disonancia* vibratoria con la abundancia del universo.

Comencé a comprender, que estar en armonía con la abundancia no causaba pobreza o hambre a los demás. Al contrario, la abundancia que creaba me ofrecía la oportunidad de ayudar a erradicar la pobreza y el hambre. Pero el aprendizaje más significativo fue darme cuenta, de que tenía menos posibilidades de ayudar a los demás, cuando estaba en las frecuencias más bajas. Aprendí, que tenía que colocarme en armonía vibratoria con mi Fuente. Una de las razones para escribir este capítulo, es convencerlo de que no tiene que pedir menos o sentirse culpable por desear abundancia, pues esta está ahí para usted y para todos, en cantidades ilimitadas.

✳ ✳ ✳

Vivo y respiro lo que estoy escribiendo aquí sobre el éxito y la abundancia. Sé, mas allá de toda duda (resistencia), que puede atraer abundancia y sentirse exitoso, absorbiendo los mensajes de este capítulo, los cuales, al igual que la abundancia que anhela, fluyen de la Fuente universal a través mío en estas páginas. No hay discrepancia entre mi deseo de escribirlo, y mi voluntad de permitir su flujo hacia usted sin impedimentos. ¿Cómo sé esto? Mi emoción en este momento es de dicha indescriptible, serenidad y reverencia. Confío en este estado emocional, el cual me indica que he venido usando un fuerte poder atrayente, para crear estos mensajes del Espíritu que todo lo crea de la intención. Estoy vibrando en armonía y abundancia, y los sentimientos de éxito son mis intenciones aquí manifestadas. Inténtelo en cualquier cosa que quiera ver fluyendo abundantemente en su vida.

### *Hacer de su intención una realidad*

A continuación encontramos un programa de diez pasos para implementar la intención de este capítulo, o sea, para sentirse exitoso y atraer la abundancia en su vida:

**Paso 1: Vea el mundo como un lugar abundante, proveedor y amistoso.** Repito, cuando cambia la manera de ver las cosas, cambian las cosas que ve. Cuando ve el mundo abundante y amistoso, sus intenciones son posibilidades genuinas. Ellas se convierten, de hecho, en una certeza, porque el mundo será experimentado desde frecuencias más elevadas. En este primer paso, usted está receptivo a un mundo que provee en vez de restringir. Verá un mundo que desea que tenga éxito y abundancia, en vez de uno que conspira en su contra.

**Paso 2: Afirme:** *Atraigo éxito y abundancia en mi vida porque eso es lo que soy.* Esto lo pone en armonía vibratoria con su Fuente. Su meta es eliminar cualquier distancia entre lo que desea y lo que quiere atraer en su vida. La abundancia y el éxito no están ahí esperando mostrarse ante usted. Usted ya es eso, y la Fuente puede proveer solamente lo que es, y en consecuencia, lo que usted ya es.

**Paso 3: Permanezca en la actitud de permitir.** *Resistencia* es disonancia entre su deseo de abundancia y sus creencias en su habilidad o su falta de mérito. *Permitir* significa un alineamiento perfecto. Una actitud de permitir quiere decir que ignora los esfuerzos de los demás por disuadirlo. También significa que no confía en sus creencias antiguas orientadas por el ego, acerca de que la abundancia no es parte de su vida. En una actitud de *permitir,* toda la resistencia en forma de pensamientos de negatividad o duda, es reemplazada con el simple conocimiento de que usted y su Fuente, son uno y el mismo. Imagínese la abundancia que desea fluyendo directamente hacia usted. Rehúse hacer cualquier cosa o tener cualquier pensamiento, que comprometa su alineamiento con la Fuente.

**Paso 4: Use sus momentos presentes para activar los pensamientos que están en armonía con los sietes rostros de la intención.** La frase clave aquí es *momentos presentes.* Advierta ahora mismo, en estos momentos, si está pensando que es inútil en esta etapa de su vida, cambiar los pensamientos que comprenden su sistema de creencias. ¿Se siente derrotado ante la idea, de que ha pasado toda una vida practicando afirmaciones de carencia y escasez, y creando resistencia a su éxito y abundancia, y que no le queda tiempo suficiente para contrarrestar esos pensamientos, que abarcan su sistema de creencias antiguo?

Tome la decisión de dejar escapar las creencias de toda una vida, y comience a activar aquí y ahora, pensamientos que lo hagan sentir bien. Diga, *quiero sentirme bien,* cada vez que alguien trate de convencerlo de que sus deseos son inútiles. Diga, *quiero sentirme bien,* cuando trate de volver a los pensamientos de baja energía, en disonancia con la intención. Eventualmente, sus momentos presentes activarán los pensamientos que lo hacen sentir bien, y esto es un indicador de que se está reconectando a la intención. Desear sentirse bien es sinónimo de desea sentir a *Dios.* Recuerde, "Dios es bueno, y todo lo que Dios ha creado es bueno."

**Paso 5: Inicie acciones que apoyan sus sentimientos de abundancia y éxito.** La palabra clave aquí es *acciones.* He llamado a esto *actuar como si* o *actuar desde el final*, y actuar de esa manera. Coloque su cuerpo en un engranaje que lo empuje hacia la abundancia y el éxito. Actúe de acuerdo a esas emociones apasionadas, como si la abundancia y el éxito que anhela ya estuvieran aquí. Hable con pasión en su voz a los desconocidos. Conteste el teléfono con inspiración. Haga una entrevista de trabajo con confianza y alegría. Lea los libros que aparecen misteriosamente, y ponga mucha atención a las conversaciones que parecen indicar, que ha sido llamado a realizar algo nuevo.

**Paso 6: Recuerde que su prosperidad y su éxito benefician a otros, y nadie carece de abundancia porque usted haya optado por ellos.** Una vez más, el suministro es ilimitado. Mientras más participe en la generosidad universal, más tendrá que compartir con los demás. Al escribir este libro, han fluido en mi vida distintas formas de maravillosa abundancia. Pero aun más importante, los editores de libros y los diseñadores gráficos, los conductores de los camiones que transportan los libros, los obreros de las fábricas de camiones, los agricultores que alimentan a los obreros de las fábricas automotoras, los empleados de las librerías. . . todos reciben abundancia porque he seguido mi dicha y he escrito este libro.

**Paso 7: Supervise sus emociones como un sistema de guía para su conexión a la mente universal de la intención.** Las emociones fuertes, tales como la pasión y la dicha, son indicadores de que está conectado al Espíritu, o si prefiere, *inspirado*. Cuando está inspirado, se activan sus fuerzas latentes, y la abundancia que anhela en cualquier forma viene directo a su vida. Cuando experimenta emociones de baja energía, de ira, rabia, odio, ansiedad, desespero y similares, es una clave de que aunque sus deseos pueden ser fuertes, están completamente fuera de sincronismo con el campo de la intención. En esos momentos, recuerde que desea sentirse bien, y vea si puede activar un pensamiento que *apoye* ese sentimiento.

**Paso 8: Vuélvase generoso con el mundo con su abundancia, como lo es el campo de la intención con usted.** No detenga el flujo abundante de la energía atesorando o poseyendo lo que recibe. Déjelo que siga su camino. Use su prosperidad al servicio de los demás, y para causas más grandes que su ego. Mientras más practique el desapego, más estará en armonía vibratoria con la Fuente que todo lo da.

**Paso 9: Dedique el tiempo necesario para meditar en el Espíritu interior como la fuente de su éxito y su abundancia.** No hay sustituto para la práctica de la meditación. Esto tiene una relevancia particular con la abundancia. Debe comprender que su proveedor es su *consciencia de la presencia*. Al repetir el sonido del nombre de Dios como un mantra, está usando una técnica tan antigua para la manifestación, como lo son los primeros registros históricos. Me siento particularmente atraído hacia una forma de meditación que he mencionado anteriormente, llamada Japa. Sé que funciona.

**Paso 10: Desarrolle una actitud de gratitud por todo lo que se manifiesta en su vida.** Sea agradecido y llénese de asombro y apreciación, aun si lo que desea no ha llegado todavía. Aun en los días más oscuros de su vida, vea todo con gratitud. Todo lo que viene de la Fuente tiene un propósito. Agradezca mientras se reconecta a aquello de donde todo se origina.

\* \* \*

La energía que crea mundos y universos está en usted. Funciona a través de la atracción y la energía. Todo vibra; todo tiene una frecuencia vibratoria. Según San Pablo, "Dios puede proveerte en abundancia con todas las bendiciones." Sintonícese con la frecuencia de Dios, ¡y la conocerá más allá de toda duda!

～ \* ～ \* ～

# CAPÍTULO ONCE

## *Mi intención es:* VIVIR UNA VIDA TRANQUILA Y LIBRE DE ESTRÉS

*"La ansiedad es símbolo de inseguridad espiritual."*

— Thomas Merton

*"Mientras creamos desde el fondo de nuestros corazones que nuestra capacidad es limitada, creceremos ansiosos y desdichados, carentes de fe. Aquél que en verdad confía en Dios, no tiene derecho a estar ansioso por nada."*

— Paramahansa Yogananda

Realizar esta intención de vivir una vida tranquila y libre de estrés, es un medio para lograr su maravilloso destino. Me da la impresión, que nuestra Fuente tenía en mente cuando nos trajo a este mundo, que tuviéramos experiencias felices y alegres. Cuando se encuentra en un estado de alegría y felicidad, ha regresado a su verdadera intención de dicha pura, creativa, gloriosa y carente de juicio. Su estado natural — desde el cual fue creado — es esa sensación de bienestar. Este capítulo trata de su retorno y acceso a este estado natural.

Usted fue creado de una Fuente que es pacífica y alegre. Cuando está en ese estado eufórico de alegría, está en paz con todo. Para eso fue destinado y determinado a concordar en sus pensamientos, sentimientos y acciones. En un estado de alegría, se siente realizado e inspirado en todas las facetas de su vida. En pocas palabras, lograr liberarse de la ansiedad y del estrés es un sendero para regocijarnos con el campo de la intención. Los momentos de su vida que pasa feliz y contento, y que le permiten vivir la vida a plenitud con un propósito, son las ocasiones en que está alineado con la mente universal de la intención que todo lo crea.

No hay nada de natural en vivir una vida estresada y llena de ansiedad, tener sentimientos de desesperación y depresión, y necesitar píldoras para tranquilizarse. Los pensamientos agitados que producen un alza en la presión arterial, un estómago nervioso, una sensación persistente de desconsuelo, la incapacidad de relajarse o dormir, disgustos frecuentes y agresividad, están violando su estado natural. Créalo o no, usted tiene el poder de crear la vida tranquila y naturalmente libre de estrés que desea. Usted puede usar este poder para atraer frustración o alegría, ansiedad o paz. Cuando está en armonía con los siete rostros de la intención, puede tener acceso y extraer de la Fuente universal lo necesario, para realizar su intención de estar tranquilo y libre de estrés.

Si es natural tener sentimientos de bienestar, entonces, ¿por qué parece que vivimos tanto "malestar" y tensión? La respuesta a esta pregunta le brinda la clave que conlleva la vida pacífica que tanto desea.

### El estrés es un deseo del ego

Ese molestoso ego está en acción cuando experimenta estrés o ansiedad. Quizás su propio ego se siente más efectivo lidiando con el estrés, porque así siente que está haciendo algo en este mundo. Tal vez es un hábito, una costumbre, o una creencia que esa es la forma correcta de ser. Solamente usted puede analizar el *por qué*. Pero el hecho es, que ese estrés es familiar y la tranquilidad es extraña, por eso el ego desea el estrés.

Pero no hay estrés o ansiedad real en el mundo; son sus pensamientos que crean esas falsas creencias. El estrés no se puede empacar, tocar o ver. Solo existe cuando hay personas pensando que están estresadas. Cuando pensamos en la tensión emocional, creamos reacciones en el cuerpo, mensajes valiosos o señales que requieren nuestra atención. Esos mensajes pueden revelarse en forma de náuseas, presión arterial alta, molestias estomacales, úlceras, dolores de cabeza, palpitaciones, dificultades respiratorias, y una infinidad de otros síntomas, que van desde pequeñas molestias hasta enfermedades mortales.

Hablamos del estrés como algo que está presente en el mundo que nos puede atacar. Decimos cosas tales como, *Estoy teniendo un ataque de ansiedad,* como si la ansiedad fuera un combatiente. Pero el estrés en su cuerpo es raramente el resultado de entidades o fuerzas externas atacándolo; es el resultado de una débil conexión a la intención, causada por su creencia de que usted es su ego. Usted es paz y alegría, pero deja que su ego domine su vida, no disfrutará ni de la una ni de la otra. Aquí vemos una corta lista de los pensamientos que se originan en su propio ego inducidos por el estrés:

- *Es más importante estar en lo correcto que ser feliz.*

- *Ganar es lo único importante. Cuando pierde, debe estresarse.*

- *Su reputación es más importante que su relación con su Fuente.*

- *El éxito se mide en dinero y en cantidades, en vez de felicidad y alegría.*

- *Ser superior a los demás es más importante que ser amable con los demás.*

El divertido método planteado por Rosamund y Benjamin Zander (director de la Orquesta Filarmónica de Boston) en su libro *El arte de las posibilidades,* ilustra de una manera exquisita, la manera en que permitimos a nuestro ego, crear muchos de los problemas que atribuimos al estrés y a la ansiedad.

Dos primeros ministros están sentados en una habitación tratando temas del gobierno. De repente, un hombre entra de golpe, lleno de furia, grita y golpea su puño contra el escritorio. El primer ministro le advierte: "Peter," dice, "recuerda la Regla Número 6," ante lo cual Peter se recupera por completo y regresa a la calma, se excusa y se retira. Los políticos prosiguen su conversación, solamente para ser interrumpidos de nuevo, veinte minutos más tarde por una mujer histérica de cabello erizado, gesticulando como una salvaje. De nuevo la intrusa recibió el saludo anterior: "Marie, por favor recuerda la Regla Número 6." La mujer recupera por completo la calma una vez más, y también se retira con una venia y pidiendo excusas. Cuando la escena se repite una tercera vez, el primer ministro visitante se dirige a su colega: "Querido amigo, he visto muchas cosas en mi vida, pero jamás había visto algo tan extraordinario. ¿Estarías dispuesto a compartir conmigo el secreto de la Regla Número 6?" "Muy sencillo," responde el primer ministro anfitrión. "La Regla Número 6 es 'No se tome a sí mismo tan endemoniadamente en serio.'" "Ah, dice el visitante, "esa es una regla excelente." Después de un momento de reflexión, pregunta de nuevo, "¿Y si me permites la pregunta, cuáles son las otras reglas?"

"No hay más."

Cuando encuentre en su vida estrés, presión o ansiedad, recuerde la "Regla Número 6", en el momento en que se dé cuenta de que está teniendo pensamientos estresantes. Al notarlo y descontinuar el diálogo interno, que está causando el estrés, puede prevenir sus síntomas físicos. ¿Cuáles son los pensamientos internos que producen estrés? *Soy más importante que todos aquellos que están a mi alrededor. Mis expectativas no han sido cumplidas. No debería tener que esperar, soy demasiado importante. Soy el cliente aquí y exijo atención. Nadie sabe lo que es sentir estas presiones.* Todas las anteriores, en conjunto con un inventario potencialmente infinito de pensamientos de la "Regla Número 6", son parte del caudal del ego.

Usted no es su empleo, sus logros, sus posesiones, su hogar, su familia, ni su nada. Es un aspecto del poder de la intención, disfrazado en un cuerpo humano físico, designado para experimentar y disfrutar la vida en la tierra. Esta es la intención que usted quiere traer ante la presencia del estrés.

**Traer su intención ante la presencia del estrés.** Cualquier día le ofrece cientos de oportunidades de implementar la "Regla Número 6", trayendo al momento el poder de la intención y eliminando el potencial de estrés. Aquí vemos algunos ejemplos de cómo desarrollar esta estrategia. En cada uno de esos ejemplos, he activado un pensamiento interno que estaba en armonía vibratoria con el campo universal de la intención, y he logrado mi intención personal de estar tranquilo. Estos ejemplos ocurren en un periodo de tres horas en un día normal. Se los ofrezco para recordarle que ese estrés y esa ansiedad son opciones que tomamos para procesar eventos, en vez de entidades que están ahí esperando invadir nuestras vidas.

— Estoy entregando una receta médica en la farmacia y la persona que está delante de mí está hablando con el farmaceuta, haciéndole preguntas, en apariencia vanas — ante lo cual, mi ego productor de estrés, me dice que es con el fin de retardarme y molestarme deliberadamente. Mi diálogo interno puede ser algo similar a: *¡Soy una víctima! Siempre hay alguien justo delante de mí en la fila que, o se enreda con el dinero, o no puede probar que merece un reembolso del seguro médico, o tiene que hacer preguntas tontas que hacen que no pueda entregar mi receta médica.*

Como una señal, uso esos pensamientos para cambiar mi diálogo interno a: *Wayne, ¡deja de tomarte tan endemoniadamente en serio!* De inmediato paso de enojado a dichoso. Dejo de enfocarme en mí mismo y, al mismo tiempo, le quito resistencia a mi intención para vivir una vida tranquila y sin estrés. Ahora veo a esta persona como un ángel delante de mí en la fila, que está ahí para asistirme en mi reconexión a la intención. Dejo de juzgar, y en realidad, empiezo a ver belleza en los gestos lentos y deliberados. En mi mente, me siento amable hacia este *ángel*. En mis pensamientos, paso de la hostilidad al amor, y mis emociones cambian de molesto a calmado. El estrés es totalmente imposible en ese momento.

— Mi hija de 17 años me comenta sus desacuerdos con un directivo de la escuela que ha tomado acción contra algunos de sus amigos, un acto que ella considera completamente injusto. Es sábado en la mañana y no hay nada que se pueda hacer hasta el lunes. ¿Qué hacer? Pasar dos días repitiendo los detalles de su historia y pasar un fin de semana estresado, o recordarle cómo activar sus pensamientos que la harán sentir bien. Le pido que describa sus sentimientos. Ella responde que está "enojada, molesta y herida." Le pido que piense en la "Regla Número 6" y vea si hay algún otro pensamiento que pueda activar.

Se ríe y me dice lo loco que estoy. "Pero," admite, "en realidad no tiene sentido molestarse durante todo el fin de semana, por lo que voy a dejar de pensar en lo que me hace sentir mal."

"El lunes haremos lo posible por rectificar la situación," le digo. "Pero por ahora — y el ahora es todo lo que tienes — pon en juego la 'Regla Número 6' y únete al campo de la intención donde no existen el estrés, la ansiedad y la presión."

Para realizar la intención de este capítulo, *para vivir una vida tranquila y libre estrés*, debe hacerse consciente de la necesidad de activar respuestas a conceptos, que concuerden con su intención. Estas nuevas respuestas se vuelven habituales, y reemplazan su vieja costumbre de responder con métodos productores de estrés. Cuando examina segmentos de incidentes productores de estrés, siempre tiene la opción de decidir. *¿Me quedo con los pensamientos que producen estrés en mi interior, o trabajo para activar los pensamientos que hacen imposible el estrés?* Aquí vemos otra herramienta útil, para ayudarlo a reemplazar la costumbre de escoger ansiedad y estrés.

**Cuatro palabras mágicas: ¡Me quiero sentir bien!** En un capítulo anterior, describí cómo sus emociones son un sistema de guía, que le informa si está creando o no resistencia a sus intenciones. Sentirse mal le deja saber que no está conectado con el poder de la intención. Su intención aquí es estar tranquilo y libre de estrés. Cuando se siente bien, está conectado a sus intenciones, sin importar lo que sucede a su alrededor o lo que los demás esperan que usted sienta. Aun si hay una guerra, tiene la opción de sentirse bien. Si la economía está en su peor momento, tiene la opción de sentirse bien. En casi cualquier catástrofe, tiene la opción de sentirse bien. Sentirse bien no es una indicación de que es insensible, indiferente o cruel, es una opción que usted escoge. Dígalo en voz alta: *¡Me quiero sentir bien!* Luego conviértalo en: *Tengo la intención de sentirme bien.* Sienta el estrés y luego, envíele el amor y el respeto de los siete rostros de la intención. Los siete rostros le sonríen, y saludan a lo que usted llama sentirse mal. Es ese sentimiento que quiere sentirse bien. Con el fin de contraatacar los deseos de su ego, debe ser para sus sentimientos, lo que su Fuente es para usted.

Sucederán muchos eventos en los cuales su respuesta condicionada es sentirse mal. Esté consciente de esos incidentes externos y diga las cuatro palabras mágicas: *Me quiero sentir bien.* En ese preciso momento, pregúntese si sentirse mal ayudará de alguna manera la situación. Descubrirá que lo único que logra sintiéndose mal, en respuesta a las situaciones externas, es sumergirse en la ansiedad, la desesperación y, por supuesto, el estrés. En vez de eso, pregúntese qué pensamiento podría tener para hacerlo sentir bien. Cuando descubra que es respondiendo con bondad y amor al sentimiento de molestia (lo cual es muy distinto a revolcarse en él), comenzará a experimentar un cambio en su estado emocional. Ahora, está en armonía vibratoria con su Fuente, ya que el poder de la intención solo conoce la paz, la bondad y el amor.

Este pensamiento, que acaba de activarse y que le permite sentirse bien, puede durar tan solo unos pocos momentos, y puede ser que regrese a su método antiguo de procesar los eventos desagradables. Trate también a ese antiguo método con respeto, amor y comprensión, pero recuerde, que ese es su propio ego tratando de protegerse desde su percepción del peligro. Ante cualquier señal de estrés, diga las cuatro palabras mágicas: *Me quiero sentir bien.* ¡El estrés quiere llamar su atención! Al decir las cuatro palabras mágicas y extender amor a sus sentimientos de molestia, ha comenzado el proceso de realizar su intención declarada, de sentirse tranquilo y libre de estrés. Ahora, puede practicar activando estos pensamientos en los momentos más difíciles, y antes de que se de cuenta, estará viviendo el mensaje ofrecido a todos en el libro de Job: "Decidirás una cosa y te saldrá bien, y sobre tus caminos brillará la luz" [Job 22:28]. La palabra *luz* en esta referencia bíblica, significa que una vez que toma una decisión consistente con esa luz, tiene la asistencia de la mente divina de la intención.

Le aseguro, que su decisión de sentirse bien, es una manera de conectarse al Espíritu. No es una respuesta indiferente a los eventos. Al sentirse bien, se convierte en un instrumento de paz, y es a través de este canal que puede erradicar sus problemas. Al sentirse mal, se queda en el campo energético que crea resistencia al cambio positivo; y experimenta un resultado estresante y un estado de ansiedad. Las cosas que usted llama problemas, estarán perpetuamente presentes en su vida. Nunca se irán. Resuelva una. . . ¡y otra aparecerá!

**Es un trabajo que nunca termina.** En el capítulo 6, le recordé su naturaleza infinita. Como usted es un ser espiritual infinito, disfrazado en un ser humano temporal, es esencial que comprenda que en el infinito no hay comienzo ni final. Por lo tanto, sus deseos, metas, esperanzas y sueños nunca terminan, ¡jamás! Tan pronto como manifiesta uno de sus sueños, surge otro casi con seguridad. La naturaleza de la fuerza universal de la intención, de la cual usted emigró en un ser material temporal, está siempre creando y avanzando. Aun más, está en un estado continuo de expansión. Sus deseos de manifestarse en su vida, son parte de esta naturaleza infinita. Aun si desea no tener deseos, ¡eso es un deseo!

Le pido que, simplemente, acepte el hecho de que es un trabajo que nunca termina, y comience a vivir una vida más plena en el único momento que usted tiene ¡ahora! El secreto para desechar los efectos dañinos de los sentimientos de estrés y presión, es vivir en el ahora. Anúncielo en voz alta para usted y para todo aquel que quiera escucharlo: *Soy un ser incompleto. Siempre seré incompleto porque nunca terminaré lo que tengo que hacer. Por lo tanto, decido sentirme bien en este momento, atrayendo en mi vida las manifestaciones de mis deseos. ¡Estoy completo siendo incompleto!* Le puedo asegurar que seguir esta declaración erradicará toda la ansiedad y el estrés, lo cual es, precisamente, la intención de este capítulo. Toda la resistencia se derrite cuando se siente completo, siendo incompleto.

### El camino de la menor resistencia

Usted vive en un universo que tiene un potencial ilimitado de alegría integrada al proceso creativo. Su Fuente, la cual llamamos la mente universal de la intención, lo ama más allá de lo imaginable. Cuando usted se ama en la misma proporción, concuerda con el campo de la intención, y opta por el camino de la no resistencia. Siempre y cuando tenga una pizca de ego, retendrá algo de resistencia, por eso le pido que tome el camino en el cual la resistencia está minimizada.

La forma y la cantidad de sus pensamientos, determinan la cantidad de resistencia. Los pensamientos que generan malos sentimientos son pensamientos de resistencia. Cualquier pensamiento que ponga una barrera entre lo que desea hacer y su habilidad para atraerlo en su vida, es resistencia. Su intención es vivir una vida tranquila, libre de estrés y ansiedad. Usted sabe que el estrés no existe en el mundo y que solo hay personas teniendo pensamientos estresantes. Los pensamientos estresantes son de por sí una forma de resistencia. No es deseable tener pensamientos estresantes resistentes, como manera habitual de reacción a su mundo. Al practicar pensamientos de mínima resistencia, se entrena para que esa sea su manera habitual de responder, y, eventualmente, se convertirá en la persona tranquila que desea ser, una persona libre de estrés, libre de los "males" que éste trae a su cuerpo. Los pensamientos estresantes *son por sí mismos* la resistencia que usted construye, que le obstaculiza su conexión al poder de la intención.

Estamos en un mundo que anuncia y promueve razones para estar ansiosos. Se nos enseña que es inmoral sentirse bien, en un mundo donde hay tanto dolor. Se nos ha convencido de que es insensible e inapropiado, escoger sentirse bien en tiempos de problemas económicos, en tiempos de guerra, en tiempos de incertidumbre o muerte, o ante una catástrofe en cualquier lugar del mundo. Como estas condiciones siempre estarán en algún lugar en el mundo, usted piensa que no puede estar contento, siendo al mismo tiempo una buena persona. Pero talvez no se le ha ocurrido, que en un universo basado en energía y atracción, los pensamientos que evocan sentirse mal, se originan en esa misma Fuente de energía, que atrae más de lo mismo en su vida. Estos son pensamientos de resistencia.

Aquí vemos algunos ejemplos de frases del **camino de resistencia,** los cuales son cambiados luego por frases del *camino de la menor resistencia.*

### Me siento preocupado por el estado de la economía, ya he perdido demasiado dinero.
*Vivo en un universo de abundancia; decido pensar en lo que tengo y estaré bien. El universo proveerá.*

### Tengo muchas cosas que hacer y nunca logro estar al día.
*Estoy en paz en este momento. Solo pensaré en lo que estoy haciendo. Tendré pensamientos pacíficos.*

### Nunca puedo avanzar en este trabajo.
*Decido apreciar lo que estoy haciendo ahora mismo, y atraeré aun mayores oportunidades.*

### Me preocupa muchísimo mi salud. Me preocupo por mi vejez, por ser dependiente y estar enfermo.
*Estoy saludable, pienso saludable. Vivo en un universo que atrae la sanación, y me rehúso a anticipar enfermedades.*

### Los miembros de mi familia me están causando sentimientos de ansiedad y temor
*Escojo pensamientos que me hacen sentir bien, y esto me ayuda a asistir a aquellos miembros de mi familia que me necesitan.*

**No merezco sentirme bien cuando hay tantas personas sufriendo.**
*No vine a un mundo donde todos vivirán las mismas experiencias. Me siento bien y al sentirme exaltado, puedo ayudar a erradicar un poco el sufrimiento.*

**No puedo estar feliz cuando la persona que realmente me interesa, está enamorada de otro y me ha abandonado.**
*Sentirme mal no va a cambiar la situación. Confío que el amor regresará a mi vida, si estoy en armonía con la Fuente amorosa. Escojo sentirme bien ahora y enfocarme en lo que tengo, en lugar de lo que me hace falta.*

Todos los pensamientos estresantes representan una forma de resistencia que usted debe erradicar. Cambie esos pensamientos supervisando sus sentimientos y optando por alegría en vez de ansiedad, y así tendrá acceso al poder de la intención.

### *Hacer realidad su intención*

A continuación, vemos mi programa de diez pasos para realizar la intención de crear una vida tranquila y libre de estrés en su experiencia diaria:

**Paso 1: Recuerde que su estado natural es la alegría.**
Usted es un producto de la alegría y el amor; es natural que experimente esos sentimientos. Usted ha llegado a creer que sentirse mal, ansioso o hasta deprimido es natural, particularmente cuando las personas y los eventos a su alrededor están en bajas energías. Recuerde tan frecuentemente como sea necesario: *Vengo de la paz y la alegría. Debo estar en armonía con aquello de lo cual provengo, para poder realizar mis sueños y mis deseos. Decido permanecer en mi estado natural. Cada vez que estoy ansioso, estresado, deprimido o temeroso, he abandonado mi estado natural.*

**Paso 2: La causa de su estrés son sus pensamientos y no el mundo.** Sus pensamientos activan reacciones estresantes en su cuerpo. Los pensamientos estresantes producen resistencia a la alegría, la felicidad y la abundancia que desea crear en su vida. Estos pensamientos incluyen: *No puedo, tengo demasiado trabajo, estoy preocupado, tengo miedo, no soy digno, nunca sucederá. No soy lo suficientemente inteligente, estoy demasiado viejo (o joven),* y similares. Estos pensamientos son como un programa para resistir la vida tranquila y libre de estrés, y no le permiten manifestar sus deseos.

**Paso 3: En un momento dado, usted puede cambiar sus pensamientos de estrés y eliminar la ansiedad, por las siguientes horas, y hasta días.** Al tomar una decisión consciente de distraerse de las preocupaciones, ha inaugurado el proceso de reducción de estrés, mientras que se reconecta al mismo tiempo, al campo de la intención que todo lo crea. Es desde este lugar de paz y tranquilidad, que se convierte en un co-creador con Dios. Usted no puede conectarse a su Fuente y estar estresado al mismo tiempo pues esto es mutuamente exclusivo. Su Fuente no crea desde una posición de ansiedad, ni necesita llenarse de anti-depresivos. Usted deja atrás su capacidad de manifestar sus deseos, cuando no decide eliminar un pensamiento estresante.

**Paso 4: Supervise sus pensamientos estresantes en el momento justo, estando atento a su estado emocional.** Hágase la pregunta clave: *¿Me siento bien ahora?* Si la respuesta es no, entonces repita las cuatro palabras mágicas: *Me quiero sentir bien,* luego cambie a: *Tengo la intención de sentirme bien.* Supervise sus emociones, y detecte cuánto estrés y ansiedad está produciendo con sus pensamientos. Este proceso de supervisión lo mantiene alerta para saber, si está en el camino de menor resistencia, o va en la otra dirección.

**Paso 5: Tome la decisión consciente de seleccionar un pensamiento que active los sentimientos positivos.** Le pido que escoja sus pensamientos basado, exclusivamente, en la manera en que se sienten, en vez de qué tan populares, o qué tan anunciados están. Pregúntese: *¿Me hace sentir bien este nuevo pensamiento? ¿No? Bueno, ¿y qué tal este otro? ¿No realmente? Aquí va otro.* Finalmente logrará encontrar el que haga que se sienta bien, aunque sea tan solo temporalmente. Puede escoger una hermosa puesta de sol, la expresión del rostro de un ser amado, o una experiencia emocionante. Lo único importante es que resuene en su interior, emocional y físicamente, como un buen sentimiento.

En el momento en que experimente un pensamiento ansioso o estresante, cámbielo por el pensamiento escogido, el cual lo hace sentir bien. Conéctelo. Piénselo y siéntalo en su cuerpo. Este nuevo pensamiento que lo hace sentir bien será de apreciación, en vez de menosprecio. Será de amor, belleza, receptividad a la felicidad, en otras palabras, se alineará perfectamente con esos siete rostros de la intención, de los cuales he hablado extensivamente desde el comienzo de este libro.

**Paso 6: Pase un tiempo observando los bebés y comprométase a imitar su alegría.** Usted no vino a este mundo a sufrir, ni a estar ansioso, temeroso, estresado o deprimido. Usted vino de la conciencia divina de la alegría. Tan solo observe los bebés. No han hecho nada para estar tan felices. No trabajan, se hacen popó en sus pantalones, y no tienen metas reales más que expandirse, crecer y explorar este maravilloso mundo. Aman a todo el mundo, se entretienen por completo con una botella de plástico, o con alguien que les hace caras tontas, y están constantemente en un estado de amor, sin embargo, no tienen dientes, ni pelo y están gordiflones y llenos de gases. ¿Cómo pueden estar tan felices y contentarse tan fácilmente? No sienten resistencia a la alegría, Porque todavía están en armonía con la Fuente que los trajo a este mundo. En términos de estar alegre, sea como ese bebé que una vez fue. No necesita una razón para ser feliz. . . su deseo de serlo es suficiente.

**Paso 7: Mantenga en mente la "Regla Número 6".** Esto significa suspender las demandas de su ego, el cual lo mantiene separado de la intención. Cuando tiene la opción entre estar en lo correcto o ser bondadoso, escoja la bondad y deseche las exigencias de su ego. La bondad es de lo que usted ha emanado y al practicar la bondad, en vez de su necesidad de estar en lo correcto, elimina la posibilidad de estrés en su momento de bondad. Cuando está impaciente con alguien, tan solo diga: *"Regla Número 6,"* y se reirá de inmediato de ese pobre y pequeño ego, que desea que usted sea el primero, el más rápido, el número uno y, además, que sea tratado mejor que las otras personas.

**Paso 8: Acepte la guía de su Fuente de intención.** Solo podrá conocer al Padre siendo como Él es. Solo logrará tener acceso a la guía de este campo de intención, siendo lo que *ella* es. El estrés, la ansiedad y la depresión serán eliminados de su vida, con la asistencia de esa misma fuerza que lo creó. Si puede crear mundos y crearlo a usted de la nada, seguramente que no será una gran tarea eliminar un poco de estrés. Creo que el deseo de Dios, no es solo que conozca la dicha, sino que se convierta en ella.

**Paso 9: Practique el silencio y la meditación.** Nada alivia mejor el estrés, la depresión, la ansiedad y todas las formas de emociones de baja energía, como el silencio y la meditación. Por medio de ellos, hace contacto consciente con su Fuente y purifica su enlace conector a la intención. Tome tiempo a diario para tener unos momentos de contemplación serena, y haga de la meditación, una parte de su ritual para reducir el estrés.

**Paso 10: Permanezca en un estado de asombro y gratitud.** Pase por una racha de apreciación por todo lo que tiene, todo lo que es y todo lo que observa. La gratitud es el décimo paso, en cada programa de diez pasos, para manifestar sus intenciones, porque es el método más seguro de detener el diálogo interno que lo aleja de la alegría y la perfección de su Fuente. No se puede sentir estresado y agradecido al mismo tiempo.

✳ ✳ ✳

Concluyo este capítulo sobre su intención de llevar una vida tranquila y libre de estrés, con un poema del famoso poeta bengalí de Calcuta, Rabindranath Tagore, uno de mis maestros espirituales favoritos:

*Me dormí y soñé que la vida era alegría,*
*me desperté y vi que la vida era servicio,*
*actúe y observé que el servicio era alegría*

Todo puede ser alegre en su mundo interno. Duerma y sueñe con la alegría, y recuerde esto por encima de todo: *Usted se siente bien no porque el mundo está bien, sino que el mundo está bien porque usted se siente bien.*

✳ ✳

# CAPÍTULO DOCE

## *MI INTENCIÓN ES:* ATRAER PERSONAS IDEALES Y RELACIONES DIVINAS

*"A partir del momento en que uno se compromete definitivamente con uno mismo, la Providencia también se mueve. Ocurre todo tipo de eventos que lo ayudan a uno, los cuales no hubieran ocurrido de otro modo. . . incidentes, ayuda material y encuentros inesperados, que ningún hombre hubiera soñado recibir de esta manera."*

— Johann Wolfgang von Goethe

Si usted vio la película de 1989 *Campo de sueños*, posiblemente salió recordando el concepto de que si persigue un sueño, tendrá éxito (o, "Si lo construye, se realizará"). Pensé en esto cuando comencé a escribir este capítulo, porque estoy sugiriendo que si se compromete a concordar con el campo de la intención, aparecerán todas las personas que usted desea o necesita para lograr su intención personal. ¿Cómo puede suceder algo así? En la cita que vemos al comienzo de este capítulo, Goethe, unos de los letrados y hombres más brillantes y talentosos en la historia de la humanidad, le da la respuesta. A partir del momento en usted se compromete definitivamente consigo mismo, a ser una parte del poder de la intención, "entonces la Providencia también se mueve," y la ayuda inesperada aparece en su camino.

Las personas correctas llegarán para asistirlo en cada aspecto de su vida: están ahí las personas que lo apoyan en su carrera; aparecen las que lo ayudarán a crear un hogar perfecto, están disponibles las que se encargarán de sus finanzas para lo que desee; el conductor que necesita para llevarlo al aeropuerto lo espera; el diseñador que tanto admira quiere trabajar con usted; el dentista que necesita en una emergencia cuando está de vacaciones, resulta estar exactamente ahí, y su alma gemela espiritual lo encuentra.

La lista es infinita, porque estamos relacionados los unos a los otros, todos emanamos de la misma Fuente, y todos compartimos la misma energía divina de la intención. No hay un lugar donde esta mente universal no esté; por lo tanto, usted la comparte con todo aquel que atrae a su vida.

Tiene que dejar ir cualquier resistencia a su habilidad de atraer las personas correctas, o no las reconocerá cuando aparezcan en su vida diaria. La resistencia puede ser difícil de reconocer al principio, porque es muy común en sus pensamientos, sus emociones y sus niveles de energía. Si cree que no tiene el poder de atraer las personas correctas, entonces ha atraído impotencia a su experiencia. Si está apegado a la idea de que siempre atrae las personas equivocadas o que no atrae a nadie, entonces su energía no está alineada con el poder de la intención, y reina la resistencia. El campo de la intención no tiene otra opción, darle más de lo que está deseando. Una vez más, dé un salto hacia lo inconcebible, hacia donde tenga fe y confianza en la mente universal de la intención, y permita que las personas correctas lleguen a su espacio de vida justo a tiempo.

### Quitar la resistencia permitiendo

Su intención es totalmente clara al respecto. Quiere atraer las personas que están designadas a ser parte de su vida, y desea tener una relación espiritual feliz y plena. El campo universal que todo lo crea, ya está cooperando con su intención. Obviamente, estas personas exactas están aquí, de lo contrario, usted desearía algo que no ha sido creado. No solamente las personas correctas ya están aquí, sino que, además, usted desea compartir esta misma Fuente divina con ellas, ya que todos emanamos de la misma Fuente. De alguna manera invisible, ya está conectado espiritualmente con aquellos seres *perfectos para usted.* Entonces, ¿por qué no puede verlos, tocarlos, abrazarlos, y por qué no están ahí cuando los necesita?

Lo que tiene que hacer para que las *personas correctas* aparezcan para usted, es estar listo y dispuesto a recibirlas. Siempre han estado ahí. Están ahí ahora mismo. Siempre estarán ahí. Las preguntas que tiene que hacerse son: *¿Estoy listo? ¿Estoy dispuesto? y ¿Cuánto estoy dispuesto a tener?* Si sus respuestas a estas preguntas son de buena disposición y voluntad para experimentar sus deseos, entonces, comenzará a ver a las personas, no solo como un cuerpo con alma, sino como seres espirituales vestidos en un cuerpo único. Verá las almas infinitas que somos todos: *infinitas,* o sea, siempre y en todas partes; y *en todas partes,* es decir, a su lado ahora mismo, si ese es su deseo espiritual.

**Dar lo que desea atraer.** Una vez que se ha hecho una escena en su mente de la persona o las personas que desea que aparezcan en su espacio de vida inmediata, y sabe cómo desea que lo traten, y cómo lo ayudarán a vivir sus deseos, entonces debe ser lo que anhela. Este es un universo de atracción y energía. No puede tener el deseo de atraer una pareja confiada, generosa, imparcial y amable y esperar que ese deseo se manifieste, si está pensando y actuando de manera desconfiada, egoísta, crítica y arrogante, razón por la cual, la mayoría de las personas no atraen las personas correctas, en el momento correcto.

Hace casi treinta años, yo deseaba atraer un editor en mi vida para mi libro, *Tus zonas erróneas.* Este editor tenía que ser una persona comprensiva, ya que en ese momento yo era un escritor desconocido, y tendría que ser una persona dispuesta a tomar riesgos, alguien que pudiera ser capaz de no tener dudas respecto a mí.

Mi agente literario había arreglado una reunión con un editor ejecutivo, al cual me referiré como George, en una casa editorial muy importante en Nueva York. Cuando me senté a hablar con él, era obvio que estaba perturbado. Le pregunté qué le preocupaba, y pasamos las siguientes tres horas hablando de un asunto personal devastador que le había sucedido la noche anterior. Su esposa le había dicho que deseaba el divorcio, y él sentía que estaba enceguecido por la noticia. Me olvidé de mis deseos de hablar acerca de publicar mi libro, y me convertí en lo que estaba buscando: una persona confiable, comprensiva y dispuesta a tomar riesgos. Al ser exactamente eso y desapegarme de mis deseos dominados por mi ego, esa tarde pude ayudar a George, lo cual jamás olvidaré.

Salí de la oficina de George, sin siquiera tocar el tema de mi libro. Cuando le dije a mi agente literario lo que había sucedido, él estaba convencido de que al no haber logrado plantearle el valor de mi libro, había perdido la única oportunidad de mi vida con una editorial importante. Al día siguiente, George llamó a mi agente y le dijo, "En realidad, no sé de que se trata el libro de Dyer, pero deseo que este hombre sea uno de nuestros escritores."

En ese momento, no me di cuenta de lo que había sucedido. Ahora, un cuarto de siglo después de comenzar esta senda espiritual, lo veo con claridad. Las personas correctas aparecen precisamente cuando las necesitamos y cuando somos capaces de concordar con ellas. Usted debe ser lo que desea. Cuando *es* lo que desea, lo atrae irradiando hacia el exterior. Usted tiene esta habilidad de concordar con el poder de la intención y realizar su intención de atraer las personas ideales y las relaciones divinas.

### *Atraer compañeros espirituales*

No tiene caso en absoluto que una persona que no es cariñosa, se lamente por su incapacidad de encontrar un compañero. Estas personas están condenadas a la frustración perpetua, debido a que no reconocen la pareja perfecta cuando aparece. Aquella persona amorosa podría esta ahí, justo ahora, pero su resistencia no les permite verla. La persona poco amorosa sigue culpando a la mala suerte, o a una serie de factores externos, su incapacidad de tener una relación amorosa.

El amor puede tan solo atraer y regresar amor. El mejor consejo que puedo ofrecer para atraer y mantener relaciones espirituales, tal como lo he enfatizado en este capítulo, es *ser lo que anhela.* La mayoría de las relaciones que no logran sostenerse, están basadas en parejas en las cuales uno de ellos, siente que ha perdido su libertad de alguna manera. Los compañeros espirituales, por otro lado, nunca tratan a la otra persona como inferior o la ignoran. El término *compañero espiritual* significa, simplemente, que la energía que los mantiene unidos está en franca armonía con la energía de la intención de la Fuente.

Esto quiere decir que una filosofía de *compartir* fluye a través del compañero, y nunca siente temor de cuestionar su libertad de lograr conocer internamente su propósito. Es como si cada persona le susurrara calladamente a la otra: *Tú eres energía de la Fuente en un cuerpo físico y mientras mejor te sientas, más fluye a través tuyo esta energía de amor, bondad, belleza, recepción, abundancia, expansión y creatividad. Respeto esta energía de la Fuente, y la comparto contigo a la vez. Cuando uno de los dos se siente desanimado, fluye menos de esta energía de la intención. Debemos recordar, siempre, que nada es imposible para la mente universal. Lo que sea que no nos permita ser felices, está siendo imposibilitado por nosotros. Estoy comprometido a permanecer en este campo de energía de la intención y de observarme cada vez que doy un traspié. Es esa misma Fuente que nos unió y trabajaré para estar en armonía con ella.* Esta clase de compromiso interno, es a lo que Goethe se refería en la cita al comienzo del capítulo. Permite que la providencia se mueva y ayuda a que sucedan las cosas, *"que ningún hombre hubiera soñado recibir de esta manera."*

**Usted ya está conectado a aquellos que desea en su vida; entonces, compórtese en concordancia.** Místicamente hablando, no hay diferencia entre usted y otra persona. Un concepto extraño, quizás, pero no por eso menos válido. Esto explica porque no puede herir a alguien sin herirse a sí mismo, no puede ayudar a alguien sin ayudarse a sí mismo. Usted comparte la misma energía de la Fuente con todos y cada uno, y en consecuencia, debe comenzar a pensar y a actuar de manera que refleje el conocimiento de este principio. Cuando sienta la necesidad de que aparezca la persona correcta, comience a cambiar su diálogo interno para reflejar este conocimiento. En vez de decir, *desearía que esta persona* *apareciera porque tengo que salir de esta rutina,* active un pensamiento que refleje su conexión, tal como: *Sé que la persona correcta llegará en el orden divino, precisamente en el momento perfecto.*

Ahora, asuma su comportamiento respecto a este pensamiento interno. Usted estará *pensando desde el final,* y anticipando su llegada. Su anticipación lo mantendrá alerta. Revisará su nivel de energía para que esté al mismo nivel de receptividad del poder de la intención que lo trae todo y a todos a este mundo. Cuando logra esos niveles elevados de energía, tiene acceso a información elevada. Su intuición se conecta y puede sentir la presencia de la persona, o las personas que desea en su vida. Ahora, actúa con esa intuición, con una sensación profunda de saber que está encaminado. Está actuando de acuerdo a esta nueva conciencia. Se convierte en un co-creador. También se activa en su interior una nueva luz. Mira el rostro del Creador, y se ve a sí mismo co-creando. Sabe a quién llamar, en dónde buscar, cuándo confiar y qué hacer. Está siendo guiado para conectarse a aquello que está anunciando.

Si una amistad o un compañero, requieren del sometimiento de su naturaleza elevada original y de su dignidad, sencillamente está equivocado. Cuando usted sabe a ciencia cierta lo que es el amor, al ser amado por su Fuente, no experimentará la clase de dolor que experimentó en el pasado, cuando su amor era ignorado o rechazado. Mas bien, aseméjese a la forma en que una amiga describía su experiencia, al decidir abandonar una relación: "Tenía el corazón roto, pero sentía como si se hubiera quedado en una posición de apertura. Sentía mi amor fluir hacia una persona, que no podía amarme de la manera en que yo deseaba ser amada, aun así, abandoné esa relación para buscar el amor que sentía dentro de mí. Era extraño sentir el dolor de mi corazón destrozado y al mismo tiempo sentir su apertura. Solo pensaba: *Mi corazón está roto, pero está abierto.* Cambié a un nivel totalmente nuevo de amar y ser amada. ¡La relación que tanto había deseado se manifestó un año y medio más tarde!"

Usted es amor. Ha emanado del amor puro. Está conectado a toda hora a esta Fuente de amor. Piense así, siéntalo así, y pronto actuará así. Y todo lo que siente, piensa y hace, será recíproco exactamente de la misma manera. Créalo o no, este principio de que aparezca la persona correcta ha funcionado siempre. Es solo que su ego no se lo deja ver con claridad.

**Todo se está desarrollando según el orden divino.** Para este momento, usted debe estar afirmando que todas las personas que necesita en esta jornada, aparecerán, y que ellas serán perfectas para lo que usted necesita en ese momento. Aun más, llegarán en el preciso momento. En este sistema inteligente del cual usted forma parte, todo llega desde el campo de la intención, donde la fuerza vital infinita e invisible fluye a través de todos y todo. Eso lo incluye a usted y a todo el mundo por igual. Confíe en esta fuerza vital y en la mente que todo lo crea que lo trajo a este mundo en existencia.

Le sugiero que haga un repaso rápido y tome nota de todas las personas que han aparecido como caracteres en esta pieza de teatro llamada su vida. Todo ha sido perfecto. Su ex-cónyuge apareció en el momento perfecto, cuando necesitaba crear esos hijos que tanto ama. El padre que se fue para que aprendiera a confiar en sí mismo, partió justo a tiempo. El amante que lo o la abandonó, fueron parte de esta perfección. El amante que se quedó con usted, también estaba siguiendo las señales de su Fuente. Los momentos buenos, las penas, las lágrimas, el abuso, todo envolvía a personas llegando y saliendo de su vida. Y todas sus lágrimas no pueden borrar o lavar ni una palabra de lo vivido.

Ese es su pasado, y cualquiera que haya sido su nivel de energía en ese momento, cualquiera que haya sido esta etapa en su vida, usted atrajo las personas y los eventos correctos. Podría sentir que no aparecieron cuando los necesitaba, que, en realidad, estaba solo y que nadie apareció, pero le pido que lo vea desde la perspectiva de que toda la vida está en orden divino. Si nadie apareció, fue porque necesitaba aprender a resolver algo por sí mismo y, por lo tanto, no atrajo a nadie para realizar su nivel de energía en ese momento. Observar el pasado como una obra de teatro, en la cual todos los caracteres y todas las entradas y salidas fueron escritas por su Fuente, y fue lo que usted atrajo en ese momento, lo libera de las energías muy bajas de culpa, arrepentimiento y hasta venganza.

Como resultado de eso, pasará de ser un actor que ha sido influenciado por aquellos que estaban haciendo el papel de productor y director, a ser el escritor, el productor, el director y el protagonista de su gloriosa vida. También será el director de reparto, que posee la habilidad de hacer una prueba de actuación a todo aquel que desee. Base sus decisiones en tomar el camino sin resistencia, y permanezca en armonía con el máximo producto de todo este drama: la mente universal que todo lo crea de la intención.

**Unas pocas palabras sobre la paciencia.** Hay una frase maravillosamente paradójica en *Un curso en milagros:* "La paciencia infinita produce resultados inmediatos." Ser infinitamente paciente significa tener en su interior la certeza absoluta de que está en armonía vibratoria con la fuerza que todo lo crea, que lo trajo a este mundo. Usted es, de hecho, un co-creador de su vida. Sabe que las personas correctas aparecerán en el orden divino que ha sido programado. Tratar de acelerar el programa según su propio horario, es como arrodillarse ante un bulbo de tulipán suplicándole que florezca ahora mismo. La creación revela sus secretos poco a poco, y no según su agenda. El resultado inmediato que recibe de su paciencia infinita, es una sensación profunda de paz. Sentirá el amor del proceso creador, dejará de hacer exigencias sin cesar, y comenzará a estar en la mira de la persona correcta.

Escribo esto con la idea en mi mente de la paciencia infinita, produciendo resultados inmediatos. Sé que no estoy solo cuando escribo esto. Sé que las personas correctas aparecen como por arte de magia, para ofrecerme el incentivo o el material que necesito. Tengo una fe total en este proceso, y permanezco sintonizado armoniosamente con mi Fuente. El teléfono suena, y alguien tiene una cinta que piensa que me va a gustar. Hace dos semanas, quizás no me hubiera interesado, pero el día de hoy, escucho la cinta mientras hago mis ejercicios y me provee exactamente lo que necesito. Paso a alguien en una caminata y me detiene para conversar. Me habla sobre un libro que está seguro que me va a encantar. Apunto el título, lo busco, y seguro que obtengo lo que necesito.

Esto sucede cada día de una manera u otra al rendir mi mente del ego, a la mente universal de la intención, y permito precisamente que las personas correctas me ayuden con mi intención individual. El resultado inmediato de la paciencia infinita es la paz interna, que se logra al saber que tengo un "socio mayoritario", que me enviará a alguien o me dejará solo, para que me las arregle por mí mismo. Esto es lo que se llama fe práctica, y le suplico que tenga confianza en ella, sea infinitamente paciente, y tenga una actitud de apreciación y asombro radicales, cada vez que la persona correcta aparezca misteriosamente en su espacio de vida inmediato.

### Hacer realidad su intención

A continuación encontramos mi programa de 10 pasos para implementar la intención en  este capítulo:

**Paso 1: Deje de esperar, desear, rezar e implorar para que la persona o las personas correctas aparezcan en su vida.** Sepa que este es un universo que trabaja con la energía y la atracción. Recuerde que usted tiene el poder de atraer a la persona correcta, para que lo asista con cualquier deseo, siempre y cuando sea capaz de cambiar de una energía conducida por el ego, a una que concuerde con la Fuente de la intención que todo lo provee. Este primer paso es crucial, porque si usted no puede borrar toda duda acerca de su habilidad para atraer a las personas útiles, creativas y amorosas, entonces los siguientes nueve pasos serán de poca utilidad para usted. Tener la determinación de atraer personas ideales y compañeros divinos, comienza con la certeza en su corazón de que no solo es una posibilidad, sino que es algo seguro.

**Paso 2: Conceptualice su conexión invisible con las personas que desea a traer a su vida.** Renuncie a su identificación exclusiva con la apariencia de su cuerpo y con sus posesiones. Identifíquese con la energía invisible que sostiene su vida, dirigiendo las funciones de su cuerpo. Ahora, reconozca esa misma Fuente de energía a través de las personas que percibe como faltantes en su vida, y luego, realinéese en pensamiento con esa o esas personas. Sepa en su interior, que ese poder de intención los conecta a los dos.

Sus pensamientos de crear esta unión también emanan del mismo campo universal de la intención.

**Paso 3: Forme una escena en su mente encontrando a la persona que desea que lo asista o que sea su compañero.** Manifestar es una función de la intención espiritual, que concuerda en armonía vibratoria con sus deseos. Sea tan específico como lo desee, pero no comparta esta técnica de visualización con nadie, porque le pedirán que se explique, se defienda y tendrá que lidiar con la baja energía de duda que ocurrirá inevitablemente. Este es un ejercicio probado entre usted y Dios. Nunca, *nunca* permita que su escena se empañe o se corroa por la negatividad o la duda. Sin importar los obstáculos que puedan surgir, aférrese a su escena, y permanezca en el amor, la bondad, la creatividad, y la armonía pacífica con su ilimitadamente receptiva y siempre expansiva Fuente de la intención.

**Paso 4: Actúe según su escena interior.** Comience a actuar como si cada persona que conozca, formara parte de su intención de atraer la gente ideal en su vida. Comparta con otros sus necesidades y deseos, sin tener que entrar en detalles sobre su metodología espiritual. Llame a personas expertas que puedan asistirle, y declare sus deseos. Ellos querrán ayudarlo. No espere que nadie más haga el trabajo de atraer a las personas correctas para lo que sea que usted anhele, ya sea un empleo, la admisión a una escuela, un incremento económico, o una persona para que repare su automóvil. Tome acción, y permanezca alerta a las señas de sincronismo, sin ignorarlas jamás. Si un camión pasa con un número de teléfono anunciando lo que necesita, anote el número y llame. Vea todas las coincidencias supuestamente raras que rodean sus deseos, como mensajes de su Fuente, y actúe de acuerdo a ellas de inmediato. Le aseguro que ocurrirán repetidamente.

**Paso 5: Tome el camino de la menor resistencia.** Uso la palabra *resistencia* aquí, tal como lo he hecho varias veces en la segunda parte de este libro. Pensamientos tales como los siguientes, son en realidad una forma de resistencia a manifestar sus intenciones: *Esto no es práctico. No puedo materializar mi persona ideal con mis pensamientos. ¿Por qué yo debería ser tratado mejor que cualquier otra persona, que todavía está esperando a su media naranja? Ya he intentado esto antes, y llegó a mi vida un perfecto idiota.* Estos son pensamientos de resistencia que está colocando justo al frente de su Fuente, que le está enviando a alguien. La resistencia es energía baja. La Fuente es energía elevada, creativa y expansiva. Cuando sus pensamientos son vibraciones de baja energía, sencillamente, no puede atraer personas en la energía elevada que necesita o desea. Aun si ellos llegan corriendo a su lado y le anuncian: *Aquí estoy, ¿cómo puedo servirte?, estoy dispuesto y soy capaz,* y llevan una señal que diga *SOY TUYO,* usted no los reconocería o les creería por estar tan ocupado tratando de atraer más de lo que *no puede ni merece tener.*

**Paso 6: Practique ser la clase de persona que desea atraer.** Como lo dije antes, si quiere ser amado incondicionalmente, *practique* amar incondicionalmente. Si desea asistencia de los demás, *extienda* asistencia donde quiera y cuando quiera que tenga la oportunidad. Si desea ser el recipiente de generosidad, entonces *sea* tan generoso como pueda, con la frecuencia que pueda. Esta es una de las formas más sencillas y efectivas de atraer el poder de la intención. Concuerde con el *futuro* de la mente universal, de la cual todo y todos emanamos, y mientras lo proyecta hacia el exterior, atraerá de regreso todo lo que desee manifestar.

**Paso 7: Desapéguese del resultado y practique la paciencia infinita.** Este es un paso crucial de la fe. No cometa el error de evaluar sus intenciones como éxitos o errores, en la base de su pequeño ego y de su programación. Aplique su intención, y practique todo lo que se ha escrito en este capítulo y en este libro. . . y luego deje que suceda. Cree una conciencia interior, y deje que la mente universal de la intención se haga cargo de los detalles.

**Paso 8: Practique la meditación, en particular la meditación Japa, para atraer a las personas ideales y a las relaciones divinas.** Practique la repetición del sonido que es un mantra, en el nombre de Dios, viendo literalmente con el ojo de su mente la energía que está irradiando, atrayendo las personas que desea en su vida. Quedará sorprendido con los resultados. Le he ofrecido ejemplos a lo largo de este libro, de la manera en que la práctica de la meditación Japa ha ayudado a muchas personas a manifestar sus deseos, casi como por arte de magia.

**Paso 9: Observe a todas las personas que han jugado un papel en su vida como seres enviados para su beneficio.** En un universo habitado por la inteligencia creativa, divina y organizada, a la cual llamo *el poder de la intención,* simplemente no hay accidentes. La estela de su vida es como la estela de un bote. No es nada más que el rastro que se deja detrás. La estela no conduce el bote. La estela no está conduciendo su vida. Todo y todos en su historia personal, tenían que estar cuando lo estuvieron. ¿Y cuál es la evidencia de esto? *¡Ellos estuvieron ahí!* Eso es todo lo que debe saber. No use lo que deja la estela, o las personas equivocadas que aparecieron en su estela, como una razón para explicar porqué no puede atraer hoy en día, a las personas correctas. Es su pasado. . . nada más que un rastro que se quedó atrás.

**Paso 10: Como siempre, permanezca en un estado de gratitud eterna.** Esté agradecido aun por la presencia de aquellos que puedan haberle causado dolor y sufrimiento. Agradezca a su Fuente por enviárselos, y a usted por haberlos atraído. Todos tenían algo que enseñarle. Ahora, agradezca por todos aquellos que Dios le envió en su camino, y sepa, que como co-creador, es su decisión resonar con la luz, la energía amorosa de la intención, y mantener esas personas energizadas en su vida, o enviarles una callada bendición y un amable *no gracias.* Y el énfasis está en la palabra *gracias,* ya que eso es la verdadera gratitud en acción.

\* \* \*

En el fabuloso libro de Lynne McTaggart llamado *El campo: La búsqueda de la fuerza secreta del universo,* ella nos ofrece la perspectiva científica de lo que he escrito en este capítulo: "Nuestro estado natural del ser es una relación, un tango, un estado constante de unos, influenciando los otros. Justo como las partículas sub-atómicas que nos componen, no pueden separarse del espacio y de las partículas que las rodean, de manera que los seres vivientes no pueden aislarle los unos de los otros. . . Por medio de la observación y la *intención,* tenemos la habilidad de extender una clase de esplendor extraordinario al mundo." [El énfasis es mío]

A través de las relaciones con otras personas, y usando el poder de la intención, podemos irradiar hacia el exterior, la energía necesaria para atraer lo que deseamos. Le pido que se mueva hacia esa conciencia ahora, y sepa, en su corazón, justo como lo sabía el granjero del *Campo de sueños,* que *si usted construye este sueño interno, seguramente, ¡llegará!*

∿ ✳ ∿ ✳ ∿

# CAPÍTULO TRECE

## *Mi intención es:* OPTIMIZAR MI CAPACIDAD DE SANARME Y DE SANAR A OTROS

*"Nadie le puede pedir a otro que se sane. Pero sí puede dejarse sanar, y de esta forma ofrecerle al otro lo que ha recibido. ¿Quién puede otorgar lo que no tiene? Y ¿quién puede compartir lo que se niega a sí mismo?"*

— Un curso en milagros

Cada persona en el planeta tiene en su interior el potencial de ser un sanador. Con el fin de hacer contacto consciente con sus poderes sanadores inherentes, primero debe tomar la decisión de sanarse a sí mismo. Tal como nos lo recuerda *Un curso en milagros*: "Aquellos que se sanan, se convierten en instrumentos de sanación," y "La única manera de sanar, es sanándose primero uno mismo." Por consiguiente, hay una doble ventaja en esta intención de sanar. Una vez que ha aceptado su poder para sanarse a sí mismo y optimizar su salud, se convertirá por igual en alguien capaz de sanar a los demás.

En su libro *El poder contra la fuerza,* una de las observaciones más fascinantes que plantea David Hawkins, es la relación entre el nivel de energía de una persona calibrada, y su capacidad de sanar. Las personas que calibran por encima de 600, en su mapa de la escala de conciencia, (lo cual es un puntaje de energía excepcionalmente alto, que indica la iluminación y la sabiduría suprema), irradian energía sanadora. La enfermedad, tal como la conocemos, no puede existir en la presencia de una energía tan elevada. Esto explica los poderes milagrosos de sanación de Jesús de Nazaret, San Francisco de Asís y Ramana Maharshi. Su excepcionalmente elevada energía es suficiente para contrarrestar las enfermedades.

Al leer esto, tenga en cuenta, que usted también ha emanado del campo de energía amoroso y espiritual más elevado de la intención, y tiene esta capacidad en su interior. Con el fin de realizar la intención de este capítulo, debe, como lo señala Gandhi en su cita: "ser el cambio que desea ver en los demás." Para tener la habilidad de sanar a los demás, debe enfocarse en sanarse. Si logra llegar a un nivel de iluminación glorioso, en donde esté conectado con su Fuente, y esté en armonía vibratoria, comenzará a irradiar la energía que convierte la enfermedad en salud.

San Francisco, en su poderosa oración le pide a su Fuente, "Donde haya injuria, sea yo perdón," lo cual quiere decir, *permíteme ser alguien que ofrece energía sanadora a los demás.* Este principio se ha repetido a lo largo de las páginas de este libro: ante la presencia de la energía más baja de la enfermedad, Lleve la energía espiritual elevada, y con esto no solo anula la energía baja, sino que, además, la convierte en energía espiritual saludable. En el campo de la medicina energética, donde se aplican estos principios, los tumores son bombardeados con energía de láser excepcionalmente alta, convirtiéndolos en tejidos sanos. La medicina energética es la disciplina del futuro, y se basa en la antigua práctica espiritual de *ser el cambio,* o cambiar a los demás al sanarnos primero nosotros.

### *Convertirse en la sanación*

*Reconéctese a la perfección amorosa libre de enfermedades de la cual proviene,* es una frase concisa de lo que requiere el proceso de sanación personal. La mente universal de la intención sabe, precisamente, lo que usted necesita para optimizar su salud. Lo que *debe* hacer es fijarse en sus pensamientos y conductas, los cuales están creando *resistencia,* e interfiriendo con la sanación, que es el flujo de energía intencional. Reconocer su resistencia, es algo que depende por completo de usted. Debe dedicarse a crear esta conciencia, para que pueda hacer el cambio a la intención pura y sanadora.

Ayer, estando en el gimnasio, en la máquina caminadora, hablé con un caballero durante cinco minutos, y en ese breve espacio de tiempo, me obsequió su lista de males, operaciones, procedimientos cardíacos, enfermedades y proyectos de reemplazo de articulaciones, ¡todo eso en cinco minutos! Este era su llamado a seguir en el camino. Esos pensamientos y recapitulaciones de sus aflicciones, son la resistencia a la energía sanadora disponible.

Mientras hablaba con el hombre quejumbroso en la máquina caminadora, por un momento traté de hacerlo cambiar de su resistencia hacia la recepción de la energía sanadora. Pero, él estaba absolutamente determinado a revolcarse en sus dolencias, portándolas como una placa honorífica, argumentando con vehemencia sus limitaciones. Parecía apreciar y aferrarse a su propia aversión, por su deteriorado cuerpo. Antes de pasar al siguiente ejercicio de mi rutina, traté de rodearlo de luz y le envíe una bendición en silencio, felicitándolo por ejercitarse. Pero, me quedé completamente estupefacto, al ver cuánto se enfocaba este hombre en la falta de armonía, de orden y de salud al referirse a su propio cuerpo.

Es fascinante leer sobre el papel del pensamiento, en los informes sobre las recuperaciones espontáneas de enfermedades incurables e irreversibles. El doctor Hawkins, escribe en *El poder contra la fuerza,* esta sabia frase: "En cada caso estudiado de recuperación de enfermedades incurables e intratables, ha habido un giro crucial en la conciencia para que los patrones atractores, que dieron como resultado el proceso patológico, ya no lo dominen." ¡En cada caso! Tan solo imagínese eso. Y observe el término *patrón atractor:* Atraemos en nuestras vidas a través de nuestro nivel de conciencia, y podemos cambiar lo que atraemos. Esta es una idea muy poderosa, y es la base para tener acceso al poder de la intención, no solamente para la sanación, sino para cada área en que tengamos deseos, aspiración e intenciones individuales. El doctor

Hawkins añade que "en la recuperación espontánea, hay un incremento marcado en la capacidad de amar, y en la percepción de la importancia del amor como un factor curativo."

Su intención en este capítulo, debe ser observar la meta más grande de retornar a su Fuente, y vibrar más en armonía con la energía del poder de la intención. Esa Fuente nunca se enfoca en lo que está mal, en lo que hace falta o en la enfermedad. La verdadera sanación lo lleva de regreso a la Fuente. Cualquier cosa, que tan solo se acerque a esta conexión, es solo una solución temporal. Cuando purifica el enlace conector con su Fuente, atrae *patrones atractores*. Si no cree que esto es posible, entonces ha creado resistencia a su intención de sanar y sanarse. Si cree que *sí* es posible, pero no es para usted, entonces tiene más resistencia. También es resistencia, si cree que ha sido castigado con la ausencia de salud. Estos pensamientos internos sobre su habilidad para sanar, juegan un papel predominante en su experiencia física.

Convertirse en un sanador, sanándose uno mismo, envuelve otro de esos saltos imaginarios hacia lo inconcebible, cayendo a tierra erguido y equilibrado en sus pensamientos, frente a frente con su Fuente. Se da cuenta, quizás por primera vez, que usted y su Fuente son uno cuando aparta su mente del ego, la cual lo tiene convencido de que está separado del poder de la intención.

**Sanar a otros sanándose a sí mismo.** En el libro de Lynne McTaggart *El campo,* el cual he mencionado previamente, la autora se toma el tiempo y la molestia de informar las investigaciones científicas, comprobadas alrededor del mundo en los últimos 20 años, en relación con este campo que he llamado intención. En un capítulo que considero relevante, llamado "El campo sanador," McTaggart describe un número de estudios científicos. A continuación, vemos cinco de las interesantes conclusiones relacionadas con la intención y la sanación, a las cuales han llegado los científicos. Se las presento, para estimular la conciencia de su potencial que posee para sanar el cuerpo físico que escogió en esta vida, así como la capacidad consiguiente de sanar a otros. (No he reiterado la necesidad obvia de una dieta sana y una rutina de ejercicios apropiada. Para este propósito, las librerías tienen ahora secciones enteras sobre alternativas saludables)

### Cinco conclusiones del mundo de las investigaciones científicas comprobadas

1. **La sanación a través de la intención está disponible para las personas normales, y los sanadores pueden tener más experiencia, o tener un talento natural para recurrir a su campo.** Hay evidencia física que demuestra que aquellos que son capaces de sanar a través de la intención, tienen mayor coherencia y mayor habilidad para guiar la energía quántica, y transferirla a aquellos que necesitan ser sanados. Interpreto esta evidencia científica, como cuando se decide enfocar la energía vital para que esté en coherencia con el poder de la intención, dándole la capacidad de sanarse y sanar a los demás. Esto significa, esencialmente, abandonar el miedo que invade su conciencia. Y también significa, reconocer la energía basada en el miedo, en gran parte promovida por la industria del cuidado de la salud. El campo de la intención no tiene miedo. Cualquier enfermedad es evidencia de que algo está mal. Cualquier miedo asociado con la enfermedad, es aun una evidencia mayor de que algo está mal en el funcionamiento de la mente. Salud y paz son los estados naturales, cuando es retirado aquello que los previene. Las investigaciones demuestran que la sanación a través de la intención, lo cual es en realidad sanación a través de la conexión al campo de la intención, es posible para todos.

2. **Los sanadores realmente auténticos proclaman que envían su intención y, luego, al abrir las puertas y dejar que algo más grande entre, se retiran y se entregan a otra clase de fuerza sanadora.** Los sanadores más efectivos, le piden asistencia a la Fuente universal, saben que su trabajo es exaltarse, y permitir que

fluya a través de ellos la Fuente sanadora. Los sanadores saben que el cuerpo es el héroe, y la fuerza vital es la que sana. Al remover el ego, y permitir que fluya libremente la fuerza, se facilita la sanación. Los profesionales médicamente entrenados, a menudo hacen lo opuesto a permitir y a exaltar. Con frecuencia transmiten el mensaje de que el medicamento es el que cura, y comunican su incredulidad ante cualquier otro procedimiento diferente a los prescritos por ellos. Los pacientes a menudo se sienten todo menos animados y esperanzados, y para evitar los procedimientos legales. el diagnóstico y el pronóstico, están basados usualmente en el miedo mostrándose excesivamente pesimistas. La filosofía de los médicos es: *Dígales lo peor y espere lo mejor.*

La habilidad para sanarse, parece estar disponible a aquellos que tienen un conocimiento intuitivo, sobre el poder del Espíritu. El diálogo interno sanador tiene que ver con tranquilizarse, retirar los pensamientos de resistencia, y permitir que fluya el Espíritu de la luz y del amor. Un sanador muy poderoso de la isla de Fiji, me habló una vez sobre la efectividad de los sanadores nativos. Dijo: "Cuando el conocimiento se enfrenta a la creencia en la enfermedad, el conocimiento siempre triunfa." *El conocimiento es la fe en el poder de la intención.* El conocimiento también envuelve una conciencia de estar siempre conectado a esta Fuente. Y, finalmente, el conocimiento significa quitarse el ego de en medio, y entregarse a la Fuente omnipotente, omnipresente y omnisciente, que es el poder de la intención, la cual es la fuente de todo, incluyendo la sanación.

3. **No parece tener importancia el método usado, siempre y cuando el sanador mantenga la intención de sanar a un paciente.** Los sanadores usan una variedad de técnicas bastante diferentes, incluyendo una imagen cristiana, un modelo de energía cabalista, un espíritu de los indios nativo americanos, la estatua de un santo, y salmos y cánticos a un espíritu sanador. Siempre y cuando el sanador

se mantenga firme en su intención, y tenga un convencimiento a prueba de toda duda, de que puede tocar al paciente con el Espíritu de la intención, la sanación es efectiva, según la medición validada por las pruebas científicas.

Es crucial mantener la intención absoluta de sanar, sin importar lo que suceda a su alrededor, o lo que los demás le puedan ofrecer para desanimarlo o hacer que sea "realista." Su intención es fuerte, porque no es la intención del ego, sino que está en concordancia con la Fuente universal. Es la realización de Dios en acción, cuando se enfoca hacia sanar y sanarse.

Como un *ser infinito,* usted sabe que su propia muerte, y la muerte de todos los demás, están programadas en el campo energético del cual ha emanado. Tal como sus características físicas fueron determinadas por esa fuerza futura, también lo es su muerte. Así es que abandone el miedo a su muerte, y decida mantener la misma intención que lo trajo a este mundo, desde el mundo donde no hay forma. Usted provino de un estado natural de bienestar, y está determinado a estar ahí, sin importar lo que suceda en y alrededor de su cuerpo. Mantenga esa intención para usted, hasta que deje su cuerpo, y mantenga esa misma intención invisible para los demás. Esta es la calidad que todos los sanadores comparten. También le sugiero que la enfatice, aquí y ahora, y no deje que nadie, ni ningún pronóstico, lo disuadan.

4. **Las investigaciones sugieren que esa intención sana por sí misma, pero que la sanación es una memoria colectiva de un Espíritu sanador, el cual puede ser entendido como una fuerza medicinal.** Sanar de por sí puede ser, de hecho, una fuerza que está disponible para toda la humanidad. Es la mente universal de la intención. Aun más, la investigación sugiere que los individuos, y los grupos de individuos, pueden congregar esta memoria colectiva y aplicarla en ellos mismos, y en aquellas personas que sufren de enfermedades epidémicas. Como todos

estamos conectados a la intención, compartimos la misma fuerza vital, y emanamos de la misma mente universal de Dios, no es tan absurdo asumir que al adentrarnos en este campo energético, podremos congregar la energía, y extenderla hacia todo aquel que entre en nuestra iluminada esfera. Esto explicaría el enorme y colectivo poder sanador de los santos, y plantearía el caso para que cada uno de nosotros, mantuviera la intención de erradicar enfermedades con la que vivimos hoy en día. tales como el SIDA, la viruela, las gripes mundiales, y hasta la epidemia de cáncer.

Cuando la enfermedad es vista como aislada, se desconecta de la salud colectiva del campo universal. Varios estudios demuestran que el virus del SIDA parece alimentarse con el miedo, el mismo miedo que experimenta una persona que es exilada o aislada de la comunidad. Los estudios en los pacientes con problemas cardiacos revelan, que aquellos que se aíslan de sus familias o de su comunidad, y especialmente, de su espiritualidad, son más susceptibles a las enfermedades. Los estudios sobre la longevidad demuestran, que aquellos que viven más tiempo, tienen una creencia espiritual sólida y un sentimiento de pertenencia a una comunidad. Cuando eleva su nivel de energía, y se conecta a los rostros de la intención. La capacidad de sanar colectivamente, es uno de los beneficios más poderosos disponibles.

5. **El tratamiento más importante que un sanador puede ofrecer, es la esperanza en la salud y en el bienestar, a aquellos que sufren de enfermedades o traumas.** Antes de enfocarse en alguien que necesite sanación, los sanadores hacen un análisis personal de lo que está presente en sus conciencias. La palabra clave es *esperanza.* La presencia de la esperanza concluye en la fe. También lo llamaría *conocimiento,* un conocimiento de que la Fuente personal es una conexión a la fuente de toda sanación. Cuando uno vive de esta manera, siempre ve esperanza. Sabemos que los milagros son siempre una

posibilidad. Permaneciendo en ese estado mental, el miedo y la duda se escapan del escenario. Si usted renuncia a la esperanza, cambia el nivel de energía de su vida, para vibrar en los niveles de miedo y duda. Y, todos sabemos que la Fuente de la intención que todo lo crea no conoce el miedo ni la duda.

Mi cita favorita de Miguel Ángel es sobre el valor de la esperanza: "El peligro más grande para todos nosotros no es que nuestra meta esté demasiado elevada y no logremos alcanzarla, sino que esté demasiado baja y la alcancemos." Tan solo piense, la intención de los sanadores y la esperanza que tienen para ellos y para los demás, es más importante aun que la medicina que se les ofrece. El simple pensamiento de disgusto de una persona hacia otra, imposibilita el potencial de sanación. La ausencia de fe en el poder del Espíritu para sanar juega un papel destructivo en el proceso de sanación. Cualquier pensamiento de baja energía que pueda tener, reduce su habilidad de sanarse. Las cinco conclusiones respaldadas por evidencia científica, nos conducen a hacernos conscientes de la importancia de cambiar nuestro enfoque, y conectarnos al campo de la intención que todo lo sana y a armonizarnos con él.

## De pensamientos de enfermedad a intenciones de bienestar

Posiblemente esté familiarizado con la siguiente frase que aparece en el Antiguo Testamento: "Y Dios dijo, '¡Hágase la luz!' y la luz se hizo". Si mira en un diccionario del inglés al hebreo, encontrará que según su traducción se leería como: "Y Dios *tuvo la intención. . .*" La decisión de *crear,* es la decisión de *tener la intención.* Para crear sanación, no puede tener pensamientos de enfermedad y anticipar, que su cuerpo va a caer víctima de una enfermedad. Sea consciente de los pensamientos que tiene, que apoyan la idea de enfermedad, como algo que se supone que pase. Comience a notar la frecuencia de esos pensamientos. Mientras más tiempo ocupen el paisaje de su mente, mayor resistencia está creando para realizar su intención.

Usted sabe que sus pensamientos de resistencia suenan así: *No puedo hacer nada para esta artritis. Es la temporada de gripes. Me siento bien ahora, pero para el fin de semana, ya estará en mi pecho y tendré fiebre. Vivimos en un mundo carcinógeno. Todo engorda o está lleno de químicos. Me siento muy cansado todo el tiempo.* Y así seguimos sin parar. Son como grandes barricadas, bloqueando la realización de su intención. Note los pensamientos que representan una decisión de su parte de participar en las gigantescas ganancias que proveen la mentalidad de enfermedad de las compañías farmacéuticas, y la industria de la salud que se alimenta de sus miedos.

Pero, usted es la divinidad, ¿lo recuerda? Usted es una parte de la mente universal de la intención, y no tiene que pensar de esa manera. Puede optar por pensar que tiene la habilidad de elevar su nivel de energía, aun si toda la publicidad a su alrededor, apunta a una conclusión diferente. Puede ir a su interior y mantener la intención que dice: *Me quiero sentir bien, tengo la intención de sentirme bien, tengo la intención de regresar a mi Fuente, y rehúso permitir la entrada de cualquier pensamiento de achaque o enfermedad.* Este es el comienzo. Se sentirá empoderado por esta experiencia única. Entonces, en cualquier momento dado en que no se sienta bien, escoja pensamientos de sanación y de bienestar. En ese instante, aunque sea por unos segundos, la sensación de bienestar toma el mando.

Cuando rehúsa vivir en la baja energía, y trabaja momento a momento para introducir pensamientos que apoyen su intención, ha decidido efectivamente que el bienestar es su opción, y que ser un sanador, es una parte de esa decisión. En este momento, se ponen en movimiento las ruedas de la creación, y lo que se imaginó y creó en su mente, comienza a formar parte de su vida diaria.

Inténtelo la próxima vez que se encuentre en la baja energía del pensamiento, en enfermedades de cualquier tipo. Tan solo note lo rápido que cambia su sensación, al rehusar tener pensamientos que no estén en armonía con su Fuente de intención. En mi caso funciona, y le aconsejo que lo haga también. Sencillamente, dejo de pensar que soy víctima de una enfermedad o de una incapacidad física, y no gasto los preciosos momentos de mi vida hablando sobre enfermedades. Soy un sanador. Me sano a mí mismo co-creando salud con Dios, y también les brindo este obsequio a los demás. Esa es mi intención.

### Las enfermedades no son castigos

Cuando nos separamos de la salud perfecta para la cual fuimos designados, Las enfermedades se convierten en un componente de la condición humana. En lugar de tratar de intelectualizar las razones por las cuales las personas se enferman, y lograr entender esas enfermedades, le aconsejo que piense que usted tiene el potencial de convertirse en un maestro sanador. Trate de visualizar todas las enfermedades humanas, desde la perspectiva de algo que la raza humana ha traído colectivamente al identificarse con el ego, en vez de permanecer con la divinidad de la cual han emanado. Aparte de esta identificación colectiva con el ego, hemos traído todo lo que conlleva los problemas del ego: miedo, odio, desesperación, ansiedad, depresión. El ego se alimenta de estas emociones, porque es insistente en su propia identidad como una entidad separada de la fuerza de Dios que nos trajo a este mundo. Virtualmente, en una u otra forma, cada miembro de la raza humana se ha creído la idea de la separación y la identificación con el ego. En consecuencia, enfermedades, dolencias, males y la necesidad de sanación, vienen, sencillamente, con el territorio del ser humano.

Sin embargo, no tiene que quedarse estancado ahí. El poder de la intención es regresar a la Fuente de la perfección. Es tener el conocimiento de que el poder de sanar, está implicado en hacer esa conexión divina, y que la Fuente de toda la vida no castiga a base de ofrecer pagos kármicos, a través del sufrimiento y la adversidad. No tiene que requerir sanación porque fue malo o ignorante, o como una retribución por ofensas de vidas pasadas. Está recibiendo lo que sea que esté experimentando, para vivir las lecciones que tiene que aprender en esta jornada, la cual ha sido orquestada por la inteligencia que todo lo provee, que aquí llamamos intención.

En un universo eterno, debe verse y ver a los demás en términos infinitos. Términos infinitos, significa que tiene un número infinito de oportunidades, para manifestarse en un cuerpo material, y co-crear cualquier cosa. Al ver las enfermedades de la mente y el cuerpo que impregnan su propia vida, así como las vidas del resto de la humanidad, trate de verlas como una parte de la naturaleza infinita de nuestro mundo. Si el hambre, la pestilencia o la enfermedad son parte de la perfección del universo, entonces, también lo es su intención de terminar con estas cosas, como parte de esa misma perfección. Ahora, decida permanecer con esa intención, primero en su propia vida, luego en las vidas de los demás. Su intención concordará con la intención del universo, el cual no sabe nada de egos ni de separaciones, y todos los pensamientos de enfermedades como castigos o pagos kármicos, cesarán de existir.

### *Hacer realidad su intención*

A continuación encontramos mi plan de diez pasos, para implementar la intención de este capítulo de optimizar su capacidad de sanarse y sanar:

**Paso 1: Hasta que no se permita primero sanarse, no puede sanar a nadie** Para crear un sentimiento de su propia sanación, Trabaje en un esfuerzo común con su Fuente. Coloque todo el enfoque de su energía en el conocimiento, de que puede ser sanado de cualquier perturbación física o emocional, a su salud perfecta. Conéctese a la sanación con la energía amorosa, bondadosa y receptiva, la cual es el campo que lo trajo a este mundo. Esté dispuesto a aceptar el hecho, de que es una parte de esa energía sanadora de toda la vida. La misma fuerza que sana una cortada en su mano, y hace crecer nueva piel para que se recupere permanentemente, está tanto en su mano como en el universo. Usted es esa fuerza, la fuerza es usted; no hay separación. Sea consciente de que permanece en contacto con esta energía sanadora, porque es imposible separarse de ella, excepto en los pensamientos disminuidos de su ego.

**Paso 2: La energía sanadora, a la cual está conectado en todo momento, es lo que tiene para ofrecerle a los demás.** Ofrezca esta energía libremente, y mantenga completamente a su ego fuera del proceso de sanación. Recuerde lo que San Francisco respondía, cuando le preguntaban por qué no se curaba a sí mismo de sus enfermedades, las cuales le causaron su muerte a la edad de 45 años: "Quiero que todo el mundo sepa, que es Dios el que está sanando." San Francisco estaba sano del dominio del ego, y quería aferrarse deliberadamente a sus enfermedades para enseñarles a los demás, que era la energía de Dios la que trabajaba a través de él, proveyendo energía para todas sus sanaciones milagrosas.

**Paso 3: Al elevar su energía hasta que concuerde en vibración con el campo de la intención, está fortaleciendo su sistema inmunológico, e incrementando la producción de enzimas del bienestar en el cerebro.** Un cambio en la personalidad, de un ser rencoroso, pesimista, colérico, malhumorado y desagradable, a uno apasionado, optimista, amable, alegre y comprensivo, es a menudo la clave cuando somos testigos de actos milagrosos de recuperación espontánea, de pronósticos fatales.

**Paso 4: ¡Practique la entrega!** *Entrégate y deja actuar a Dios,* es una gran frase en el proceso de recuperación. En el mundo de la sanación, este es también un maravilloso recordatorio. Al entregarse, se siente capaz de sentir reverencia y comulgar con la Fuente de toda la sanación. Recuerde y crea, desde la perspectiva de que el campo de la intención no sabe nada acerca de la sanación *per se,* porque ya es perfección espiritual. Lo que crea la falta de orden, armonía y salud en nuestro mundo es la conciencia de su ego... y es regresando a la perfección espiritual, que se logra la armonía del cuerpo, la mente y el Espíritu. Cuando se restaura este equilibrio o simetría, lo llamamos sanación, pero la Fuente no sabe nada de sanación, porque solo crea la salud perfecta. Es a esta salud perfecta que usted debe entregarse.

**Paso 5: No pida ser sanado, pida regresar a la perfección de la cual ha emanado.** Aquí es donde desea sostener una intención para usted y para los demás, con una determinación inflexible y sin posibilidad de negociación. No deje que nada interfiera con su intención de sanarse y sanar. Deseche toda la negatividad que encuentre. Rehúse dejar entrar cualquier tipo de energía que debilite su cuerpo o su intención. Transmita también esta idea a los demás. Recuerde, usted no le está pidiendo a su Fuente que lo sane, porque esto es asumir que la salud le hace falta en su vida. Eso asume carencia, pero la Fuente solo puede reconocer y responder a lo que ya existe, y usted también es un componente de esa Fuente. Venga a la Fuente como entero y completo, descarte todos los pensamientos de enfermedad, y sepa que al reconectarse a esa Fuente — llenándose de ella y ofreciéndosela a los demás — se convierte en la sanación misma.

**Paso 6: Sepa que usted es amado.** Busque razones para alabar y sentirse bien. En el momento en que experimente pensamientos que lo hagan sentirse enfermo o molesto, haga lo posible por cambiar esos pensamientos por otros que apoyen su sensación de bienestar, y si eso le parece imposible, entonces, haga lo posible por quedarse completamente callado al respecto. Rehúse hablar sobre enfermedades, y trabaje para activar pensamientos que predicen la recuperación, el bienestar y la salud perfecta. Imagínese saludable y libre de todo mal. Esté alerta a las oportunidades de decirse literalmente: *Me siento bien, tengo la intención de atraer más de este sentimiento bueno, y tengo la intención de ofrecerlo a todo aquel que lo necesite.*

**Paso 7: Busque y aprecie el silencio.** Muchas personas que han sufrido largas enfermedades, han logrado retornar a su Fuente, a través del canal de la naturaleza y el silencio contemplativo. Pase algún tiempo en meditación, visualizándose acoplado con el campo perfectamente sano de la intención. Comulgue con esta Fuente de todo lo bueno, de todo lo que está bien, y practique tener acceso a esta energía espiritual elevada, bañando todo su ser en esta luz.

Para mí la meditación es siempre sanadora. Cuando estoy cansado, me energizan unos pocos momentos en silencio, teniendo acceso a vibraciones elevadas, amorosas y bondadosas. Cuando me siento fuera de lo normal, unos pocos instantes en quietud haciendo contacto con Dios, me ofrecen todo lo que necesito, no solo para sentirme bien, sino además para poder ayudar a los demás. Siempre recuerdo las palabras oportunas de Herman Melville: "El silencio es la única Voz de nuestro Dios."

A continuación, encontrarán un fragmento de una carta que me escribió Darby Hebert, quien ahora vive en Jackson Hole, Wyoming. Por más de dos décadas, tuvo que luchar con el sentimiento de sentirse usada, y de ver como su condición física se deterioraba. Optó por la naturaleza, el silencio y la meditación. Transcribo aquí (con su permiso) sus palabras:

*Durante un año, viví con mis cosas en cajas en una casa vacía que nunca llegó a ser mi hogar. Luego, para salir de ese campo de energía negativo, y alejarme del desprecio de la gente que me juzgaba con dureza, me mudé a dos mil millas de ahí, en Jackson Hole. La magnificencia, imponencia y paz de este encantador y sagrado lugar, comenzaron a ejercer su magia de inmediato. He vivido en silencio por casi dos años. La meditación y la apreciación se han convertido en mi forma de vida. Dejar la baja energía, moverme a la energía elevada, con su ayuda, ha hecho milagros. He pasado de tener ojos con hemorragias, lesiones internas, meningitis aséptica y dolores musculares severos, a un estado de salud que incluye caminatas y esquí en las montañas, durante todo un día. Poco a poco, me estoy deshaciendo de las peligrosas drogas que usaba para controlar las enfermedades, y sé que puedo hacerlo. Usted me ha enseñado el camino del bienestar, y por eso le estaré eternamente agradecida. Dios lo bendiga mil y mil veces, Wayne, por seguir su sendero de gloria y ayudar a los demás a encontrar el de ellos. Espero que llegue el momento en que pueda expresarle mi gratitud en persona. Mientras tanto, nos vemos en la Brecha.*

**Paso 8: Para *ser* la misma salud, debe identificarse por completo con la totalidad que usted es.** Puede dejar de verse como un cuerpo físico y sumergirse en la idea del bienestar total. Esto puede convertirse en su nueva identificación. Aquí, usted respira solo bienestar, piensa solamente en la salud perfecta y se desapega de sus enfermedades aparentes en el mundo. Pronto reconocerá solamente la perfección en los demás. Aférrese a su verdad, reflejando nada más que pensamientos de bienestar, y hablando solo con palabras que reflejen la posibilidad infinita de sanación de todos los procesos de padecimientos. Esta es su identidad correcta de la totalidad, y la vive sabiendo que usted y la Fuente que todo lo crea son uno y lo mismo. Esta es su verdad máxima, y puede permitir que esta aura dinámica de totalidad, sature y anime cada uno de sus pensamientos, hasta que sea todo lo que tiene para ofrecer. Así es como usted sana, desde el conocimiento y la confianza interna en su totalidad.

**Paso 9: Permita que la salud fluya en su vida.** Hágase consciente de la resistencia, la cual interfiere con el flujo natural de energía saludable. Esta resistencia está en la forma de sus pensamientos. Cualquier pensamiento que esté fuera de sincronismo con los siete rostros de la intención, es un pensamiento de resistencia. Cualquier pensamiento que diga *es imposible de sanar,* es un pensamiento de resistencia. Cualquier pensamiento de duda o de miedo, es un pensamiento de resistencia. Cuando observe estos pensamientos, adviértalos cuidadosamente, y luego, active deliberadamente los pensamientos que están en equilibrio vibratorio y energético, con la Fuente de la intención que todo lo provee.

**Paso 10: Permanezca inmerso en un estado de gratitud.** Agradezca cada respiración. . . cada órgano interno que funciona en armonía. . . la totalidad que es su cuerpo. . . la sangre que corre por sus venas. . . su cerebro que le permite procesar estas palabras, y los ojos que le permiten leerlas. Mírese en el espejo por lo menos una vez al día, y agradezca ese corazón que sigue latiendo, y la fuerza invisible de la que dependen esos latidos. Permanezca en gratitud.

Esta es la forma más segura de conectarse a la salud perfecta, limpia y pura.

✳ ✳ ✳

Uno de los mensajes de Jesús de Nazaret, es en relación a todo lo que he presentado en este capítulo sobre tener una intención de salud perfecta:

> *Si pones de manifiesto lo que está en tu interior,*
> *lo que pones de manifiesto te salvará.*
> *Si no pones de manifiesto lo que está en tu interior,*
> *lo que no pones de manifiesto te destruirá.*

Lo que está en su interior es el poder de la intención. Ningún microscopio puede revelarlo. Puede encontrar el centro de comando con la tecnología de rayos X, pero el *comandante* del centro de comando permanece impenetrable, a nuestros sofisticados instrumentos de sondeo. *Usted es ese comandante.* En vez de permitir que esté en mal estado, debe permitirse estar en armonía vibratoria con el gran comandante de todo, manifestándolo para servirlo,

～ ✳ ～ ✳ ～

# CAPÍTULO CATORCE

## Mi intención es: apreciar y expresar el genio que soy

*"Todo el mundo nace genio, pero la vida los des-genia."*

— Buckminster Fuller

Todos los seres humanos tienen en su interior la misma esencia de la conciencia, y los procesos de creatividad y genialidad, son atributos de la conciencia humana. Por lo tanto, la genialidad es un potencial que vive en su interior, y en el interior de cada ser humano. Uno tiene muchos momentos de genialidad a lo largo de la vida. Son esos momentos en los que tiene una brillante y original idea y la implementa, aunque esté consciente de lo fantástica que pueda sonar. Talvez creó algo absolutamente increíble y hasta se sorprendió de su talento. También hay esos instantes, en que hace la jugada perfecta en un torneo de golf o en un partido de tenis, y se da cuenta del inmenso placer sentido. Es un genio.

Quizás nunca se ha imaginado que usted pueda ser un genio en su interior. Puede haber pensado que la palabra *genio* está reservada a los Mozarts, Miguelángelos, Einsteins, Madame Curies, Virginia Woolfs, Stephen Hawkings, y otras personas, cuyas vidas y logros han sido famosos. Pero tenga en cuenta, que ellos comparten la misma esencia de su conciencia. Emanan del mismo poder de la intención del cual usted emana. Comparten la misma fuerza vital que los anima, al igual que a usted. Su genialidad está en su propia existencia, esperando las circunstancias correctas para expresarse.

No existen la *suerte* ni *los accidentes* es este universo lleno de significado. No solamente todo está conectado a todo, sino que además, nada está excluido de la Fuente universal llamada intención. Y la genialidad, siendo una característica de la Fuente universal, debe ser universal, lo cual significa que no está restringida de ninguna manera. Está disponible para todos los seres humanos. Por supuesto que se muestra distintivamente en cada ser humano. Las cualidades de la creatividad y la genialidad están en su interior, esperando su decisión para concordar con el poder de la intención.

### Cambiando el nivel de energía para tener acceso al genio interior

En su fascinante libro, *El poder contra la fuerza,* David Hawkins escribió: "Podemos definir *Genio* como un estilo de conciencia caracterizado por la habilidad de acceder a los patrones atractores de energía más altos. No es una característica de la personalidad, tampoco es algo que una persona *"tiene"* o *"es."* Una característica universal del genio es la humildad; después de todo, aquellos que reconocemos como genios a menudo lo niegan, ya que ellos siempre atribuyen su entendimiento a la influencia de un orden mayor." La genialidad es una característica de la fuerza creativa (el primero de los siete rostros de la intención), la cual permite que toda la creación material se convierta en forma. Es una expresión de la divinidad.

Nadie que haya sido considerado un genio — ya sea Sir Laurence Olivier protagonizando a Hamlet, Michael Jordan encestando con gracia la pelota en una cancha de baloncesto, Clarence Darrow hablando ante un jurado, Juana de Arco inspirando a una nación, o la señora Fuehrer, mi maestra de octavo grado, contándonos una historia con nítida vividez en la clase; puede explicar la proveniencia de la energía que les permitía llegar a tan altos niveles. Se dice que Sir Laurence Olivier estaba perturbado y molesto, después de realizar una sus mejores actuaciones en escena jamás vistas en Londres, en la obra *Hamlet*. Cuando le preguntaron porque estaba tan molesto, después de una estruendosa ovación de la audiencia, contestó (parafraseo): "Sé que fue mi mejor actuación, pero no tengo idea cómo lo hice, de dónde salió mi talento, ni siquiera sé si podré hacerlo de nuevo." El ego y la genialidad se excluyen mutualmente. La genialidad es una función de entrega a la Fuente, reconectándose de forma tan dramática, que el ego de uno se minimiza sustancialmente. A esto es a lo que se refiere el doctor Hawkins por *acceder a los patrones atractores de energía más altos*.

La energía más elevada es la energía de la luz, la cual es una manera de describir la energía espiritual. Los siete rostros de la intención son los ingredientes de esta energía espiritual. Cuando cambia sus pensamientos, emociones y actividades de su vida diaria, hacia estos dominios, y desactiva las bajas energías del ego, la fuerza de Dios en su interior comienza a trabajar. Es tan automático, que viaja más rápido que sus pensamientos. Esa es la razón de su desconcierto cuando busca las razones de su actuación. El nivel de energía más elevado, en realidad transciende el pensamiento, moviéndose hacia la armonía vibratoria con la energía de la intención de la Fuente. Al ir desechando los pensamientos dominados por el ego (el cual lo quiere convencer de que usted es el que está haciendo esas cosas tan magnificas y es el responsable de esos increíbles logros), se conecta al poder de la intención. Este es el lugar en donde reside el genio que usted es en realidad.

Muchas personas nunca logran llegar a conocer este mundo interno de su genialidad personal, y piensan que esa genialidad se mide solamente en términos intelectuales o artísticos. La genialidad permanece en las sombras de sus pensamientos, inadvertida durante sus ocasionales incursiones hacia su interior, y ¡hasta puede encerrarse bajo llave y encadenarse! Si le enseñaron que debía evitar pensar con demasiada admiración respecto a su persona, y que la genialidad está reservada tan solo para un puñado de individuos seleccionados, probablemente se resista a esta idea. No podrá reconocer su genialidad si ha sido condicionado a creer que debe aceptar lo que te tocó vivir en esta vida, tener metas pequeñas, tratar de ajustarse a los grupos de personas *normales*, y no tener metas demasiado elevadas para no sufrir desilusiones.

Me gustaría que considerara lo que parece ser una idea radical: *La genialidad puede mostrarse en tantas maneras como seres humanos existen.* Cualquier cosa en cualquier campo que alguien haya logrado, ha sido compartida con usted. Usted está conectado a cada ser que ha vivido o vivirá, y comparte exactamente la misma energía de intención que fluyó a través de Arquímedes, Leonardo da Vinci, la virgen María y Jonas Salk. Usted puede tener acceso a esta energía. En el nivel más profundo, todas las cosas y todas las personas, están compuestas de vibraciones organizadas en campos que impregnan toda la estructura del universo. Usted comparte estas vibraciones y está en este campo.

El punto de comienzo es el conocimiento y el entendimiento de que este nivel de creatividad y funcionamiento llamado *genialidad* reside en su interior. Luego, comience a deshacer sus dudas sobre su papel aquí. Comprométase a elevar sus niveles de energía para vibrar en armonía con el campo de la intención a pesar de los intentos de su ego y de los egos de los demás de disuadirlo.

La doctora Valerie Hunt nos recuerda en su libro *Infinite Mind: Science of Human Vibrations of Consciousness,* (*La mente infinita: La ciencia de las vibraciones de la conciencia*): "Las bajas vibraciones existen en la realidad material, las vibraciones elevadas existen en la realidad mística, y un espectro total vibratorio existe en la realidad expandida." Para lograr esta intención de aprecio y expresión del genio que usted es, va a tener que afanarse en conseguir ese *espectro total vibratorio.* Esa es la idea de la expansión, la cual es crucial para conocer su verdadero potencial. Eso es lo que usted pidió, cuando dejó el mundo sin forma de la intención espiritual. Usted co-creó un cuerpo y una vida para expresar ese genio interno, el cual puede haber encerrado bajo llave, en una habitación casi inaccesible.

### Expandir su realidad

La fuerza universal que lo creó, está siempre en expansión, y su objetivo es lograr la armonía con esa Fuente, y de esta manera retomar el poder de la intención. Entonces, ¿qué es lo que le impide expandirse a la realidad mística y al espectro total vibratorio al que se refiera la doctora Hunt? Me gusta esta respuesta de William James, a quién se le llama con frecuencia el padre de la psicología moderna: "La genialidad es tan solo un poco más que la facultad de percibir las cosas de manera poco común." Para expandir su realidad para concordar con la expansión del campo de la intención que todo lo crea, tiene que desechar sus viejos hábitos de pensamiento. Estos hábitos lo han enterrado en un punto, en donde permite que se le adhieran etiquetas para todo. Estas etiquetas lo definen de muchas maneras.

La mayoría de las etiquetas son de otras personas que desean describir lo que usted no es, porque se sienten más seguras prediciendo lo que no puede ser, que lo que puede ser: *Ella nunca ha sido muy artística. Él es un poco torpe, nunca será un buen atleta. Las matemáticas nunca han sido su fuerte. Él es un poco tímido, nunca podrá lidiar con el público.* Ha escuchado estas frases durante tanto tiempo, que se cree todo eso. Se han convertido en la forma típica de pensamiento acerca de sus habilidades y potencialidades. Tal como William James lo sugiere, *para ser un genio hay que dar un gran cambio en su manera de pensar* para desechar esos viejos hábitos y abrirse a la posibilidad de la grandeza.

He escuchado el estereotipo sobre escritores y oradores desde que era joven. Si usted es un escritor, debe ser introvertido, y los escritores no son buenos oradores. Decidí cambiar esa manera de pensar programada y estereotipada, y tomé la decisión de que podría destacarme en cualquier cosa que afirmara y determinara en mi vida. Decidí creer que cuando vine a este mundo de fronteras y de forma, no había restricciones para mí. Un campo de energía expansiva me trajo a este mundo, y este campo no sabe nada de límites ni de etiquetas. Decidí que sería un escritor introvertido *y* además un orador dinámico. De igual manera, he roto el paradigma, de muchas maneras impuestas socialmente de etiquetar a las personas. Puedo ser un genio en cualquier cosa, si según el padre de la psicología modera, aprendo a *percibir las cosas de maneras poco comunes*. Puedo cantar tiernas canciones, escribir poemas sentimentales, crear pinturas preciosas, y al mismo tiempo y en el mismo cuerpo, destacarme como un atleta en cualquier deporte, hacer un hermoso mueble, arreglar mi automóvil, hacer lucha libre con mis hijos y practicar surfing en el mar.

Ponga atención a las maneras en que permite la expansión de las posibilidades infinitas en las cuales puede potenciar sus capacidades. Puede decidir, como lo he hecho yo, que reparar un automóvil y hacer surfing en el mar, no son cosas que disfruta hacer. Entonces, deje esas actividades para los demás, y use su genialidad para ocuparse en metas que le agradan y le atraen. Expanda su realidad, hasta el punto en donde su meta es algo que ama hacer y en lo que se destaca. Involúcrese en los niveles elevados de energía de la verdad, el optimismo, el aprecio, el profundo respeto, la alegría y el amor. Eso significa amar lo que hace, amarse a sí mismo y amar su genialidad, la cual le permite sumergirse en cualquier actividad y disfrutar el proceso de experimentarla por completo.

**Confíe en sus instintos.** El proceso de apreciar su genialidad envuelve la confianza en que vale la pena expresar esos chispazos internos de intuición creativa. La canción que está componiendo en su mente. Esa curiosa historia en la que se pasa soñando, que piensa se convertiría es un tema maravilloso para una película. Esa loca idea de combinar zanahorias y guisantes en una semilla y cultivar verduras *"zanantes."* El diseño de un nuevo automóvil que siempre ha contemplado. La idea de un traje de moda que se convertiría en la última novedad. El juguete que todo niño sueña con tener. La extravagancia musical que ha visto en su mente. Estas ideas y miles de ellas son el genio creativo que trabaja en su interior. Estas ideas en su imaginación son *distribuciones de Dios* celebrándose. No vienen de su ego, el cual las aplasta con miedos y dudas. Sus instintos son inspiraciones divinas. Su mente creativa es la manera en que su ser superior vibra en armonía con el campo de la intención, el cual está siempre creando.

Borrar toda duda sobre esos chispazos brillantes de su intuición, le permite expresar esas ideas y comenzar el proceso de realización. Tener los pensamientos y luego aplastarlos porque piensa que no son lo suficientemente buenos o porque no merecen ser realizados, es negar la conexión que tiene con el poder de la intención. Usted tiene un enlace a la intención, pero permite que se debilite al vivir en los niveles ordinarios de la conciencia del ego. Recuerde que usted es una parte de Dios, y que esa chispa interna de genio en su imaginación — esa voz interna intuitiva — es en realidad Dios recordándole su propia originalidad. Está teniendo esas intuiciones internas, porque esa es precisamente la manera de permanecer conectado al genio que todo lo crea que lo trajo a este mundo. Tal como lo dije antes, confiar en sí mismo es confiar en la sabiduría que lo creó.

Nunca, jamás, preste atención a la idea de que algún pensamiento creativo que tenga, es otra cosa más que una valiosa expresión potencial de su genialidad intrínseca. La única advertencia, es que esos pensamientos deben estar en armonía vibratoria con los siete rostros de la intención. Los pensamientos internos de odio, ira, temor, desesperación y destrucción, sencillamente no fomentan las intuiciones creativas. Los pensamientos de baja energía dominados por el ego, deben ser reemplazados y convertidos al poder de la intención. Sus impulsos creativos son reales, son vitales, son valiosos y están ansiosos por expresarse. El hecho de que puede concebirlos es prueba de ello. Sus pensamientos son reales. Son pura energía, y le están diciendo que preste atención y se conecte al poder de la intención que ha sido pulido a través de niveles distintos a los que ha aceptado como normal u ordinarios. En estos niveles, todo el mundo es genio.

**Aprecie la genialidad en los demás.** Cada persona con la cual interactúa, debe sentir el brillo interno que viene con el aprecio, en particular con las formas en las cuales se aprecia su creatividad. Una idea central que fortalece el flujo del poder de la intención, es desear para los demás lo mismo que desea para usted. Apreciar la genialidad en los demás, atrae niveles elevados de energía competente. Al notar y celebrar el genio creativo, abre un canal interno para recibir la energía creativa del campo de la intención.

Mi hijo Sands de 15 años, posee una manera única de practicar surfing como jamás he visto a nadie hacerlo en el mar. Lo estimulo a hacer lo que para él es natural y expresarlo con orgullo. También ha creado un lenguaje único de comunicación, similar al de mi hermano David, que emulan los demás miembros de mi familia y mis amistades cercanas. Crear un lenguaje que otras usan, ¡es el trabajo de un genio! Le digo esto a Sands y a mi hermano, cuyo lenguaje único llevo hablando por más de medio siglo. Mi hija Skye tiene un tipo de voz único que adoro. Se lo digo, y le señalo que es una expresión de su genialidad.

Todos mis hijos, al igual que los suyos (incluyendo su niño interno), poseen características incomparables en muchas de las maneras en que se expresan. Desde la manera en que se visten, hasta ese pequeño tatuaje, su firma, sus remilgos, los rasgos singulares de su personalidad, en todos ellos usted puede apreciar su genialidad. Advierta y aprecia también *su* genialidad. Cuando usted es como todos los demás, no tiene nada más que ofrecer que su conformidad.

Tome el camino para *ver el rostro de Dios en todas las personas* con quienes se encuentre. Busque algo que apreciar en los demás, y esté dispuesto a comunicárselos y a todo aquel que desee escucharlo. Cuando vea cualidades en los demás, comenzará pronto a darse cuenta de que este potencial está disponible para toda la humanidad. Esto lo incluye, obviamente. Reconocer su genialidad es una parte integral de la dinámica. Tal como lo dice el doctor Hawkins en *El poder contra la fuerza:* "Hasta que uno no reconoce la genialidad propia, tendrá muchas dificultades reconociéndola en los demás."

**Genialidad y simplicidad.** Comience a realizar la intención de este capítulo, descomplicándose la vida en lo posible. La genialidad prospera en un ambiente contemplativo, en donde cada minuto no está lleno de obligaciones o de cantidades de personas ofreciendo consejos, e insistiendo en su constante participación en actividades ordinarias y mundanas. La genialidad no está buscando confirmación de parte de los demás, sino más bien, un espacio tranquilo para que sus ideas florezcan. La genialidad no es cuestión de lograr un alto nivel intelectual en una prueba estándar, es lograr un nivel excepcionalmente elevado en la simple sabiduría, en cualquier campo de las realizaciones humanas. Un genio en acción puede ser la persona que encuentra estimulante pasarse horas trabajando con un utensilio electrónico, y también el que se fascina vagando por su jardín u observando los patrones de comunicación entre los murciélagos en una noche estrellada. Una vida descomplicada con pocas intromisiones, en un ambiente sencillo, le permite a su genio creativo resurgir y expresarse. La simplicidad establece un enlace al poder de la intención, y así su genialidad florece.

### Hacer realidad su intención

A continuación vemos mi programa de diez pasos para realizar esta intención de apreciar y expresar el *genio* interno en acción.

**Paso 1: ¡Declare que usted es un genio!** No tiene que ser un anuncio público, sino una declaración de intención entre usted y su Creador. Recuerde que usted no es más que una de las obras maestras que ha emanado del campo universal de la intención. No tiene que probar que es un genio, ni comparar sus logros con los de los demás. Usted tiene un talento único que ofrecer a este mundo, y es único en toda la historia de la creación.

**Paso 2: Tome la decisión de escuchar con mayor atención sus instintos, no importa que tan pequeños o insignificantes los haya juzgado antes.** Los pensamientos, que haya visto antes como tontos o indignos de atención, son su conexión privada al campo de la intención. Los pensamientos que tienden a persistir, particularmente si están relacionados con nuevas actividades y aventuras, no están en su mente por accidente. Esos pensamientos tenaces que no se quieren ir, deben ser vistos como su intención diciéndole, *Solicitaste expresar tu brillo único, entonces, ¿por qué sigues ignorando el genio y conformándote con la mediocridad?*

**Paso 3: Tome acción constructiva para implementar sus inclinaciones intuitivas.** Cualquier paso hacia la expresión de sus impulsos creativos, es un paso hacia la realización del genio que reside en su interior, por ejemplo, escribir y someter la reseña de un libro, sin importar las dudas que haya tenido hasta ahora, grabar un disco compacto leyendo poemas o cantando las canciones que compuso, comprar un lienzo y un caballete y pasarse una tarde pintando, o visitar un experto en el campo que le interese.

Durante una toma reciente de fotografías, un fotógrafo me dijo que hace años, se las arregló para encontrarse con un fotógrafo famoso mundialmente, y que esa visita lo inició en el camino para hacer lo que amaba. Para mí, ese hombre era un genio. La fotografía siempre me ha intrigado. Ese estímulo temprano en su vida, lo dirigió hacia la *apreciación de su genio* interior, luego una reunión con un hombre le enseñó a confiar en esa *intriga* y a usarla como un medio para comunicar al mundo su genialidad.

**Paso 4: Sepa que cada uno de sus pensamientos en relación con sus habilidades, intereses e inclinaciones, es valioso.** Para reforzar la validez de sus pensamientos, *manténgalos en privado*. Dígase que es entre usted y Dios. Si los mantiene en el dominio espiritual, no tendrá que presentárselos a su ego ni exponerlos ante los egos de los demás. Esto significa que no tendrá que comprometerse a explicarlos o a defenderlos de los demás.

**Paso 5: Recuerde que al alinearse con la energía espiritual encontrará y comunicará su genialidad intrínseca.** En *El poder contra la fuerza,* David Hawkins concluye: "Según nuestros estudios, parece que el alineamiento de las metas y los valores personales con los atractores de alta energía está asociado más estrechamente con la genialidad que con cualquier otra cosa." Esto está completamente alineado con la comprensión y la implementación del poder de la intención. Cambie su energía para armonizar en vibración con la energía de la Fuente. Aprecie la vida y rehúse los pensamientos de odio, ansiedad, ira o crítica. Confíe en que usted es una parte de Dios y su genialidad florecerá.

**Paso 6: Practique la humildad radical.** No asuma el crédito por sus talentos, habilidades intelectuales, aptitudes o destrezas. Permanezca en un estado de asombro y perplejidad. Mientras estoy aquí con mi lapicero en la mano, observando las palabras aparecer ante mí, estoy en estado de perplejidad. ¿De dónde vienen esas palabras? ¿Cómo sabe mi mano cómo traducir esos pensamientos invisibles en palabras, frases o párrafos descifrables? ¿De dónde vienen los pensamientos que preceden las palabras? ¿Es éste realmente Wayne Dyer escribiendo, o estoy observando a Wayne poner estas palabras en el papel? ¿Está Dios escribiendo este libro a través mío? ¿Estaba designado a ser su mensajero antes de nacer el 10 de mayo de 1940? ¿Vivirán estas palabras después de que termine mi vida? Estoy totalmente perplejo por todo esto. Soy humilde en mi imposibilidad de saber de dónde vienen mis logros. Practique la humildad radical, y déle el crédito a todo menos a su ego.

**Paso 7: Quite la resistencia a la realización de su genialidad.** La resistencia siempre se muestra en forma de pensamientos. Esté atento a los pensamientos que promueven su incapacidad de pensar en su genialidad. . . pensamientos de duda acerca de sus habilidades. . . o pensamientos que refuercen lo que le han dicho sobre no tener un talento o aptitud. Todos esos pensamientos están desalineados y no permiten que esté en armonía vibratoria con el campo universal de la intención que todo lo crea. Su Fuente sabe que usted es un genio. Cualquier pensamiento que cuestione esta noción es resistencia, la cual le inhibe la realización de su intención.

**Paso 8: Busque la genialidad en los demás.** Preste atención a la grandeza que observa, en tantas personas como le sea posible, y si no la ve al principio, entonces gaste un poco de su energía mental buscándola. Mientras más inclinado esté a pensar en términos de genialidad, más natural será aplicar los mismos estándares a sí mismo. Háblele a los demás sobre la genialidad que ha encontrado en ellos. Exprese su admiración y sea auténtico. Al hacerlo, irradiará amor, bondad, abundancia, energía creativa. En un universo que funciona en energía y atracción, encontrará que esas mismas cualidades le retornarán.

**Paso 9: Simplifique su vida.** Saque de su vida las reglas, *los debes, tienes que, hay que* y similares. Al descomplicar su vida y quitarle los asuntos banales que tanto tiempo le ocupan, abre un canal para que emerja su genialidad intrínseca. Una de las técnicas más efectivas de simplificar su vida es pasar cada día 20 ó 30 minutos en silencio y meditación. Mientras más consciente sea su contacto con su Fuente, más apreciará su ser superior. Y es de este ser superior que se manifiesta su propia genialidad.

**Paso 10: Permanezca humilde mientras está en un estado de gratitud.** Este genio que usted es, no tiene nada que ver con su mente del ego. Esté agradecido con la Fuente de la intención por proveerle la fuerza vital para expresar el genio que reside en su interior. Aquellos que atribuyen su inspiración y su éxito a su ego, son aquellos que pronto pierden esa capacidad, o permiten que la aprobación y la atención de los demás la destruyan. Permanezca humilde y agradecido, y su genialidad resurgirá aun más, mientras permanece en un estado constante de expansión. La gratitud es un espacio sagrado, en donde usted *permite* y *sabe* que una fuerza más grande que su ego está siempre disponible y en acción.

\* \* \*

El hombre que me inspira a diario, Ralph Waldo Emerson, cuya fotografía me mira mientras escribo, lo pone de esta manera: "Creer en sus propios pensamientos, creer que lo que es verdadero en el fondo de su corazón es verdadero para todos los hombres, eso es ser un genio."

Hágase consciente de esto y aplíquelo en su vida. Otro genio nos dice exactamente cómo lograr esto. Thomas Edison dice, "La genialidad es uno por ciento inspiración y noventa y nueve por ciento transpiración." ¿Todavía no está sudando?

~ \* ~ \* ~

# TERCERA PARTE

# LA CONEXIÓN

*"El hombre está en proceso de cambio hacia formas que no son de este mundo, con el tiempo, el hombre perderá la forma, llegará a un plano superior. Sepa que usted debe acceder el mundo de la forma antes de ser uno con la luz."*

— adaptado de *Las tablas esmeralda de Toth*

# CAPÍTULO QUINCE

# RETRATO DE UNA PERSONA CONECTADA AL CAMPO DE LA INTENCIÓN

*"Las personas que viven en crecimiento constante, deben ser lo que pueden llegar a ser."*

— Abraham Maslow

Una persona que vive en estado de unión con la Fuente vital, no luce demasiado diferente al resto de la gente normal. Estas personas no llevan una aureola, ni se visten con prendas especiales que anuncien sus cualidades divinas. Pero cuando nota que van por la vida, como los *afortunados* que parecen salirse siempre con la suya, y cuando comienza a hablar con ellos, se da cuenta lo distintos que son, comparados con las personas que viven en los niveles ordinarios de conciencia. Pase unos momentos de su vida conversando con estas personas conectadas al poder de la intención, y notará lo únicos que son.

Estas personas, a quienes llamo *conectores,* para expresar su armoniosa conexión con el campo de la intención, son individuos que están siempre disponibles para el éxito. Es imposible hacerlos sentir pesimistas acerca de la realización de los deseos de sus vidas. En vez de usar un lenguaje que indique que sus deseos no se materializarán, hablan de una convicción interna, que comunica su convencimiento profundo y simple, de que la Fuente universal todo lo provee.

No dicen: *Con la suerte que tengo, seguro que nada me va a salir bien.* En lugar de eso, es mucho más probable que los escuche decir algo como: *Tengo la intención de crear esto y estoy seguro que lo lograré.* No importa qué tanto intente disuadirlos, mostrándoles las razones para restringir su optimismo, parecen estar enceguecidos por la dicha, y no pueden ver las repercusiones de la realidad. Es casi como si vivieran en un mundo diferente, en el que no pueden escuchar las razones por las cuales algo no funcionaría.

Si entabla una conversación con ellos sobre este tema, dirían simplemente algo como: *Me rehúso a pensar en lo que no puede pasar, porque atraeré exactamente lo que piense, o sea que solo pienso en lo que estoy seguro de que va a pasar.* No les importa lo que haya sucedido antes. No se guían por los conceptos de *fracaso* o *es imposible.* Sencillamente, sin aspavientos, no se dejan afectar por las razones para ser pesimistas. Están disponibles para el éxito, y saben y confían en una fuerza invisible que todo lo provee. Están tan conectados a la Fuente que todo lo provee, que es como si tuvieran un aura natural que evita que les suceda cualquier cosa, que pueda debilitar su conexión a la energía creativa del poder de la intención.

Los conectores no colocan sus pensamientos donde no quieren, porque, como ellos se lo dirán: *La Fuente de todo puede responder solamente con lo que es; y lo que es, es proveer infinitamente. No se relaciona con la escasez, o con cosas que no funcionan, porque no es nada de esto. Si yo le digo a la Fuente de todas las cosas, "Posiblemente no funcione," recibiré de regreso precisamente lo que le envié, entonces, mejor me dedico solo a pensar en lo que es mi Fuente.*

Esto es pura insensatez para la persona promedio que le teme al futuro. Le dirá a su amigo conector, que ponga los pies en la tierra y que vea la realidad del mundo en que vive. Pero los conectores no están distraídos de su sabiduría interna. Ellos le dirán, si usted quiere escuchar, que este es un universo de energía y atracción, y que la razón por la cual tantas personas viven con temor y escasez, es porque confían en su ego para realizar sus deseos. *Es muy simple,* ellos le dirán: *Solo tiene que reconectarse con su Fuente, y ser como su Fuente, y sus intenciones concordarán perfectamente con la Fuente que todo lo provee.*

Para los conectores, todo parece muy sencillo. Mantenga sus pensamientos en lo que desea crear. Permanezca consistentemente de acuerdo con el campo de la intención, y luego observe las señas que está invocando en su vida de la Fuente que todo lo crea. Para un conector no hay accidentes. Perciben los eventos aparentemente insignificantes, como que están todos orquestados en perfecta armonía. Creen en el sincronismo, y no se sorprenden cuando aparece la persona perfecta para una situación, o cuando alguien en que están pensando lo llama de la nada, o cuando un libro llega inesperadamente en el correo con la información que necesitan, o cuando aparece misteriosamente el dinero para financiar un proyecto.

Los conectores no tratan de comprobar su punto de vista con debates. No ponen su energía en discusiones o frustraciones, porque eso atrae argumentos y frustración en sus vidas. Saben lo que saben, y no se dejan seducir por la idea de crear una fuerza de resistencia a las personas que viven de maneras distintas. Aceptan la idea de que no hay accidentes en un universo, que tiene una fuerza invisible de energía como su Fuente creadora, y provee continua e infinitamente a todo aquel que desea tomar parte de ella. Si les pregunta, le dirán con simpleza: *Todo lo que tienes que hacer para conectarte al poder de la intención, es estar en perfecta concordancia con la Fuente de todo, y yo decido estar tan cerca de ella como me es posible.*

Para los conectores, todo aparece en sus vidas porque el poder de la intención así lo dispuso. Por eso siempre están en estado de gratitud. Se sienten agradecidos por todo, aun por las cosas que parecen obstáculos. Tienen la habilidad y el deseo de ver una enfermedad temporal como una bendición, y saben en el fondo de sus corazones, que de alguna manera, existe una oportunidad en la adversidad, y eso es lo que buscan en todo lo que se les presenta en sus vidas. A través de su gratitud, honran todas las posibilidades, en vez de pedirle algo a su Fuente, porque eso parece darle poder a lo que les hace falta. Comulgan con la Fuente en un estado de gratitud reverencial, por todo lo que está presente en sus vidas, *sabiendo* que esto empodera su intención de manifestar precisamente lo que necesitan.

Los conectores se describen como personas viviendo en un estado de apreciación y perplejidad. Es poco probable que los escuche quejarse de algo. No andan en buscan de errores y fallas. Si llueve, lo disfrutan, sabiendo que no llegarán a su meta si solo viajan durante los días soleados. Esa es la forma en que reaccionan ante la naturaleza, con armonía y aprecio. La nieve, el viento, el sol y los sonidos de la naturaleza son todos recordatorios de que son parte de este mundo natural. El aire, sin importar su temperatura o la velocidad del viento, es apreciado porque es el aliento de la vida.

Los conectores aprecian el mundo y todo lo que hay en él. La misma conexión que experimentan con la naturaleza, la sienten hacia todos los seres, incluyendo a aquellos que han vivido antes y a aquellos que todavía no han llegado. Tienen una conciencia de unidad, y por lo tanto no hacen distinciones, tales como *esos otros* o *esa otra gente*. Para un conector, todos somos *nosotros*. Si puede observar su mundo interno, descubrirá que se sienten heridos por el dolor ajeno. No tienen el concepto de enemigos, ya que saben que todos emanamos de la misma Fuente divina. Disfrutan de las diferencias en la apariencia y las costumbres de los demás, en vez de molestarse por eso, criticarlas o sentirse amenazados. Su conexión con los demás es de naturaleza espiritual, pero no se separan espiritualmente de nadie, sin importar dónde puedan vivir o qué tan diferentes puedan ser sus apariencias o sus costumbres de las propias. En su corazón, los conectores sienten afinidad por todas las formas de vida, así como a la Fuente de toda la vida.

Es debido a esta conexión, que los conectores son tan adeptos a atraer en sus vidas, la cooperación y la asistencia de los demás para lograr la realización de sus propias intenciones. El solo hecho de sentirse conectado, significa que en las mentes de los conectores, no hay nadie en este planeta, con quien no están unidos en un sentido espiritual. Por consiguiente, al vivir en el campo de la intención, todo el sistema de vida en el universo está disponible para tener acceso a cualquier cosa en que pongan su atención, porque ya están conectados a este sistema de energía dador de vida y a todas sus creaciones. Aprecian esta conexión espiritual, y no desperdician su energía despreciando o criticando. Nunca se separan de la asistencia que ofrece este sistema dador de vida.

Por lo tanto, los conectores no se sorprenden cuando el sincronismo o las coincidencias les traen los frutos de sus intenciones. En el fondo de sus corazones, saben que aquellos sucesos, en apariencia milagrosos, fueron traídos a su espacio de vida inmediata, porque están conectados con ellos. Pregúntele a los conectores acerca de esto, y ellos le dirán: *Por supuesto, es la ley de la atracción en acción. Permanece en sintonía vibratoria con la Fuente de toda la vida que te trajo a este mundo, y todos y todo el poder de este campo de intención cooperarán contigo para traerte a tu vida lo que deseas.* Ellos saben que así es que el mundo funciona. Otros podrían insistir que los conectores son sencillamente afortunados, pero las personas que disfrutan del poder de la intención, saben que no es así. Ellos saben que pueden negociar la presencia de todo lo que desean, siempre y cuando se mantengan consistentes con los siete rostros de la intención.

Los conectores no se ufanan de su buena fortuna, sino que están en un estado perpetuo de gratitud y de humildad radical. Entienden cómo funciona el universo, y están dichosamente sintonizados con él, en vez de retarlo o encontrarle fallas. Pregúnteles y le dirán que somos parte de un sistema de energía dinámica. *Energía que se mueve más rápido,* ellos le explicarán, *que disuelve y anula la energía que se mueve más lentamente.* Estas personas deciden estar en armonía con la energía espiritual invisible. Han entrenado sus pensamientos para moverse a niveles de vibraciones más elevadas, y en consecuencia, logran desviar las vibraciones más bajas y más lentas.

Los conectores tienen un efecto edificante, cuando entran en contacto con personas que viven en niveles de energía más bajos. Debido a que irradian una energía de serenidad y paz, hacen que los demás se sientan calmados y tranquilos. No están interesados en ganar argumentos o en acumular aliados. Convencen a través de la energía que destilan en vez de tratar de persuadirlo para que piense como ellos. La gente se siente amada por los conectores, porque ellos están fusionados con la Fuente de toda la vida, la cual es amor.

Los conectores le dirán sin dudar, que ellos decidieron sentirse bien, sin importar lo que suceda a su alrededor, o lo que los demás piensen de ellos. Ellos saben que sentirse mal es una opción que no es útil para corregir las situaciones desagradables del mundo. Usarán sus emociones como un sistema de guía, para determinar qué tanto están sintonizados con el poder de la intención. Si se sienten mal de alguna manera, usan esto como un indicador de que es hora de cambiar su nivel de energía, para que concuerde con la energía de paz y amor de la Fuente. Se repiten a sí mismos: *Me quiero sentir bien,* y conducen sus pensamientos en armonía con este deseo.

Si el mundo está en guerra, ellos optan por sentirse bien. Si la economía tiene un descenso en picada, siguen sintiéndose bien. Si las tasas de criminalidad se disparan, o un huracán arrebata con furia algún lugar del planeta, ellos optan por sentirse bien. Si usted les pregunta por qué no se sienten mal cuando suceden tantas cosas malas en este mundo, ellos tan solo sonreirán, le recordarán que *el mundo del Espíritu del cual todo ha emanado, funciona en paz, amor, armonía, bondad y abundancia y que ahí es dónde he decidido residir en mi interior. Sentirme mal solo logrará atraer más de ese sentimiento en mi vida.*

Los conectores, sencillamente, no permiten que su bienestar dependa de nada externo a ellos, ni el clima, ni las guerras en el globo, ni la situación política, ni la economía, y ciertamente menos, la decisión de otras personas de estar en la baja energía. Trabajan con el campo de la intención, emulando lo que saben que es la Fuente creadora de todo.

Los conectores están siempre en contacto con su naturaleza infinita. La muerte no es algo que temen, y ellos le dirán, si se los pregunta, que nunca nadie, realmente ha nacido ni morirá. Ven la muerte como una simple transición, como quitarse un vestido, o cambiarse de una habitación a otra. Ellos señalan la energía invisible que trajo todo en este mundo, y la ven con su verdadera naturaleza. Como los conectores están siempre alineados con todos y con todo en el universo, no experimentan el sentimiento de estar separados de nadie, o de lo que desean atraer a sus vidas. Su conexión es invisible y no es material, pero jamás han dudado de ella. En consecuencia, confían en esta energía interna e invisible que todo lo impregna. Viven en armonía con el Espíritu, nunca se ven como separados. Esta conciencia es la clave para poder ver a diario el poder de la intención en acción.

Sencillamente, no los puede convencer de que sus deseos no se materializarán, porque ellos confían con todas sus fuerzas, en su conexión con la energía de la Fuente. Lo invitarán a que decida con cuál posibilidad desea identificarse, y los estimularán para que viva su vida como si ya hubiera ocurrido. Si usted no puede hacerlo, y está atascado en las preocupaciones, en la duda y el temor, ellos le desearán lo mejor, pero seguirán haciendo lo que ellos llaman *pensar desde el final*. Pueden ver manifestado en sus vidas lo que desean, como si ya se hubiera materializado, porque es totalmente real en sus pensamientos, es su realidad. Ellos le dirán de frente: *Mis pensamientos, cuando están en armonía con el campo de la intención, son los pensamientos de Dios, y esa es la manera en que decido pensar.* Verá, si los sigue de cerca, que son excepcionales consiguiendo los frutos de sus intenciones.

Las personas que son conectores son excepcionalmente generosas. Es como si lo que desearan para ellos se minimizara solamente deseando aun más para los demás. Les encanta dar. Otros podrían preguntarse cómo llegan a acumular algo para ellos, sin embargo, sus vidas están llenas de abundancia, y parece que no les falta nada de lo que desean. *El secreto es el poder de la intención,* ellos le dirán, *es pensar y actuar igual que la Fuente que todo lo provee, de la cual todos nos originamos. Está siempre ofreciendo y yo decido también ofrecer. Mientras más doy de mí mismo y de todo lo que me fluye, más lo veo fluyendo de regreso.*

Los conectores son personas altamente inspiradas. Viven más en el Espíritu que en la forma. En consecuencia, están inspirados e inspiran, en contraste con estar informados y llenos de información. Son personas que tienen un claro sentido de su propio destino. Saben porqué están ahí, y saben que son más que una colección encapsulada de huesos, sangre y órganos, en un cuerpo cubierto de piel y pelo. Lo que más les interesa, es vivir con un propósito y deciden evitar la distracción de las exigencias del ego. Sienten gran reverencia por el mundo del Espíritu, y al comulgar con su Fuente, se mantienen inspirados.

Su nivel de energía es excepcionalmente elevado. Es una energía que los define como conectores. Es la energía de la Fuente, una frecuencia vibratoria rápida, que lleva amor a la presencia del odio, y convierte en amor ese odio. Llevan un semblante pacífico ante la presencia del caos y de la falta de armonía, y convierten las bajas energías en energías elevadas de paz. Cuando está cerca de las personas conectadas al campo de la intención, se siente energizado, purificado, más saludable e inspirado. Es notoria su ausencia de crítica hacia los demás, y no se inmovilizan por los pensamientos o acciones ajenos. A menudo, se les designa como distantes y reservados, porque no gravitan alrededor de las conversaciones triviales y del chisme. Le dicen que es el Espíritu el que da la vida, que cada persona en este planeta tiene al Espíritu en su interior, como una fuerza todopoderosa para el bien. Lo creen, lo viven y lo inspiran en los demás.

Van aun más lejos, al decirle que los desequilibrios de la tierra, tales como terremotos, erupciones volcánicas y patrones de clima extremo, son el resultado del desequilibrio colectivo de la conciencia humana. Le recordarán que nuestros cuerpos están compuestos de los mismos materiales de la tierra, y que el flujo que compone el 98 por ciento de nuestra sangre, fue una vez el agua del océano, y que los minerales en nuestros huesos, fueron los componentes del suministro finito de minerales en la tierra. Se ven a sí mismos, como uno con el planeta, y sienten responsabilidad por permanecer en equilibrio armónico con el campo de la intención, para ayudar a estabilizar y armonizar las fuerzas del universo, que puedan desequilibrarse cuando vivimos desde el ego excesivo. Ellos le dirán que todos los pensamientos, sentimientos y emociones son vibraciones, y que la frecuencia de esas vibraciones puede crear disturbios, no solamente en nosotros mismos, sino además, en todo lo que está hecho de nuestros mismos materiales.

Los conectores lo estimulan a permanecer en armonía vibratoria con la Fuente, para ser responsable con todo el planeta, y ven esto como una función vital que debe ser emulada. Esto no es algo en lo que ellos piensan y discuten desde un punto de vista puramente intelectual; es lo que sienten muy dentro y lo viven de manera apasionada cada día de sus vidas.

Cuando observa estos conectores, notará que no ponen su atención en la enfermedad o los achaques, se mueven toda su vida, como si sus cuerpos estuvieran en perfecta salud. En realidad, piensan y sienten que ningún patrón de enfermedad actual ha estado presente jamás, y creen que ya están sanados. Creen que atraen un nuevo resultado, porque saben que hay muchos resultados posibles para una condición dada, aun para una condición que pueda parecer imposible de sobreponer. Le dirán que las posibilidades de resultados de sanación óptima, están aquí y ahora, y que el curso que esa enfermedad tomará es un asunto de su propia perspectiva. Ven esto como una posibilidad de turbulencia interna, así como piensan que los sistemas de turbulencia externa se apaciguan en la presencia de nuestra paz. Pregúnteles sobre sus capacidades de sanación y le dirán: *Ya estoy sano, y solo pienso y siento desde esta perspectiva.*

Cuando está en la presencia de conectores de energía excepcionalmente elevada, a menudo ve desaparecer sus enfermedades y dolencias. ¿Por qué? Porque su energía espiritual elevada, anula y erradica las bajas energías de la enfermedad. Tan solo con estar en la presencia de conectores lo hace sentir mejor, porque ellos exudan e irradian energía de dicha y aprecio, entonces, al estar en el campo energético de este tipo su cuerpo se sana.

Los conectores están conscientes de la necesidad de evitar la baja energía. Ellos se retiran calladamente de las personas belicosas y críticas, enviándoles una bendición silenciosa. No pasan tiempo viendo programas de televisión violentos, o leyendo informes de atrocidades y estadísticas de guerra. Para las personas que se sumergen en los horrores que se discuten y difunden por los medios de comunicación, pueden parecer dóciles o personas poco interesantes. Como los conectores no tienen deseos de ganar, de estar en lo correcto, o de dominar, su poder está en el hecho de que animan a los demás con su presencia. Comunican sus puntos de vista, estando en armonía con la energía creativa de la Fuente. Nunca ofenden, porque su ego no está involucrado con sus opiniones.

Los conectores viven sus vidas de acuerdo a la vibración del campo de intención. Para ellos, todo es energía. Saben que ser hostil, odioso o incluso estar enojado con las personas que creen y apoyan actividades de baja energía, las cuales incluyen cualquier forma de violencia, tan solo contribuirá al incremento de ese tipo de actividad debilitante en el mundo.

Los conectores viven a través de energía elevada y rápida, que les permite sin dificultad tener acceso a sus poderes intuitivos. Tienen un instinto interno sobre el porvenir. Si les pregunta acerca de esto, ellos le dirán: *No te lo puedo explicar, pero lo sé porque está en mi interior.* En consecuencia, raramente se confunden cuando los eventos que anticipan y desean crear. . . se manifiestan. En realidad, en vez de sorprenderse esperan que las cosas funcionen. Al mantenerse tan conectados a la energía de la Fuente, son capaces de activar su intuición y tener la sabiduría para distinguir lo que es posible y cómo lograrlo. Su sabiduría interna les permite ser infinitamente pacientes, y nunca están descontentos con la velocidad o la manera en que sus intenciones se manifiestan.

Los conectores, a menudo reflejan los siete rostros de la intención, descritos a lo largo y ancho de las páginas de este libro. Verá personas extraordinariamente creativas, que no necesitan ajustarse, o hacer las cosas que los demás esperan de ellos. Aplican sus obras la unicidad de su individualidad, y le dirán que pueden crear cualquier cosa en la que coloquen su atención o su imaginación.

Los conectores son personas excepcionalmente bondadosas y amorosas. Saben que armonizar con la energía de la Fuente, es replicar la bondad de la cual se originan. Sin embargo, los conectores no requieren esforzarse para ser bondadosos. Siempre están agradecidos por lo que les llega y saben, que la forma de expresar gratitud, es ser bondadosos hacia toda la vida en nuestro planeta. Al ser bondadosos, los demás desean regresarles el favor, y se convierten en aliados para ayudarlos a lograr sus intenciones. Se asocian con un número ilimitado de personas, y todos ellos están llenos de amor, bondad, generosidad, asistiéndose los unos a los otros para la realización de sus deseos.

También notará cómo los conectores ven la belleza en nuestro mundo. Siempre encuentran algo que apreciar. Pueden perderse en la belleza de una noche estrellada, u observando una rana sobre un lirio. Ven la belleza en los niños, y encuentran brillo y esplendor naturales en los ancianos. No tienen deseos de criticar a nadie en términos negativos de baja energía, y saben que la Fuente que todo lo crea está siempre disponible porque solo trae belleza en la forma material.

¡Los conectores nunca saben suficiente! Son inquisidores sobre la vida y están atraídos a todo tipo de actividades. Encuentran diversión en todos los campos de la humanidad, y siempre están expandiendo sus horizontes. Esto los abre a todas las posibilidades y esta calidad de siempre estar en expansión, caracteriza su talento para manifestar sus deseos. Nunca le dicen *no* al universo. Ante lo que sea que la vida les envíe dicen: *Gracias. ¿Qué puedo aprender, y cómo puedo crecer de esto que estoy recibiendo?* Se rehúsan a juzgar nada o nadie de lo que la Fuente les ofrece, y esta actitud siempre en expansión es lo que a final de cuentas los concuerda con la energía de la Fuente, y abre sus vidas para recibir todo lo que ésta está dispuesta a proveer. Son una puerta que nunca se cierra a las posibilidades. Esto los hace receptivos a la abundancia que siempre fluye sin cesar.

Estas actitudes que ve en los conectores son precisamente la razón por la cual parecen tener tanta suerte en la vida. Cuando está a su alrededor, se siente energizado, motivado, inspirado y unido. Está con personas a las cuales desea frecuentar, porque lo energizan y esto le transmite un sentimiento de poder. Cuando se siente empoderado y energizado, usted mismo pasa al flujo de la energía abundante de la Fuente, e inadvertidamente, invita a los demás a que hagan lo mismo. La conexión no es tan solo a la energía de la Fuente, es a todo y a todos los demás en el universo. Los conectores están alineados con todo el cosmos, y con cada partícula dentro del mismo. Esta conexión hace posible y disponible el poder infinito de la intención.

Estas personas triunfadoras piensan *desde el final,* y experimentan lo que desean antes de que se muestre en forma física. Usan sus sentimientos como un calibre para determinar si están sincronizados con el poder de la intención. Si se sienten bien, saben que están en armonía vibratoria con la Fuente. Si se sienten mal, usan este indicador para ajustarse hacia niveles de energía elevados. Y finalmente, actúan con estos pensamientos de intención y buenos sentimientos, como si sus deseos ya se hubieran realizado. Si les pregunta qué puede hacer para que sus deseos se hagan realidad, sin dudar un instante ellos le contestarán, que *cambie la manera de ver las cosas, y las cosas que usted ve, cambiarán.*

Le pido que replique este mundo interno y que disfrute el poder infinitamente magnífico de la intención.

Funciona, ¡se lo garantizo!

~ \* ~ \* ~

# ACERCA DEL AUTOR

**El doctor Wayne W. Dyer,** es un escritor internacionalmente reconocido y un orador en el campo de la superación personal. Ha escrito más de 20 libros, y ha creado muchas cintas de audio, discos compactos y videos; y se ha presentado en miles de programas de televisión y programas de radio. Cuatro de sus libros, incluyendo *Manifieste su destino, La sabiduría de todos los tiempos, Hay una solución espiritual para cada problema* y el libro de mayor venta del *New York Times: 10 Secretos para conseguir el éxito y la paz interior,* fueron presentados en programas especiales de la televisión Pública Nacional en los Estados Unidos; y este libro, *El poder de la Intención,* también será presentado. Dyer tiene un doctorado en consejería educativa de la Universidad Wayne State y fue profesor en la Universidad de St. John en Nueva York. Su página de Internet es: **www.DrWayneDyer.com**

❧ * ❧ * ❧

# AGRADECIMIENTOS

Quisiera agradecer a Joanna Pyle, quien ha sido mi editora personal durante dos décadas. Joanna, tu conviertes mis ideas y mi monólogo interior desarticulado, en un formato convincente llamado libro. No podría lograrlo sin ti, y estoy profundamente agradecido por tu presencia amorosa en mi vida.

A mi gerente personal, Maya Labos, por casi un cuarto de siglo has estado ahí para mí, y jamás has dicho, "Esa no es mi labor." Otros autores y oradores tienen 25 asistentes por año, yo solo he tenido *una* en 25 años. ¡Gracias, gracias, gracias!

A mi casa editorial y a mi amiga personal Reid Tracy, en Hay House, creíste en este proyecto desde el comienzo, y estabas dispuesta a hacer lo que fuera por conseguirlo. Gracias amiga, amo y respeto tu coraje.

Y finalmente, a Ellen Beth Goldhar, tu inspiración amorosa me guió a escribir este libro. Gracias porque tus sugerencias espirituales y el análisis crítico de estas ideas acerca de la intención, son un sinónimo de la Fuente amorosa de la cual emanamos todos y a la cual todos aspiramos a reconectarnos.

~ ✳ ~ ✳ ~